21
5
81
MATHEMATIK
DEUTSCH
LERNEN LERNEN

Ursula Essigkrug
Anne Schieckel

Grund-schule

FÜR ELTERN

DK

Programmleitung Monika Schlitzer
Redaktionsleitung Dr. Kerstin Schlieker
Herstellungsleitung Dorothee Whittaker
Herstellungskoordination Bettina Bähnsch
Herstellung Stefanie Staat

Grafik, Satz und Layout Petra Zimmerer
Lektorat Linda Sturm-Becker

ISBN 978-3-8310-3918-0

Druck und Bindung Nordica Print, China

MIX
Papier aus verantwortungsvollen Quellen
FSC® C146648

www.dorlingkindersley.de

Ursula Essigkrug, geb. 1965, ist Rektorin an einer Münchner Grundschule. Seit ihrem Studium in München für das Lehramt an Grundschulen mit den Fächern Mathematik, Deutsch, Sport und katholische Religion kann sie auf eine mehr als 25-jährige Tätigkeit im Schuldienst zurückgreifen. Da sie das Fach Mathematik schon immer interessierte, beschäftigte sie sich bereits seit ihrer eigenen Schulzeit sehr intensiv damit. Im Laufe ihrer Lehrertätigkeit nahmen Rechenschwierigkeiten bei Kindern einen besonderen Schwerpunkt in ihrer Arbeit ein. Kindern die Angst vor diesem Fach zu nehmen und Hilfestellungen an die Hand zu geben waren die erklärten Inhalte in ihren speziellen Förderkursen. Aufgrund der unterschiedlichen Lernfähigkeiten der Schüler wurde das Thema Lernen lernen im Laufe der Jahre zu einem wichtigen Inhalt. In Vorträgen vermittelt sie Eltern hierzu Grundlagen und wichtige Erkenntnisse.

Anne Schieckel, geb. 1960, ist als freiberufliche Dozentin für Deutsch als Zweitsprache, Projektmanagerin, Autorenberaterin und systemischer Coach in München tätig. Nach einem Studium der Germanistik und Geschichte machte sie eine Ausbildung zur Verlagsbuchhändlerin und arbeitete viele Jahre als Programmleiterin und Cheflektorin in Kinder- und Jugendbuchverlagen. Heute leitet sie Schreibwerkstätten, hält Lesungen, Vorträge und Seminare rund um das Thema Schreiben und ist als Autorin tätig. Sie veröffentlichte mehrere Bücher für Kinder, Jugendliche und Erwachsene, darunter auch einen Lernkrimi für Deutsch als Zweitsprache. Ihr besonderes Augenmerk gilt seit vielen Jahren der Leseförderung.

Inhalt

Über die Autoren **5**
Vorwort **7**
Die Grundschule **10**

1 Lernen lernen

Was Eltern unbedingt beachten sollten 14
Konkrete und wirksame Tipps im Tagesverlauf 18
Das Gehirn – ein Wunderwerk der Natur 20
Der Energiebedarf des Gehirns 22
Bewegung 24
Erholung 26
So speichert das Gehirn 28
Warum vergessen wir Gelerntes? 30
Lernschwierigkeiten 32
Lerntypen 34
Zeiteinteilung beim Lernen 36
Lernfaktoren 38
Der Übertritt und seine Bedeutung 40
Das sollten Eltern unbedingt vermeiden 42
Kompetenzerwartungen der weiterführenden Schulen 44
Einige Kompetenzen und ihre Bedeutung 46
Sinnvolle Ziele 48
Lernvorbereitungen treffen 50
Lernmotivation 52
Mitarbeit im Unterricht 54
Heftführung 56
Hausaufgaben 58
Konzentration 60
Visuelle Wahrnehmung 62
Auditive Wahrnehmung 64
Die Einstellung zur Schule 66
Regeln für alle Lernmethoden 68
Lerntipp-ABC für Schüler 70
Mindmaps 72
Karteikarten 74
Referate 76
Weitere Lernstrategien 78

2 Deutsch

Die Bedeutung des Faches Deutsch 84
Sprechen und Zuhören 86
Meinungsbildung und Dialogfertigkeit 88
Grammatik 90
Das Nomen 92
Das Verb 94
Das Adjektiv 96
Die Präposition 98
Sprache analysieren – Die Wortbildung 100
Satzbildung – Die Satzglieder 102
Satzbildung – Die Satzarten 104
Satzbildung – Satzgefüge und Konjunktionen 106
Die Rechtschreibung – Regeln und Strategien 108

Die Rechtschreibung – Komma & Co. 110
Texte lesen – Texte verstehen 112
Lesen üben 114
Sach- und Gebrauchstexte 116
Mit Sachtexten üben 118
Erzählende Texte 120
Wort für Wort – Die Textwerkstatt 126
Sachtexte 128
Erzähltexte 130
Textideen und Themen finden 132
Briefe, Reizwortgeschichten und Märchen 134
Textarten bestimmen 136

3 Mathematik

Mathematik – worum geht es? 140
Mathematik ist mehr als nur Rechnen 142
Grundlagen und Vorwissen 144
Arbeitsmaterialien und ihr richtiger Gebrauch 146
Zahlen und Ziffern schreiben 148
Wie können Eltern helfen? 150
Das Zahlenfeld 152
Der Zahlenstrahl 154
Das Stellenwertsystem 156
Stellenwertsystem mit römischen Ziffern 160
Zahlen vergleichen 162
Zahlenfolgen 164
Die schriftliche Addition 166
Die schriftliche Subtraktion 168
Tausch- und Umkehraufgaben 172
Zahlen runden 174
Das Einmaleins 176
Die schriftliche Multiplikation 178
Die schriftliche Division 182
Sachaufgaben 186
Größen 188
Geometrie 194
Diagramme 202
Wahrscheinlichkeit und Kombinatorik 205

4 Anhang

Wichtige Aspekte in der Grundschule 208
Lösungen zu Kapitel 2 – Deutsch 210
Register 212
Dank und Bildnachweis 216

Die Grundschule

Die schulische Bildung startet mit dem Eintritt in die Grundschule (Primarstufe).

Ein Kind wird in Deutschland in der Regel im Jahr seines 6. Geburtstags schulpflichtig. Damit beginnt für alle Kinder die Grundschulzeit. Sie geht in den meisten deutschen Bundesländern von Klasse 1–4. Ausnahmen bilden die Bundesländer Berlin und Brandenburg: Hier umfasst die Grundschulzeit die Klassen 1–6.

Der erste Schultag

Der erste Schultag ist ein großer Schritt und jedes Kind braucht eine gewisse Zeit, um den Wechsel vom Kindergarten in die Schule zu verarbeiten. Zum einen muss es sich mit dem Schulweg vertraut machen, im unbekannten Gebäude zurechtfinden und an verschiedene Lehrer und Mitschüler gewöhnen. Zum anderen stellt auch der festgelegte Ablauf und längeres Stillsitzen für einige Kinder eine Herausforderung dar, die man nicht unterschätzen sollte.

INTERESSANT

Die Schultüte

Die Schultüte hat in Deutschland eine lange Tradition. Sie wird gekauft oder von Eltern und Kind gebastelt und mit Süßigkeiten und kleinen Geschenken befüllt.

Das deutsche Bildungssystem

Bildungspolitik ist hierzulande Sache der einzelnen Bundesländer. Jedes Bundesland hat ein Bildungs- oder Kultusministerium, das für das Schulwesen zuständig ist, und viele Bundesländer verfügen über ein eigenes Schulgesetz. Die Koordination der Bildungsaktivitäten aller Länder erfolgt über die Kultusministerkonferenz und die Bund-Länder-Kommission.

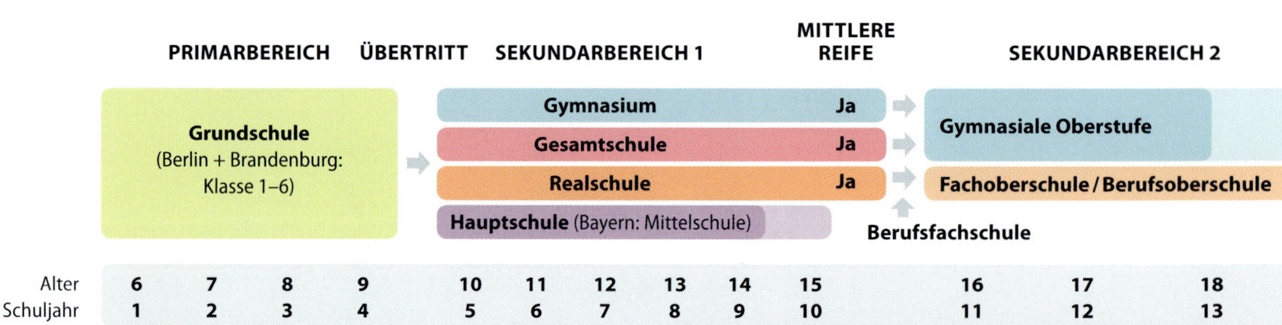

Was leistet die Grundschule?

In der Grundschule werden Kindern die sogenannten Basiskompetenzen vermittelt, das heißt, die Fähigkeiten, die schon in der Familie und im Kindergarten oder der Kindertagesstätte erlernt wurden, werden vertieft und ausgebaut.

Es werden die drei Kulturtechniken Lesen, Schreiben und Rechnen unterrichtet, die die Grundlage für den Unterricht an der weiterführenden Schule bilden. Weiterhin lernen die Kinder, die Uhr zu lesen und sich im Straßenverkehr sicher zu bewegen. Eine erste Fremdsprache, geschichtliche und geografische Informationen über die Region, natur- und geisteswissenschaftliche Kenntnisse sowie musische, kreative und sportliche Grundlagen sind ebenfalls wichtige Bestandteile des Lehrplans.

Unterrichtsfächer in der Grundschule
Deutsch
Mathematik
Sachunterricht (auch Sachkunde oder Heimat- und Sachunterricht)
Kunst
Werken (und Gestalten)
Musik
Sport
Religion/Ethik
Fremdsprachenunterricht (ab Klasse 1 oder ab Klasse 3)

Leistungsbeurteilung

In der 1. Klasse beurteilt die Lehrkraft das Verhalten und die Leistung des Kindes und teilt dies den Eltern in Form eines schriftlichen Berichts zum Ende des Schuljahres mit. Gegen Ende des ersten Halbjahres erfolgt zudem eine Rückmeldung zur Entwicklung des Kindes in Form eines Zwischenberichts oder eines so genannten Lernentwicklungsgesprächs (LEG) zwischen Lehrkraft und Kind, bei dem die Eltern anwesend sind.

Zum Abschluss der 2. Klasse bekommen die Kinder ein Zeugnis mit Noten von 1 („sehr gut") bis 6 („ungenügend"). Zusätzlich werden das Sozial-, Lern- und Arbeitsverhalten mit „sehr gut", „gut", „befriedigend" oder „nicht befriedigend" bewertet.

Spätestens mit dem Beginn der 3. Klasse werden schriftliche und mündliche Leistungskontrollen (wie Tests, Proben, Abfragen, Schulaufgaben, Klassenarbeiten etc.) im Unterricht durchgeführt und benotet. Alle Kinder erhalten zum Ende des Schuljahres ein Zeugnis mit einer Benotung der erbrachten Leistung in jedem Schulfach.

Übergang auf die weiterführende Schule

In den meisten Bundesländern bestimmen die Eltern, welche Schulform ihr Kind nach der Grundschule besuchen soll. In Bayern, Sachsen, Brandenburg und Thüringen entscheidet der Notendurchschnitt des Kindes darüber, auf welche Schulform gewechselt werden kann. Die Verfahren sind hier unterschiedlich:

In Bayern beispielsweise erhält jedes Kind in der 4. Klasse Anfang Mai ein „Übertrittszeugnis". Es zeigt den Notenstand in allen Schulfächern, eine Gesamtdurchschnittsnote in den Fächern Deutsch, Mathematik und Heimat- und Sachunterricht (HSU), eine Bewertung des Sozial-, Lern- und Arbeitsverhaltens sowie eine zusammenfassende Beurteilung mit einer Empfehlung für den weiteren Bildungsweg.
Die Gesamtdurchschnittsnote aus Deutsch, Mathematik und HSU ist hierbei maßgeblich. Liegt diese mindestens bei 2,33, erhält das Kind eine Empfehlung für den Besuch des Gymnasiums. Bei einem Gesamtdurchschnitt bis einschließlich 2,66 wird der Besuch der Realschule empfohlen und ab 3,0 der Besuch der Mittelschule (vormals Hauptschule).

Hauptschule / Mittelschule

Realschule

Gymnasium

1

Lernen lernen

Was Eltern unbedingt beachten sollten

Zuneigung – Interesse – Vorbild sein – Geduld

Hinter diesen vier Worten verbergen sich die wichtigsten Grundlagen, mit denen Sie zu einer gelingenden Schullaufbahn Ihres Kindes beitragen können.

SIEHE AUCH

Konkrete und wirksame Tipps im Tagesverlauf	**18–19 ❯**
Lernschwierigkeiten	**32–33 ❯**
Lernfaktoren	**38–39 ❯**
Der Übertritt und seine Bedeutung	**40–41 ❯**
Das sollten Eltern unbedingt vermeiden	**42–43 ❯**
Kompetenzerwartungen der weiterführenden Schulen	**44–45 ❯**
Die Einstellung zur Schule	**66–67 ❯**
Die schriftliche Subtraktion	**168–171 ❯**

Zuneigung und ihre Wirkung

Die Zuneigung der Eltern zum Kind – ganz besonders dann, wenn gute Noten ausbleiben – ist von fundamentaler Bedeutung.

Kinder im Grundschulalter beziehen schlechte Leistungen häufig auf ihre eigene Wertigkeit. Sie sagen zwar: „Ich **habe** eine 5", empfinden aber: „Ich **bin** eine 5."
Die Folgen einer derartigen Herabstufung der eigenen Person auf das Lernvermögen, die Lernbereitschaft und die Lernmotivation sind leicht vorstellbar. Das Ergebnis ist oft die Einstellung: „Das kann ich sowieso nicht. Warum soll ich da noch lernen?"

◁ Bekommt ein Kind eine schlechte Note, hören Lehrkräfte immer wieder den Satz: „Meine Eltern werden ganz schön schimpfen." Dabei ist dies der völlig falsche Zeitpunkt für einen Tadel! Beim „Nicht-lernen-wollen" kann Kritik angebracht sein, aber wenn der Test geschrieben ist, ist es natürlich zu spät. Werden Kinder wegen schlechter Leistungen von den Eltern getadelt – womöglich mit dem Hinweis: „Beim nächsten Mal musst du unbedingt besser abschneiden!" – kann dies einen unheilvollen Teufelskreis in Gang setzen.

- Eltern können ihr Kind mit folgender Aussage unterstützen: „Du bist mir viel wichtiger als deine Noten!" Das gilt übrigens auch im Fall von besonders guten Leistungen! Die Sicherheit, von seinen Eltern geliebt zu werden – ohne „Bedingungen" –, stärkt das Selbstwertgefühl und die Persönlichkeit des Kindes.

Interesse am gesamten Schultag

Kinder leisten in der Schule jeden Tag eine ganze Menge – und das nicht nur bezogen auf das Lernen und den Unterrichtsstoff. Der Umgang mit Klassenkameraden, Partner- und Gruppenarbeiten, das Spielen in der Pause, der Streit mit Mitschülern, verschiedene Lehrkräfte in unterschiedlichen Fächern u.v.m. gehören ebenfalls zum „Arbeitstag" eines Schülers.

Zeigen Eltern echtes Interesse am gesamten schulischen Alltag ihres Kindes, fühlt es sich deutlich mehr wertgeschätzt.

DER ARBEITSALLTAG EINES KINDES

- Umgang mit Klassenkameraden
- Spielen in der Pause
- Streit mit Mitschülern
- Unterschiedliche Lehrer
- Viele Fächer
- Partner- oder Gruppenarbeit
- Prüfungen und Noten
- Genau zuhören müssen
- Warten können, bis man aufgerufen wird
- Ruhig dasitzen können

Noten sind nicht alles

Interessieren sich Eltern nur für die Noten, respektieren sie alle anderen wichtigen Teile des schulischen Lernens zu wenig. Kinder fühlen sich dann oft herabgesetzt (ohne dass es ihnen richtig bewusst ist.) Leider erzählen Grundschulkinder – gerade in der 4. Klasse – immer wieder: „Meine Eltern interessieren sich nur für Noten."

- Häufig wollen Kinder nichts von der Schule erzählen. In diesem Fall sollten die Eltern nicht ständig nachfragen, denn das ist meist kein schlechtes Zeichen. Natürlich spricht aber nichts dagegen, sich für den Unterrichtsstoff zu interessieren! Kinder merken schnell, ob es sich um eine echte Anteilnahme handelt.

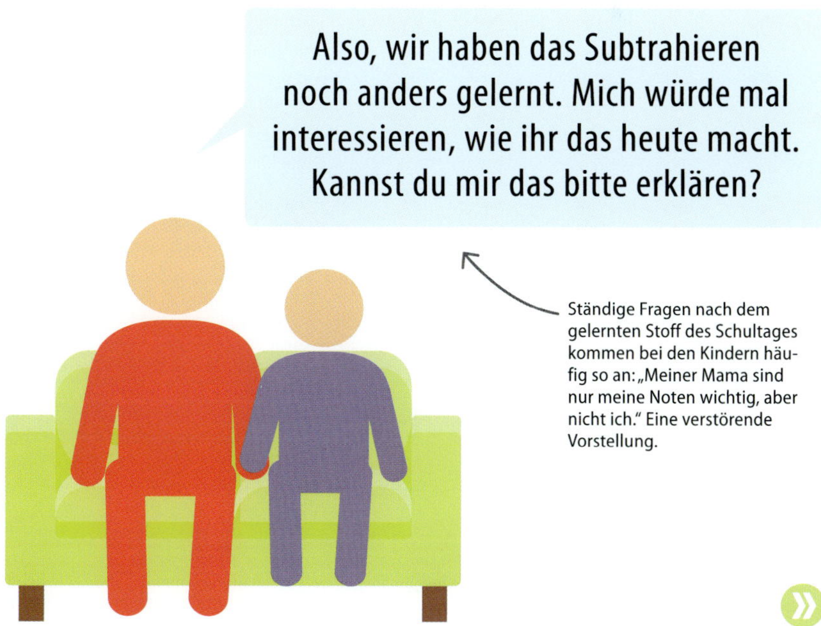

Ständige Fragen nach dem gelernten Stoff des Schultages kommen bei den Kindern häufig so an: „Meiner Mama sind nur meine Noten wichtig, aber nicht ich." Eine verstörende Vorstellung.

Die Vorbildfunktion

Kinder lernen vor allem, indem sie sich an Vorbildern orientieren und deren Verhalten nachahmen. Diese Vorbilder sind in den meisten Fällen zunächst die Eltern. Dazu gesellen sich natürlich auch viele weitere Personen im Umfeld des Kindes.

Das Prinzip der Nachahmung ist Fluch und Segen zugleich. Denn nicht nur positive Verhaltensweisen werden übernommen, sondern auch viele Angewohnheiten von Erwachsenen, die wenig geeignet sind, Kinder beispielsweise zu schulischen Aktivitäten zu motivieren.

- In einem Haushalt, in dem Eltern ständig vor dem Fernseher sitzen, statt zu lesen, wird das Kind in den seltensten Fällen Interesse an Büchern entwickeln.

Die eigene Einstellung zur Schule färbt auf die Kinder mehr ab, als man glaubt. Wenn Eltern selbst schlechte Erfahrungen mit der Schule oder mit Lehrkräften gemacht haben, gelingt es ihnen selten, dies vor ihren Kindern zu verheimlichen.

▷ Kinder in der Grundschule mögen ihre Klassenlehrkraft in der Regel sehr. Dadurch kann ein Dilemma entstehen. Äußern sich die Eltern negativ über die Lehrkraft (zum Beispiel, wenn sie mit deren Notengebung nicht einverstanden sind), sitzt das Kind ganz plötzlich zwischen zwei Stühlen. Und das hat unbewusst zum Teil erhebliche Auswirkungen auf das Lernen, die Aufmerksamkeit und das Konzentrationsvermögen im Unterricht.

Wenn sich Kinder zwischen ihren Eltern auf der einen Seite und der Lehrkraft auf der anderen Seite „entscheiden" müssen, kann sich das negativ auf die schulischen Leistungen auswirken.

Geduld haben

Geduldig zu sein stellt für viele (nicht nur) Eltern, womöglich nach einem langen Arbeitstag, eine große Herausforderung dar. Wenn Kindern beispielsweise beim lauten Vorlesen immer wieder die gleichen Fehler unterlaufen, heißt es dennoch: Ruhe bewahren! Geduld ist auch gefragt, wenn Kinder neue Inhalte im Moment partout nicht verstehen oder lange brauchen, bis sie etwas können.

- Versteht ein Kind den Lernstoff nicht, nicht sofort erklären! Kinder lassen sich gerne das Denken auch abnehmen!

Kinder stark machen

Wenn Eltern dem Kind gegenüber Zuneigung, Interesse, Vorbild sein und Geduld leben, sieht das so aus:

Alle Bestrebungen der Eltern sollten zum **Ziel** haben, das **Kind stark zu machen**!

Konkrete und wirksame Tipps im Tagesverlauf

SIEHE AUCH

Der Energiebedarf des Gehirns	22–23 ❯
Bewegung	24–25 ❯
Erholung	26–27 ❯
Zeiteinteilung beim Lernen	36–37 ❯
Hausaufgaben	58–59 ❯

Ein strukturierter Tagesablauf ist für Kinder von größerer Bedeutung, als man auf den ersten Blick glaubt.

Struktur bedeutet dabei nicht, einen minutiös getakteten Tagesplan aufzustellen, sondern auf bestimmte, verlässliche und wiederkehrende Ereignisse und Regeln zu achten. Kinder brauchen Strukturen. Sie geben ihnen Halt, Sicherheit und helfen ihnen, ihren Tag besser zu meistern. Dies hat erhebliche Auswirkungen auf ihr Lern- und Arbeitsverhalten.

▽ Kinder können ihren Tagesablauf nicht selbst planen. Sie brauchen dabei die Hilfe der Eltern.

Pausenbrot

Unumstritten ist die Bedeutung einer ausgewogenen Ernährung. Besprechen Sie mit Ihrem Kind, was es als Pausenbrot mitnehmen kann und – sehr wichtig: Erklären Sie ihm auch, warum. Dass Süßigkeiten und zuckerhaltige Getränke in der Schule nichts verloren haben, versteht sich dabei von selbst.

Schulweg

Oft entsteht gerade an Regentagen ein wahrer „Autokrieg“ vor dem Schulgelände. Damit das Kind ja nicht nass wird, wird am besten direkt vor dem Schultor angehalten. Ein kleiner Hinweis dazu: „Kinder, die nass werden, laufen nicht ein!“

Frühstück

Die Zeit, die für ein Frühstück benötigt wird, sollte unbedingt ausreichend eingeplant werden. Leider kommt es immer wieder vor, dass Kinder ohne Frühstück in die Schule geschickt werden. Aussagen mancher Eltern wie „Mein Kind mag so früh noch nichts essen“ dürfen nicht gelten! Um lernen zu können, braucht das Gehirn viel Energie.

Aufstehen

Der Schultag fängt bereits mit dem Aufstehen an. Morgendliche Hetze, „schnelles“ Frühstück, Zuspätkommen etc. sind natürlich keine geeigneten Voraussetzungen für einen gelingenden Schultag. Dies wirkt sich nicht nur bei den Kindern, sondern auch bei den Eltern negativ auf den gesamten Tag aus.

INTERESSANT

Sinnvolle Auflockerung

Gemeinsame Ausflüge sind eine ideale Möglichkeit, die Gedanken an Schule, Noten und Übertritt einmal zu vergessen. Sie entlasten nicht nur das Kind, sondern auch die Eltern und sollten regelmäßig, etwa am Wochenende, ins Familienleben eingeplant werden.

Nach der Schule

Was leider immer wieder beobachtet wird, wenn Kinder von der Schule abgeholt werden, ist folgendes Szenario: Unmittelbar nach der Begrüßung wird die Schultasche „durchsucht". Arbeitsblätter und Hefte werden angeschaut, Hausaufgabenhefte betrachtet und herausgegebene Tests sofort „studiert". Dies alles vor den Klassenkameraden und anderen Eltern. Diese Neugier gilt es unbedingt im Zaum zu halten. Oder wie würden Sie sich fühlen, wenn Sie von der Arbeit abholt würden und Ihre Arbeitsunterlagen vor allen angeschaut würden?

Mittagessen

Ein Mittagessen, das in Ruhe eingenommen werden kann, hilft, schulische Aufgaben mit genügend neuer Energie bewältigen zu können. Eine ausgewogene Ernährung (viel Kohlenhydrate, Vitamine und Kalzium) ist der Grundbaustein für Aufmerksamkeit, Erinnerungs- und Reaktionsvermögen sowie Konzentrationsfähigkeit.

Am Nachmittag

Wenn einmal die richtige Zeit gefunden wurde, zu der das Kind am besten lernen kann, hat es sich bewährt, diesen Zeitraum stets beizubehalten.
Der Nachmittag sollte nicht nur mit der Erledigung der Hausaufgaben und dem Lernen gefüllt sein. Genügend Raum für freies Spiel wirkt sich förderlich auf die gesamte Entwicklung des Kindes (kognitiv, sozial und emotional) aus. Fernsehen oder Computerspiele sollten hier, wenn überhaupt, nur einen kleinen und klar begrenzten Anteil haben.
Die positive Auswirkung sportlicher Betätigung auf das Gehirn und damit auf die Leistungsfähigkeit wurde bereits vielfach nachgewiesen.

Abschluss des Tages

Sofern schulische Themen das Kind bereits tagsüber häufig begleitet haben, hat es sich sehr bewährt, dieses Thema nicht auch noch beim gemeinsamen Abendessen in den Vordergrund zu rücken. Eine Zeit ohne das Thema Schule zu verbringen, ist für Kinder ungemein wichtig.

Das Gehirn – ein Wunderwerk der Natur

Viele Erkenntnisse der Hirnforschung tragen dazu bei, das Lernen besser zu verstehen.

Unser Gehirn ist in der Lage, sich unser gesamtes Leben lang weiterzuentwickeln, und das unter bestimmten Voraussetzungen bis ins hohe Alter hinein. Gerade in den ersten Lebensjahren eines Menschen findet eine rasante Entwicklung statt.

SIEHE AUCH

Der Energiebedarf des Gehirns	22–23 ❯
So speichert das Gehirn	28–29 ❯
Warum vergessen wir Gelerntes?	30–31 ❯
Lerntypen	34–35 ❯

Je mehr **Verknüpfungen** vorhanden sind, desto höher ist die **Leistungsfähigkeit** des Gehirns.

Wissenswertes zum Thema Gehirn

Zum Thema Gehirn findet sich eine unglaubliche Menge an Literatur, die sich mit den unterschiedlichsten Bereichen unseres „Denkapparates“ beschäftigt. Die wenigen hier aufgeführten Aspekte können auch Kindern sehr gut erklärt werden. Die Erfahrung hat gezeigt, dass dies zur Lernmotivation beitragen kann.

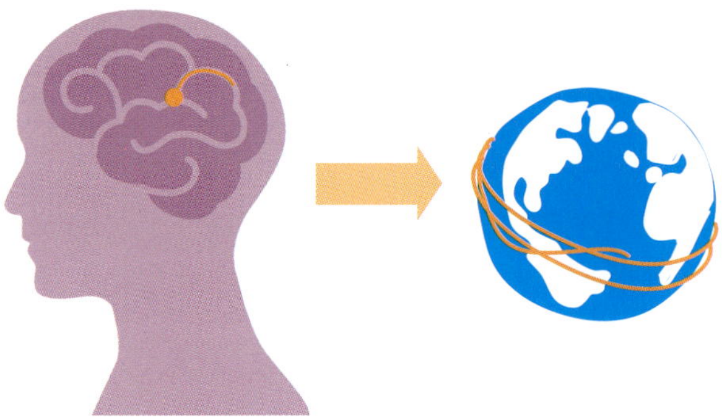

△ **Beeindruckende Zahlen**
Unser Gehirn besteht aus einer unglaublich hohen Zahl von Nervenzellen. Die Rede ist hier von etwa 100 Milliarden Zellen, den Neuronen. Diese wiederum stehen gleichzeitig mit bis zu 10 000 weiteren Neuronen in Verbindung. Auf diese Weise entsteht in unserem Gehirn ein Nervennetz mit mehreren Billiarden Verzweigungen und einer Gesamtlänge von 100 000 Kilometern. Das entspricht etwa dem zweieinhalbfachen Umfang des Äquators.

INTERESSANT

Grundstock für das ganze Leben

Auch wenn wir mit einem komplett angelegten Gehirn auf die Welt kommen, so werden die Vernetzungen erst mit dem Gebrauch geschaffen. Immer, wenn wir Neues lernen, bilden sich im Gehirn neue Verästelungen. Um diesen Vorgang zu fördern, ist es sehr wichtig, Kindern von Beginn an möglichst viele Sinnesanregungen zu geben und ihren Drang nach Bewegung zu fördern. Die dadurch geschaffenen Vernetzungen bilden die Grundlage für das gesamte Leben.

Informationsfluss im Gehirn

Zwischen allen beteiligten Gehirnbereichen werden ständig Informationen ausgetauscht. Die Schaltstellen zwischen zwei Nervenzellen – die Synapsen – leiten die elektrischen Impulse mithilfe chemischer Botenstoffe weiter. Jedes Neuron kann auf diese Weise gleichzeitig mit anderen Neuronen kommunizieren. Dies geschieht mit einer Geschwindigkeit von etwa 300 km/h.

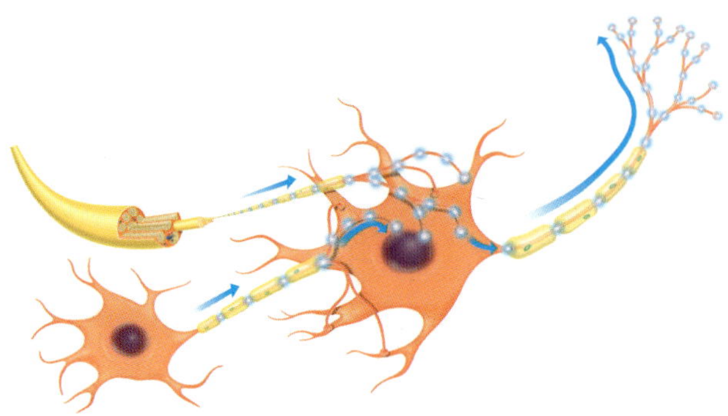

Zusammenhänge im Gehirn

Da im Gehirn alle Teile miteinander korrespondieren, ist es nicht verwunderlich, dass Störungen in einzelnen Bereichen Auswirkungen auf das gesamte System haben.

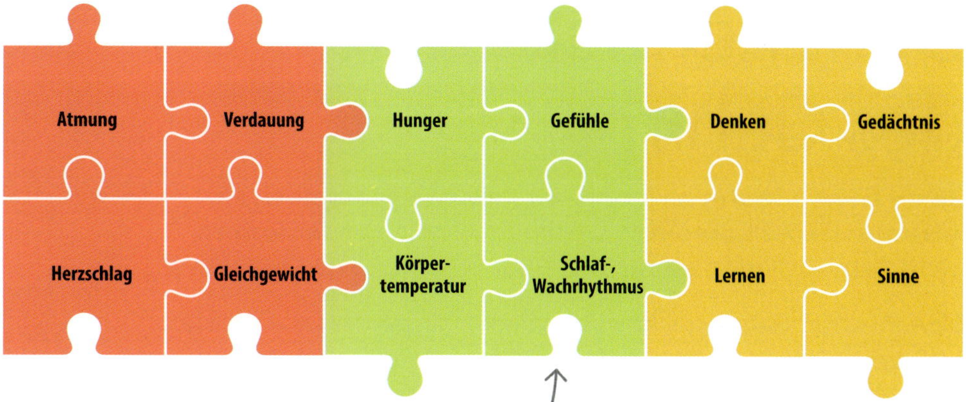

Erhalten Kinder zu wenig Schlaf, ist es für sie oft nicht möglich, ihre Gefühle zu kontrollieren, geschweige denn, neue Lerninhalte aufzunehmen.

Das Gehirn und seine beiden Hälften

Das Gehirn besteht aus zwei Hemisphären (Hälften), in denen unterschiedliche Lern- und Denkprozesse ablaufen. Die rechte Seite ist u. a. zuständig für Fantasie, Kreativität und Emotionen, während die linke Seite eine Vorliebe für Zahlen, Daten, Fakten und wissenschaftliches Denken hat. Die Kunst des Lernens besteht darin, beide Hirnhälften zu nutzen. Bei Stress funktioniert diese wichtige Zusammenarbeit übrigens kaum mehr!

▷ **Wo findet was im Gehirn statt?** Stellt man sich bildlich vor, welche der beiden Gehirnhälften für was zuständig ist, wird die Bedeutung einer andauernden Verbindung noch deutlicher. Außerdem kann man hier gut erkennen, dass die linke Gehirnhälfte unsere rechte Körperseite steuert und umgekehrt.

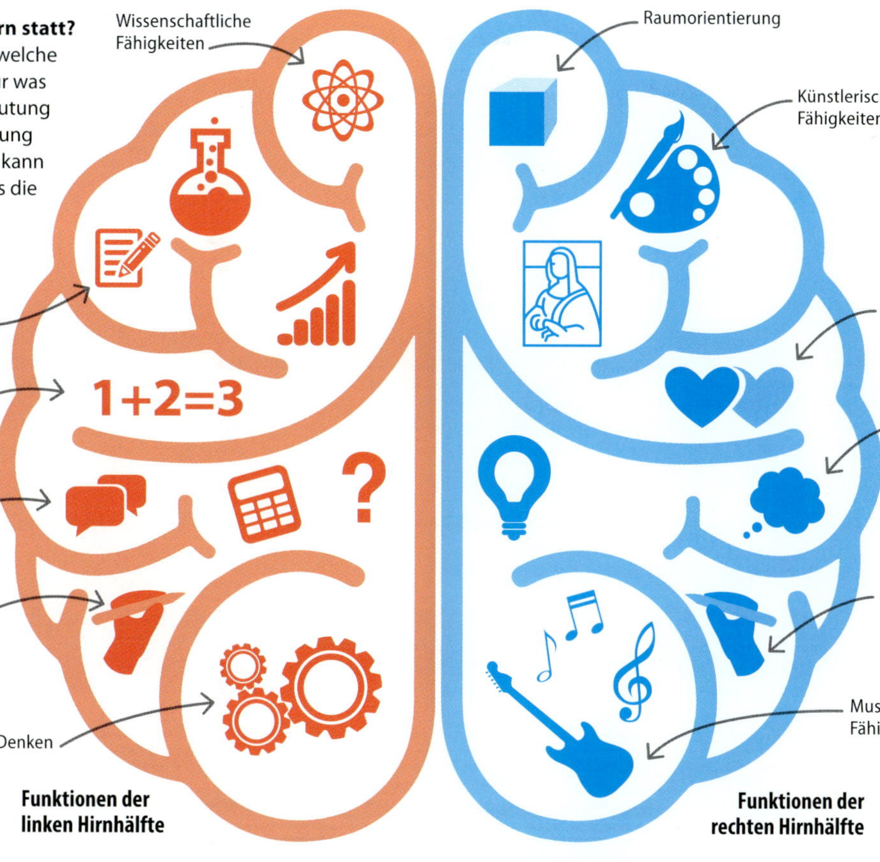

Der Energiebedarf des Gehirns

SIEHE AUCH
❮ 18–19 Konkrete und wirksame Tipps im Tagesverlauf
Bewegung 24–25 ❯
Erholung 26–27 ❯
Konzentration 60–61 ❯

Unser Gehirn leistet zu jeder Zeit mehr als jeder noch so leistungsstarke Computer. Doch wir können unser Gehirn nicht zum Aufladen einfach an eine Steckdose anschließen.

Obwohl unser Gehirn nur etwa 2 % des Körpergewichtes ausmacht, verbraucht es nahezu 20 % aller zugeführter Energie. Nur wenn das Gehirn ausreichend Energie erhält, kann es optimale Leistungen erbringen, ansonsten wird Stress erzeugt, der auch die größte Lernbereitschaft zunichtemacht.

INTERESSANT

Wie groß ist eigentlich ein Gehirn?

Die Größe eines Gehirns kann jeder mithilfe seiner Hände einfach nachvollziehen. Ballen Sie Ihre Hände zu Fäusten und halten Sie sie aneinander. So groß ist in etwa Ihr Gehirn

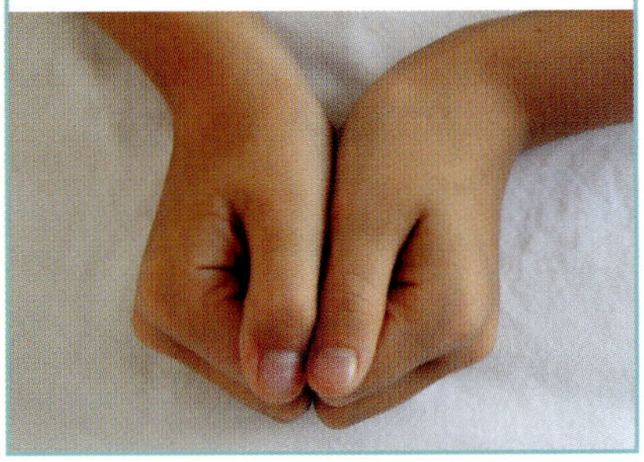

Die richtige Ernährung

Eine gesunde und ausgewogene Ernährung sollte nicht nur im Hinblick auf das Lernen zur Selbstverständlichkeit werden. Wichtige Grundsätze werden schon den Kindern in der Grundschule, oft mithilfe der Ernährungspyramide oder einem Diagramm, nahegebracht.

▷ Wasser und gesunde Getränke sollten demnach die Grundlage unserer Ernährung darstellen, gefolgt von Gemüse und Obst. Milchprodukte und Fleisch sollte man in Maßen zu sich nehmen und sehr sparsam mit Fetten und vor allem Extras wie Süßigkeiten umgehen.

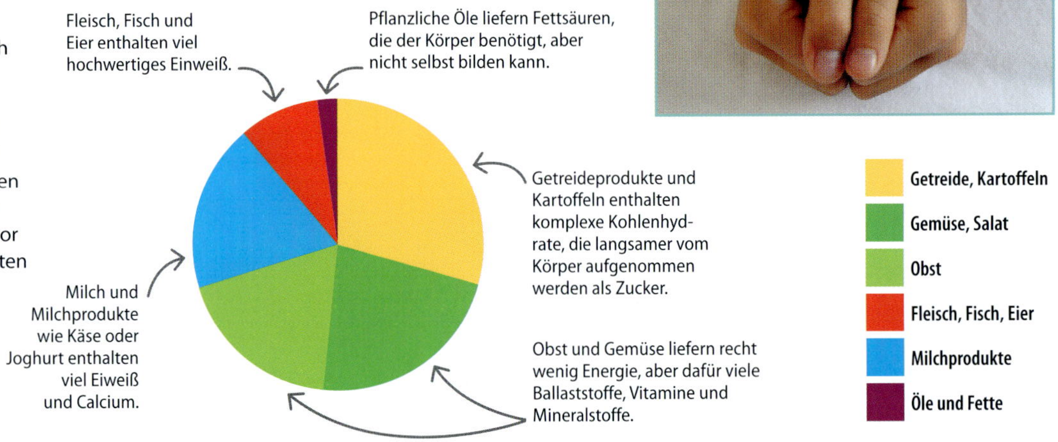

Gemeinsames Essen – aber richtig

Eine Mahlzeit dient nicht nur der Nahrungsaufnahme. Gemeinsames Essen ist von großer Bedeutung für unser Denken, unsere Gefühle und unsere Gesundheit. Ein schnelles Frühstück zwischen Tür und Angel, das Zeitunglesen, Fernsehen oder der ständige Blick aufs Smartphone während des gemeinsamen Abendessens machen aus einem bedeutsamen Vorgang eine hektische Nebensache. Sie als Eltern tragen die Verantwortung dafür, wie die Mahlzeiten ablaufen und was es zu essen gibt.

Forschungsergebnisse haben gezeigt, dass es einen **Zusammenhang zwischen** einem **gemeinsamen Essen** mit der ganzen Familie zu einem bestimmten Zeitpunkt **und der Konzentrationsfähigkeit** der Kinder gibt.

Warum ist zu viel Zucker eigentlich schädlich?

Viele Erwachsene kennen das noch aus ihrer eigenen Schulzeit, dass ein Traubenzucker zur rechten Zeit wahre Wunder in Prüfungssituationen bewirken kann. Heute hat man allerdings oft den Eindruck, dass ungesunde, stark gezuckerte Snacks in den Brotboxen der Kinder eher die Regel statt eine Ausnahme darstellen.

▷ **Teufelskreis Zucker**
Zucker wird im Körper schnell verbrannt und regt die Insulinproduktion in der Bauchspeicheldrüse an. Dabei kommt es zu einem kurzfristigen Energieschub. Da die Bauchspeicheldrüse jedoch ihre Insulinproduktion nicht so schnell wieder herunterfahren kann, meldet sie an das Gehirn: „Ich will noch mehr Zucker." Jeder kennt das Gefühl, wenn man Lust auf etwas Süßes hat, jedoch nichts greifbar ist. Für Kinder hat dies sehr unangenehme Auswirkungen auf ihre Konzentrations- und Lernleistung.

Was steckt wo drin? – Eine kleine Auswahl

Kohlenhydrate	Proteine	Fette	Vitamine
Brot	Fleisch	Nüsse	Vollkornprodukte
Nudeln	Milch	Sonnenblumenkerne	Tofu
Kartoffeln	Käse	Avocado	Himbeeren
Getreide	Joghurt	Oliven	Zitrusfrüchte
Reis	Eier	Meeresfrüchte	Spinat
Obst	Fisch	Chiasamen	Mais
Gemüse	Soja	Lachs	grüne Bohnen

- Eine zu häufige und dauerhafte Zufuhr von Zucker senkt nicht nur das Leistungsvermögen, sondern gilt auch als häufigster Grund für Übergewicht bei Kindern. Eltern sollten darauf achten, dass ihre Kinder Süßigkeiten nur gelegentlich und in Maßen zu sich nehmen.

Das Pausenbrot

Für die Aufmerksamkeit und das Konzentrationsvermögen von Kindern ist es wichtig, dass diese in der Pause ausreichend trinken und etwas essen. Chips, Schokoriegel, Kekse oder andere Süßigkeiten haben in einer Pausenbrotbox jedoch nichts zu suchen.

△ Es nützt nichts, seinem Kind ein gesundes Käsebrot mit Gemüse und Obst mit in die Schule zu geben, wenn dieses dann am Ende kaum gegessen wird oder im Mülleimer landet. Besprechen Sie mit Ihrem Kind, was es an gesunden Lebensmitteln gerne isst und mitnehmen möchte, dann wird es sein Pausenbrot sicherlich auch gerne essen.

Körper und Geist benötigen Wasser

Jedes Kind sollte ausreichend Wasser in die Schule mitnehmen und in den Pausen regelmäßig trinken.

△ **Wasser – warum?**
Unser Körper benötigt Wasser, u. a. um Giftstoffe aus dem Körper auszuschwemmen, aber auch damit alle elektrischen und chemischen Prozesse im Gehirn stattfinden können. Leitungswasser können wir am besten verarbeiten. Zuckerhaltige Getränke entziehen dem Körper das Wasser und sorgen dafür, dass man noch mehr Durst bekommt.

Bewegung

Um dauerhaft richtig lernen zu können, ist es von großer Bedeutung, sich neben gesunder Ernährung auch ausreichend zu bewegen.

SIEHE AUCH
❮ 22–23 Der Energiebedarf des Gehirns
Erholung 26–27 ❯
Lernmotivation 52–53 ❯
Konzentration 60–61 ❯

Gerade in unserer Gesellschaft, in der dem Computerspielen, dem Fernsehen und dem Handy immer mehr Zeit gewidmet wird, kommt die Bewegung oft zu kurz. Kinder werden häufig mit dem Auto zur Schule gebracht und auf eine ausreichende körperliche Betätigung wird zu wenig geachtet – mit fatalen Folgen. Auch die Weltgesundheitsorganisation WHO empfiehlt mindestens 2,5 Stunden Bewegung pro Woche.

Mangelnde Bewegung und ihre Folgen

Immer wieder kommt es vor, dass Kinder, die im Verein Sport treiben, nicht am Training teilnehmen, weil ihre Eltern möchten, dass sie die Zeit zum Lernen nutzen. Doch dies ist kontraproduktiv. Zum einen sind davon die Kinder in der Regel wenig begeistert, und zum anderen wird das Gehirn mit zu wenig Sauerstoff versorgt. Beides erweist sich als Lernhindernis.

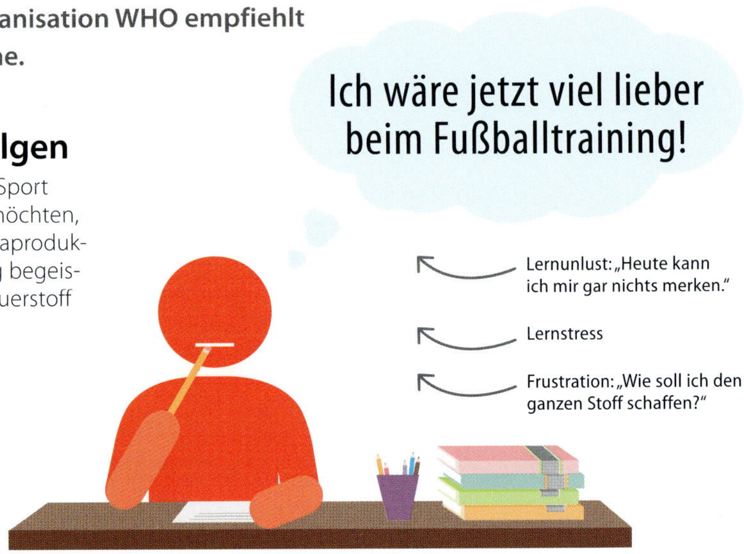

▷ **So lernt es sich schlecht**
Gerade Kinder im Grundschulalter können den Gedanken an ein verpasstes Training nur sehr schlecht beiseiteschieben. Die vordergründig „gewonnene" Lernzeit entpuppt sich immer als „verlorene" Lernzeit.

Der natürliche Bewegungsdrang

Der natürliche Bewegungsdrang von Kindern ist hinlänglich bekannt. Im Gegensatz zu Erwachsenen können Kinder nur für einen sehr begrenzten Zeitraum ruhig dasitzen. Beobachten kann man dies, wenn ein Kind zwar vermeintlich konzentriert an einer Aufgabe sitzt, dabei aber ständig mit einem Bein auf und ab wippt.

INTERESSANT

Zusammenhang zwischen Bewegung und Verstand

Es gibt mittlerweile zahlreiche wissenschaftliche Untersuchungen, die sich mit dem Zusammenhang zwischen Bewegung und Lernfähigkeit beschäftigen. Sie weisen übereinstimmend nach, dass es einen direkten Zusammenhang zwischen Lernleistung und körperlicher Aktivität gibt.

Wozu ist Bewegung gut?

Jede Bewegung bewirkt eine Verbindung zwischen den beiden Gehirnhälften und schafft damit neue neurale Verknüpfungen. Und genau darauf kommt es auch beim Lernen an. Deshalb wird der Krabbelphase bei Kleinkindern eine so große Bedeutung beigemessen, da u. a. durch die Krabbelbewegung die Zahl der Neuronen förmlich explodiert.

- Erlernt ein Kind neue Bewegungsabläufe fördert das nicht nur die Intelligenz, sondern auch das Zutrauen in die eigenen Fähigkeiten.

Bewegung

- Abbau von Müdigkeit
- Steigerung des Wohlbefindens
- Gesundheitsförderung
- Stressabbau
- Verbesserung der Stressresistenz
- Konzentrationssteigerung
- Erholung für das Gehirn
- Bessere Durchblutung des Gehirns
- Ausschüttung von Glückshormonen
- Steigerung des Selbstwertgefühls

Beispielübungen

Es gibt Unmengen von kurzen Bewegungsübungen, mit denen Kinder die Lernphasen am Schreibtisch unterbrechen können.

Erholung

SIEHE AUCH
So speichert das Gehirn 28–29 ❯
Warum vergessen wir Gelerntes? 30–31 ❯
Zeiteinteilung beim Lernen 36–37 ❯
Der Übertritt und seine Bedeutung 40–41 ❯

Jeder Mensch und ganz besonders unser Gehirn braucht Phasen der Erholung, um auf Dauer leistungsfähig zu bleiben.

Im Gegensatz zu Erwachsenen, die die Folgen mangelnder Erholung erkennen und selbst beheben könnten, benötigen Kinder dabei unbedingt die Unterstützung der Eltern.

Keine Entspannung

Jeder Erwachsene kennt den Satz: „Jetzt setze ich mich zur Entspannung noch ein bisschen vor den Fernseher." Leider ist Fernsehen aus Sicht des Gehirns genau das Gegenteil von Entspannung.

▷ **Fernsehen ist Stress für unser Gehirn**
Vielen ist gar nicht bewusst, wie schnell die einzelnen Bilder während einer Fernsehsendung oder eines Spielfilms wechseln. Wir merken es nicht – unser Gehirn schon. Es muss dabei Höchstleistungen vollbringen.

- Zählt man einmal bewusst mit, wie viele Einstellungen in einer Minute wahrgenommen werden, kommt man zu erstaunlichen Ergebnissen.

Grundsätzliches zu Entspannungstechniken

Damit Entspannungsübungen auch wirklich zur Entspannung, zur Erholung und zum Stressabbau beitragen können, sollte ihnen immer auch die volle Aufmerksamkeit gewidmet werden. Ein paar wenige Grundsätze gilt es dabei zu beachten.

Kind für die Übungen begeistern

Am besten können Sie Kinder für Entspannungsübungen begeistern, wenn Sie als Erwachsener die Übungen mitmachen. Es tut auch Ihnen gut!

Entspannung braucht Ruhe

Entspannungsübungen noch schnell zwischen zwei Terminen zu erledigen, ist völlig sinnlos. Manche Übungen können auch bei leiser, ruhiger Musik ausgeführt werden.

Übungen einzeln ausprobieren

Damit einzelne Entspannungsübungen bzw. -techniken ihre volle Wirkung entfalten können, braucht es Zeit. Erst wenn eine Form gut beherrscht wird, sollte etwas Neues versucht werden.

Da Kinder gerade während der Übertrittsphase über **Einschlafprobleme** klagen, können einfache **Entspannungsübungen** sehr zu einem **erholsamen Schlaf** beitragen.

Entspannungsübungen – ein paar Beispiele

Gerade während intensiver Lern- und Arbeitsphasen haben sich verschiedenste Entspannungsübungen sehr bewährt. Die meisten können zu jeder Zeit an nahezu jedem Ort durchgeführt werden. Die Möglichkeiten sind unglaublich vielfältig.

Progressive Muskelentspannung

Diese Technik wurde im 20. Jh. vom amerikanischen Arzt Edmund Jacobson entwickelt. Dabei werden nach und nach einzelne Muskelgruppen angespannt, für wenige Sekunden angespannt gehalten und wieder entspannt. Um diese Entspannungsübung für Kinder leichter verständlich zu machen, empfiehlt es sich, die Anweisungen zur An- und Entspannung in eine kleine Geschichte einzubauen.

Beispielübungen

An- und Entspannung einzelner Körperteile

Das Kind sitzt mit geschlossenen Augen da und folgt den Anweisungen zur An- und Entspannung einzelner Körperteile: Hände, Ober- und Unterarme, Gesicht, Schulterblätter, Ober- und Unterschenkel und Zehen. Dabei sollte die Spannung etwa 7–10 Sekunden gehalten werden und anschließend für circa 30 Sekunden nachgespürt werden.

Kinesiologie

Kinesiologie ist die Lehre von der Bewegung bzw. Bewegungserfahrung. Durch gezielte Übungen wird dabei nicht nur das körperliche und seelische Wohlbefinden gestärkt, sondern auch die Denkfähigkeit positiv beeinflusst.

Beispielübungen

Überkreuzbewegung

Nach jeder Überkreuzbewegung mit der linken Hand auf das rechte Knie richtet sich das Kind wieder auf und führt die Bewegung anschließend mit der rechten Hand auf das linke Knie aus. Dabei werden die Übungen im Rhythmus der Atmung ausgeführt. Beim Ausatmen wird das Knie berührt, beim Einatmen richtet sich der Körper wieder auf. Diese Übung hilft u. a., die beiden Gehirnhälften miteinander zu verbinden.

Yoga

Yoga zählt zu den Übungen, die Kindern sehr viel Freude bereiten. Dadurch verbessert sich u. a. die Körper- und Sinneswahrnehmung. Yoga dient dem Stressabbau und fördert die Konzentration.

Beispielübungen

Baum

Das Kind steht aufrecht da, beide Arme nach oben gestreckt. Die Handflächen berühren sich. Dazu berührt der rechte Fuß etwas oberhalb des Knies das linke Bein. Diese Position sollte etwa 30 Sekunden lang bei gleichmäßiger Atmung gehalten werden. Anschließend wird das Standbein gewechselt. Diese Übung fördert nicht nur die Körperwahrnehmung, sondern auch die Konzentrationsfähigkeit.

Ausreichend Schlaf

Da in der Nacht nicht nur der Körper, sondern gerade auch das Gehirn Zeit hat sich zu erholen, ist es enorm wichtig, ausreichend zu schlafen. Aus diesem Grund sollten Kinder in etwa auf acht Stunden Schlaf kommen.

▷ **Das Gehirn arbeitet immer**

Bedenken Sie, dass das Gehirn die Information „keine" nicht verarbeiten kann. Oder können Sie jetzt „nicht an eine Zitrone denken"? Mit solchen Sätzen, die natürlich gut gemeint sind, verankern Sie die Aufregung vor der Klassenarbeit nur noch mehr. Das Gehirn hat nun die ganze Nacht Zeit, sich mit dieser Angst auseinanderzusetzen.

Warum vergessen wir Gelerntes?

Trotz fleißigem Lernen kommt es vor, dass in Prüfungen das erforderliche Wissen nicht abgerufen werden kann.

SIEHE AUCH
❮ 26–27 Erholung
❮ 28–29 So speichert das Gehirn
Lernschwierigkeiten 32–33 ❯
Lerntypen 34–35 ❯
Zeiteinteilung beim Lernen 36–37 ❯
Lernfaktoren 38–39 ❯

In Sprechstunden hören Lehrer häufig den Satz: „Ich weiß nicht, warum mein Kind nur eine 4 hat. Zu Hause hat es noch alles gewusst." Einige der Gründe für dieses Vergessen können relativ leicht vermieden werden.

Vergessenskurve nach Ebbinghaus

Bereits Ende des 19. Jahrhunderts stellte Professor Hermann Ebbinghaus fest, dass ein einmalig gelernter Lernstoff schon nach kurzer Zeit nur noch zu einem bestimmten Prozentsatz abrufbar ist.

▷ **Vergessen geht schneller als gedacht**
Ebbinghaus experimentierte mit sinnlosen Wörtern, die bereits nach kurzer Zeit zunehmend vergessen wurden, wie man anhand der Vergessenskurve erkennen kann. Auch wenn der Abfall der Merkleistung beim Einprägen von sinnvollen Inhalten nicht ganz so steil ist, so gilt dennoch: Wir vergessen schnell, wenn wir nichts dagegen unternehmen. Das Zauberwort heißt: Wiederholung!

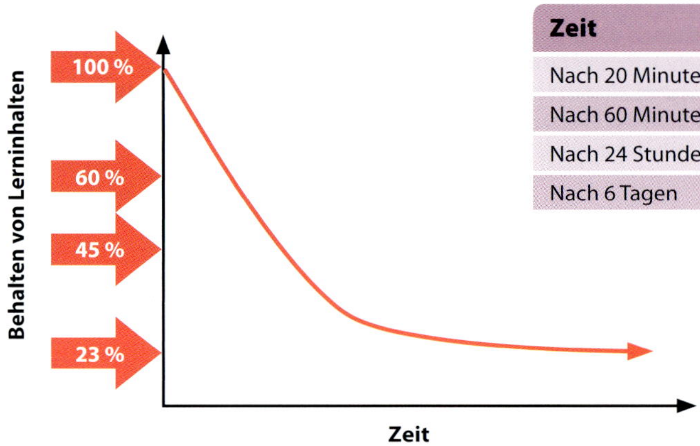

Zeit	Lerninhalte
Nach 20 Minuten	40% vergessen
Nach 60 Minuten	55 % vergessen
Nach 24 Stunden	66 % vergessen
Nach 6 Tagen	77% vergessen

Das limbische Gehirn

Das limbische Gehirn zählt zu den ältesten Regionen im Gehirn. Es stammt aus einer Zeit, in der lebenswichtige Reaktionen schnell getroffen werden mussten. Es filtert alle hereinkommenden Informationen.

▷ **Einlasskontrolle ins Gehirn**
Sind mit einem Erlebnis negative Erfahrungen verbunden, blockiert das limbische System die Weiterleitung an das Großhirn. Liegen jedoch positive Gefühle vor, leitet das limbische System die Informationen an das Großhirn zur Weiterverarbeitung weiter.

DAS LIMBISCHE SYSTEM

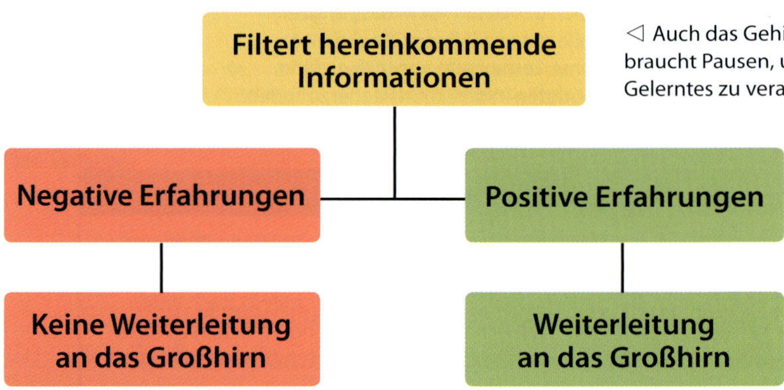

◁ Auch das Gehirn braucht Pausen, um Gelerntes zu verarbeiten.

Ähnlichkeitshemmung

Beim Lernen spielt Abwechslung eine große Rolle. Ansonsten kann es dazu kommen, dass sich ähnliche Inhalte, die direkt nacheinander gelernt werden, gegenseitig „löschen". In so einem Fall hat das Gehirn Schwierigkeiten, diese Themen zu unterscheiden und unabhängig voneinander abzuspeichern.

▷ **Zu ähnliche Lerninhalte stiften Verwirrung**
Lernt ein Kind zuerst ein Gedicht auswendig und gleich im Anschluss einen Hefteintrag im Fach Sachkunde, kann es dazu kommen, dass sich beide Lerninhalte gegenseitig vermischen und keiner von beiden behalten werden kann.

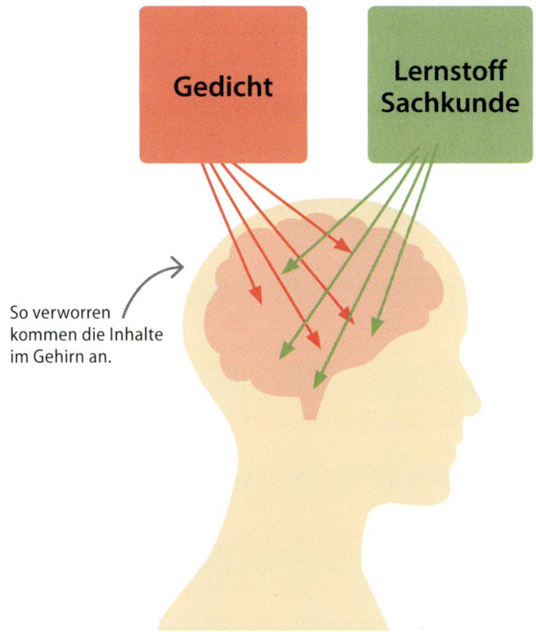

• Das Gleiche gilt im Übrigen auch für das Lernen an weiterführenden Schulen. Latein- und Englischvokabeln direkt hintereinander zu lernen, ist wenig sinnvoll.

Lernen ohne Pausen

Das Lernen und Behalten von Lerninhalten hängt sehr davon ab, *wie* wir lernen. Ein sehr häufiger Fehler ist es, sich über einen langen Zeitraum hinweg durchgängig mit einem bestimmten Thema, das man lernen möchte, zu beschäftigen. Um jedoch tatsächlich die Lernleistung und damit das Behalten zu steigern, sind u. a. unbedingt Pausen erforderlich. Nur so kommt es zu einem stetigen Anwachsen des abrufbaren Wissens. Ansonsten vergessen wir Gelerntes nach kürzester Zeit.

▽ **Lernplateaus**
Beim Lernen steigt die Menge des Wissens nicht linear an, sondern es kommt immer wieder zu Stagnationen. Während dieser Phasen, die man Lernplateaus nennt, scheint es so, als ob wir uns Neues einfach nicht merken können oder stundenlang Geübtes schnell wieder vergessen. Diese Lernplateaus sind jedoch sehr wichtig, damit das Gehirn die bis dahin gelernten Punkte abspeichern kann.

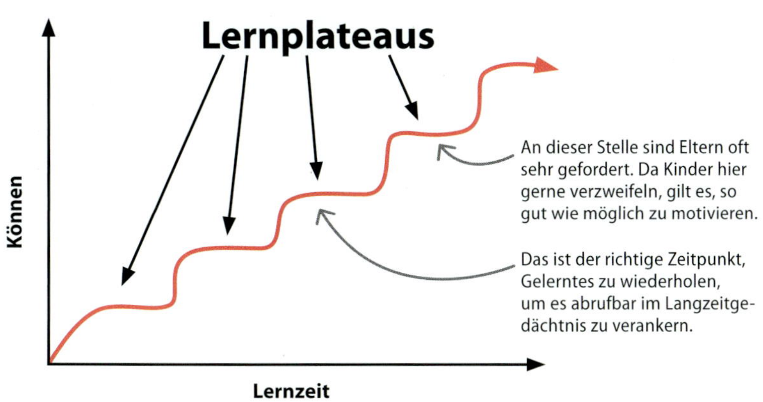

INTERESSANT

Lernplateaus erklären

Es hat sich bewährt, Kindern, die frustriert sind, da sie trotz fleißigem, andauerndem Lernen Wichtiges immer wieder vergessen, diese Lernplateaus zu erklären. Wenn sie verstehen, warum sie sich gerade nichts mehr merken können, beziehen sie ihre mangelnde Lernfähigkeit weniger auf sich selbst und setzen so seltener eine Spirale der Selbstzweifel in Gang.

Lernschwierigkeiten

Lernen ist nicht immer einfach. Doch wenn es zu einem echten Problem wird, muss gehandelt werden.

Neben diagnostizierten Lernschwierigkeiten wie AD(H)S, Dyskalkulie, Lese- und Rechtschreibstörungen gibt es verschiedene Probleme, auf die jedes Kind beim Lernen stoßen kann.

SIEHE AUCH
❮ 14–17 Was Eltern unbedingt beachten sollten
❮ 18–19 Konkrete und wirksame Tipps im Tagesverlauf
Zeiteinteilung beim Lernen 36–37 ❯
Der Übertritt und seine Bedeutung 40–41 ❯
Das sollten Eltern unbedingt vermeiden 42–43 ❯
Lernmotivation 52–53 ❯

Negative Gefühle

Lernen und Vergessen sind sehr stark mit unseren Gefühlen verbunden. Kurz nach einem negativ besetzten Ereignis (Angst, Wut, Streit, Trauer usw.) können wir uns Lerninhalte nicht merken.

▷ **Zorn ist kein Lernhelfer**
Negative Gefühle belasten unser Gehirn und unseren gesamten Körper sehr stark. Gibt es beispielsweise in der Familie gerade einen heftigen Streit, weil das Kind keine Lust zum Lernen hat, kreisen seine Gedanken ausschließlich um dieses emotionale Thema. Lernen ist so nicht möglich! Dies gilt für alle negativ besetzten Gefühle. Positive Gefühle hingegen können das Lernen beflügeln.

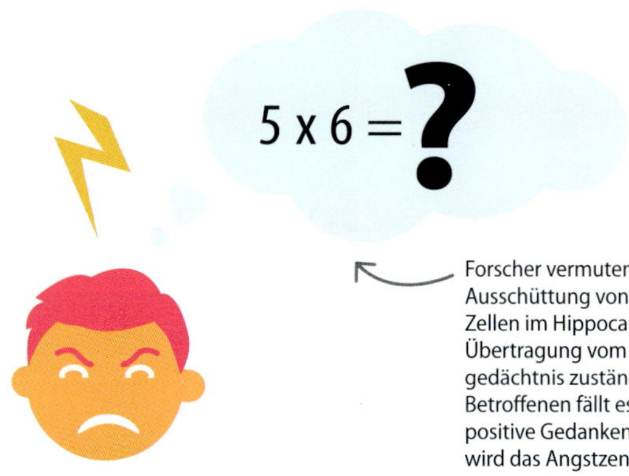

Forscher vermuten, dass durch die Ausschüttung von Stresshormonen Zellen im Hippocampus, der für die Übertragung vom Kurzzeit- ins Langzeitgedächtnis zuständig ist, schrumpfen. Betroffenen fällt es außerdem schwerer, positive Gedanken zuzulassen. Dafür wird das Angstzentrum im der Amygdala angeregt.

Misserfolg

Negative Erfahrungen können einen Teufelskreis in Gang setzen, der es unmöglich macht, Gelerntes wiederzugeben.

▷ **Misserfolg und seine Folgen**
Kinder, die unter ständigen Misserfolgen leiden, reden sich oft ein: „Das schaffe ich nicht." Manchmal setzen sie sich auch unrealistische Ziele, die wiederum zu erneutem Versagen führen. Spätestens an dieser Stelle müssen Eltern eingreifen und ihrem Kind ein erreichbares Ziel vor Augen führen.

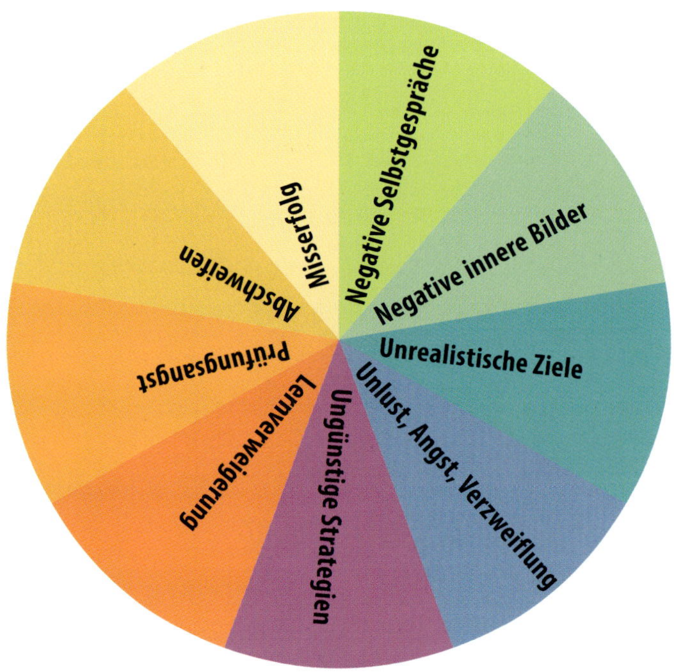

• Wenn Sie feststellen, dass die Leistungen Ihres Kindes zunehmend abfallen oder Ihr Kind immer mehr Selbstzweifel hat, suchen Sie unbedingt das Gespräch mit der Lehrkraft. Kinder spielen in der Schule ihre Sorgen und Nöte gerne herunter. Sobald Lehrer das Ausmaß an Verzweiflung erkennen, können sie auf vielfältige Weise durch positive Verstärkung auf Ihr Kind eingehen.

Stress und was er für Kinder bedeutet

Körperliche und psychische Belastungen bei Kindern bereits im Grundschulalter sind leider keine Seltenheit. Eine Stressstudie der Universität Bielefeld aus dem Jahr 2015 ergab u. a., dass 18 % der Kinder bereits unter zu hohem Stress leiden. Geraten Kinder zu sehr unter Stress, ist für sie sinnvolles Lernen nahezu unmöglich. Die Auslöser, sogenannte Stressoren, können sehr vielfältig sein.

▷ **Negativer Stress und seine Auswirkungen**
Häufig leiden Kinder unter Einschlafproblemen oder Kopf- und Bauchschmerzen, ohne dass dafür organische Ursachen gefunden werden können. Sie wirken gereizt, lustlos, fühlen sich überfordert, können sich schlecht konzentrieren oder haben in Leistungskontrollen Denkblockaden, um nur einige wenige Auswirkungen zu nennen.

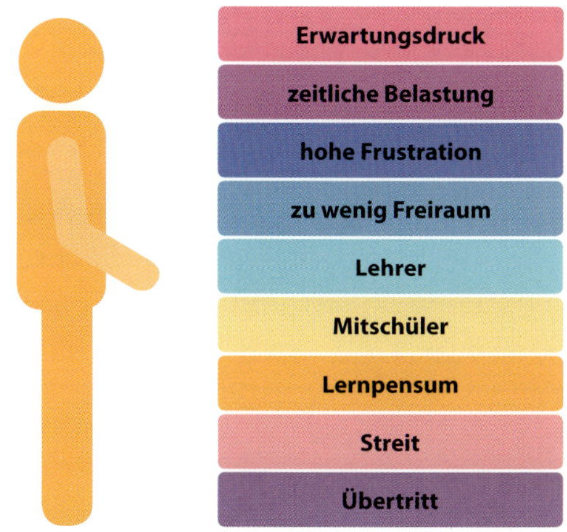

Wie können Eltern helfen?

Eltern können ihren Kindern auf vielfältige Weise helfen, den Stress zu minimieren. Dazu muss er jedoch erst einmal wahrgenommen werden. Und das gelingt am besten, wenn man sein Kind über einen gewissen Zeitraum hinweg genau beobachtet.

Seien Sie als Eltern ein Vorbild!
Wenn Sie häufig davon reden, wie gestresst sie sind, dann ist es Ihr Kind automatisch auch.

- *Wie sieht der Nachmittag des Kindes aus?*
- *Haben Sie als Eltern die Freizeitplanung entschieden?*
- *Was macht dem Kind Spaß?*
- *Hat das Kind genügend Zeit, sich auch zu langweilen?*

◁ **Langeweile kann sinnvoll sein**
Um Langeweile zu umgehen, sollen Kinder selbst Ideen entwickeln und nicht sofort beschäftigt oder abgelenkt werden. Das fördert nicht nur die Kreativität, sondern auch das Denkvermögen.

INTERESSANT

Eustress und Distress

Es gibt zwei Arten von Stress. Der positive Eustress erzeugt eine positive Anspannung und kann zu Höchstleistungen anspornen. Der negative Distress hingegen hat negative Auswirkungen auf unser körperliche und psychische Gesundheit.

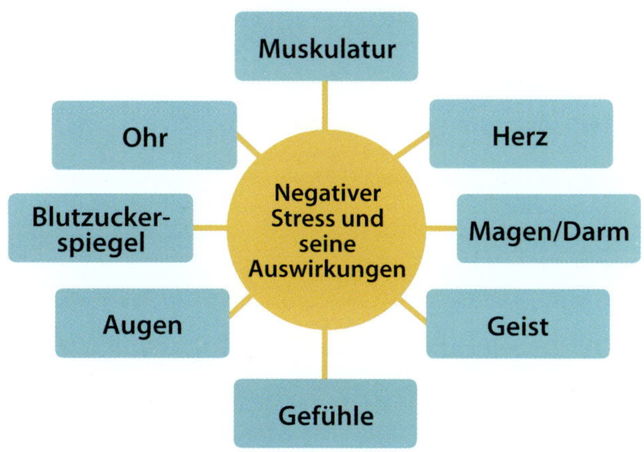

Lerntypen

SIEHE AUCH	
❮ 28–29 So speichert das Gehirn	
Lernfaktoren	38–39 ❯
Visuelle Wahrnehmung	62–63 ❯
Auditive Wahrnehmung	64–65 ❯
Weitere Lernstrategien	78–81 ❯

So individuell jeder Mensch ist, so unterschiedlich sind auch die Methoden, mit denen er sich Lerninhalte nachhaltig einprägen kann.

Unser Gehirn nimmt eine unglaubliche Menge an Informationen und Eindrücken auf, ohne dass wir uns dessen bewusst sind. Wichtig ist, wie wir diese Fähigkeit für uns nutzbar machen können, um sinnvoll lernen zu können.

Lernen mit allen Sinnen

Sinnesorgane sind bildlich gesprochen die Eingangstüren zum Lernen. Sich jedoch nur auf einen Eingang zu verlassen, wird nicht zum Ziel führen. Daher ist es wichtig, möglichst viele dieser Eingangskanäle zu verwenden und Inhalte auf verschiedene Art und Weise mehrfach abzuspeichern.

▷ **Sinnvolles Lernen**
Wir behalten nur etwa 10 % bis 30 % von dem, was wir *nur* lesen, hören oder sehen. Unsere Lernleistung können wir bereits steigern, wenn wir zwei unserer Sinne kombinieren. Erheblich mehr merken wir uns, wenn wir Sachverhalte anderen erklären und am meisten behalten wir, wenn wir Gelerntes tatsächlich anwenden.

Jeder Mensch lernt anders

In einer Schulklasse kann man davon ausgehen, dass Kinder nur mit verschiedenen Techniken zum Lernerfolg kommen. Diesem Umstand wird durch differenzierte Formen des Unterrichtens und der Stoffvermittlung Rechnung getragen. Doch dies gilt natürlich auch für das Lernen zu Hause.

▽ **Die richtige Lerntechnik finden**
Manchmal haben Eltern keine Erklärung dafür, warum sich ihr Kind Lerninhalte nicht merken kann, obwohl es intensiv „gelernt" hat. Das Problem dabei: Es ist enorm demotivierend, wenn Anstrengungen nicht belohnt werden. Oftmals hilft es, das Kind genauer zu beobachten und ihm angepasste Lerntechniken an die Hand zu geben.

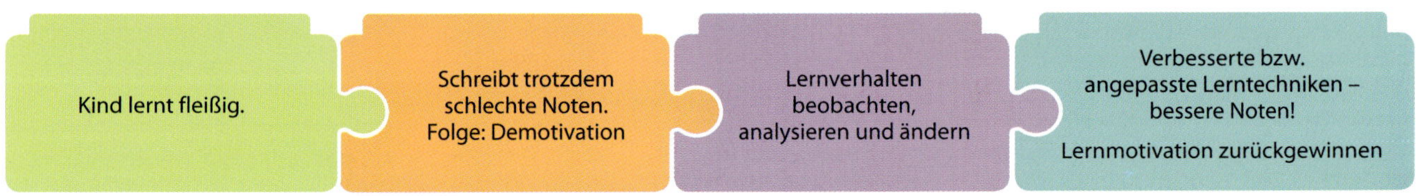

Verschiedene Lerntypen

Es gibt sehr viele unterschiedliche Lerntypen. Allen gemeinsam ist, dass es sich dabei in der Regel um eine Mischform aus verschiedenen Lerntypen handelt. Welcher Lerntyp man ist, sagt übrigens nichts über die Intelligenz eines Menschen aus.

Logisch abstrakt Interessiert sich für Zahlen, Daten, Fakten	**Auditiv** Lernt am besten, was er gehört hat	**Visuell** Merkt sich, was er gesehen hat	**Motorisch** Kombiniert Lernen mit Bewegung
unproblematisch	sicherheitsliebend	fantasievoll	langsamer Lerner
schnelle Auffassungsgabe	lernt gerne auswendig	kreativ	liebt Rollenspiele, Basteln etc.
wissbegierig	fleißig	unordentliche Hefte	häufig Probleme z. B. in Mathe
Frontalunterricht	braucht klare Arbeitsanweisungen	fällt im Unterricht gerne auf (positiv und negativ)	braucht Geborgenheit
Einzellerner	eher still, will Ruhe	Last-Minute-Lerner	setzt gerne Farben ein
will Klassenbester sein	hält Details für wichtig	unstrukturierte Arbeitsweise	sucht bei Hausaufgaben oft die Nähe der Eltern

△ **Lerntypen erkennen**
Die Einteilung in Lerntypen kann als erste Orientierung dienen, um dem Kind passende Lernmethoden an die Hand zu geben. Versteht ein Kind Sachverhalte besser, wenn sie praktisch umsetzbar sind, oder spielt es bei den Hausaufgaben häufig mit dem Stift herum, kann man davon ausgehen, dass es sich um einen motorischen Lerntyp, einen sogenannten Bewegungslerner, handelt. Fällt es dem Kind leichter, Hörspiele wiederzugeben als Filme, liegt die Vermutung nahe, dass es sich um einen auditiven Lerntyp handelt. Behält das Kind Informationen, die es sich aufgeschrieben hat, mit größerem Erfolg, als wenn es Themen nur gehört hat, werden Lernmethoden, die für den visuellen Typ geeignet sind, eher zum Ziel führen.

Bei den meisten Menschen ist **ein Lerntyp deutlich stärker ausgeprägt** als andere.

Passende Lernstrategien finden

Sobald man weiß, welcher Lerntyp man am ehesten ist, können verschiedene Strategien ausprobiert werden. Dabei ist es jedoch sehr wichtig, die gewählte Form über einen gewissen Zeitraum hinweg – mindestens eine Woche – zu testen. Unterschiedliche Lernstrategien gleichzeitig anzuwenden, verwirrt nur und kann nicht zum Erfolg führen.

▷ **Das Lernen erleichtern**
Den Lernstoff zu Hause auf vielfältige Weise nochmals zu wiederholen, kann Kindern Freude bereiten und damit das Lernen erheblich erleichtern. Dabei gilt: Ein Kind, das eine bestimmte Lernmethode nicht testen möchte, sollte natürlich nicht dazu gezwungen werden. Manchmal hilft es bereits, wenn dem Kind erklärt wird, warum es jetzt z. B. eine Mindmap zeichnen soll.

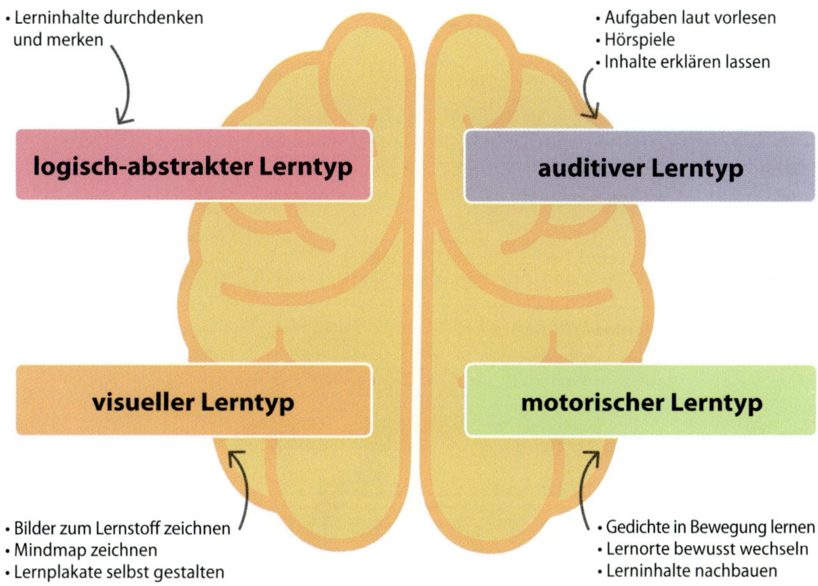

Zeiteinteilung beim Lernen

SIEHE AUCH
❮ 18–19 Konkrete und wirksame Tipps im Tagesverlauf
❮ 24–25 Bewegung
❮ 26–27 Erholung
Lernfaktoren 38–39 ❯
Lernvorbereitungen treffen 50–51 ❯

Die Lernfähigkeit und das nachhaltige Behalten von Lerninhalten ist unter anderem davon abhängig, wann und wie lange wir besonders aufnahmefähig sind.

Im Laufe eines Tages durchläuft jeder Mensch unterschiedliche Phasen, in denen er sich besonders gut bzw. schlecht konzentrieren kann. Diesem Umstand gilt es vor allem auch beim nachmittäglichen Lernen Rechnung zu tragen.

Schwankungen in der Leistungsfähigkeit

Bei jedem Menschen unterliegt die Konzentrationsfähigkeit und geistige Produktivität Schwankungen. Ein Grund dafür ist unser Biorhythmus. Daher ist es wichtig, zu erkennen, zu welchem Zeitpunkt es am sinnvollsten ist, sich an den Schreibtisch zu setzen und zu lernen. Mit diesem Wissen kann so manches Drama bei den Hausaufgaben vermieden werden.

▷ **Die Leistungskurve**
In der Regel gibt es innerhalb von 24 Stunden zwei Leistungshochs und zwei Leitungstiefs. Das eine Leitungstief liegt mitten in der Nacht, das andere am frühen Nachmittag. Während eines Leistungstiefs zu lernen erfordert eine immense Anstrengung und führt meist nicht zum gewünschten Ergebnis. Manchmal lässt es sich jedoch nicht vermeiden, zu diesem Zeitpunkt Hausaufgaben oder dergleichen zu erledigen, da später am Nachmittag das Fußballtraining oder die Reitstunde stattfindet. Dann empfiehlt es sich, einfachere Aufgaben zu erledigen und das Lernen auf die Zeit nach dem Sport zu verlegen.

Jeder Mensch hat eine innere Uhr, die u. a. den Schlaf-Wach-Rhythmus sowie die unterschiedliche Leistungsfähigkeit während eines gesamten Tages regelt.

Wann ist die beste Lernzeit?

Kinder erledigen ihre Hausaufgaben häufig intuitiv zum richtigen Zeitpunkt. Stellen Eltern jedoch fest, dass ihr Kind bei den Hausaufgaben ständig gähnt und sichtbar keine Lust zu arbeiten hat, sollten sie handeln. Manchmal bewirkt eine kleine Veränderung in der Arbeits- und Lernzeit bei Kindern wahre Wunder.

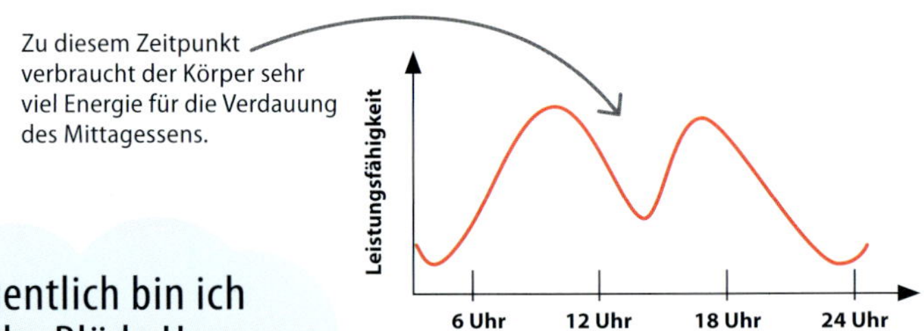

▷ **Leistungsfähigkeit erkennen**
Beschäftigt sich Ihr Kind zu einer bestimmten Tageszeit für einen Zeitraum von mindestens 20–30 Minuten ohne Unterbrechung und ohne Protest mit seiner schulischen Tätigkeit, dann haben Sie die optimale Lernzeit gefunden.

Das Hausaufgabenheft

Erst wenn das Kind weiß, was es am Nachmittag zu erledigen hat, kann es seine Lernzeit richtig einteilen. Grundvoraussetzung für eine sinnvolle Einteilung ist jedoch, dass Hausaufgaben immer genau und lesbar aufgeschrieben werden.

▷ **Vollständig und lesbar**

Viele Hausaufgabenhefte werden leider sehr unzureichend und teilweise so unleserlich geführt, dass es selbst das Kind nicht mehr lesen kann. Wenn ich jedoch nicht weiß, was ich genau erledigen muss, kann ich nicht planen. Welche Form das Hausaufgabenheft hat, sollten die Kinder durchaus selbst entscheiden. Denn was man sich selbst ausgesucht hat, nutzt man eher.

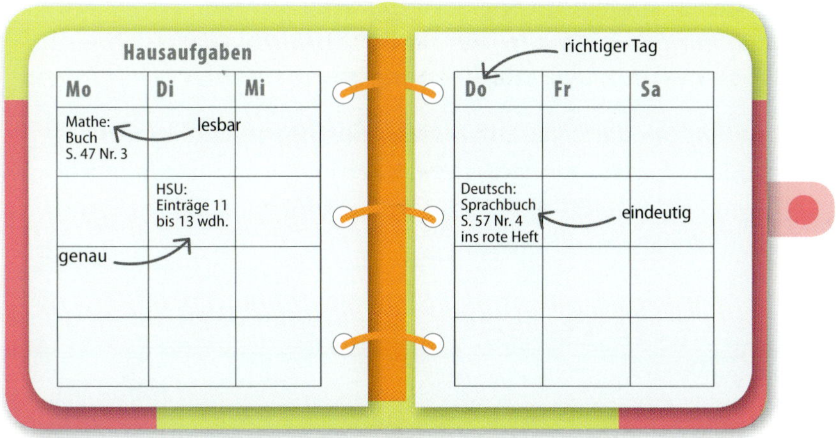

Pausen einplanen

Kinder der 4. Klasse sollten in der Lage sein, mindestens eine Stunde (vor anstehenden Tests auch etwas länger) konzentriert zu arbeiten. Doch es ist absolut nicht empfehlenswert, dies an einem Stück zu erledigen. Pausen sind dabei unbedingt nötig.

▽ **Die Vorteile von Pausen**

Pausen unterbrechen die Arbeitszeit sinnvoll, sind gut für das Gehirn, bieten Abwechslung in der Tätigkeit und unterteilen das Lernen in kleinere Portionen. Es kann sehr motivierend sein, wenn man weiß, dass gleich eine Pause kommt. Einer der wichtigsten Faktoren ist jedoch: Pausen helfen nachweislich, Konzentrationsschwierigkeiten und Lernstress abzubauen.

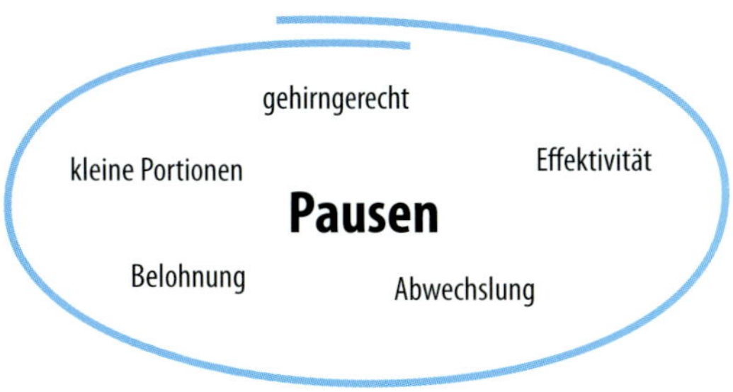

Das **Gehirn benötigt** beim Lernen zur Informationsverarbeitung und -speicherung dringend **Pausen**!

So kann ein Arbeitsplan aussehen

Sowohl der Zeitpunkt als auch die Art und Weise, wie gelernt wird, sollte in der Regel nach dem gleichen Schema ablaufen. Denn was bekannt ist, gibt mehr Sicherheit. Es schadet nicht, sich dazu einen kleinen Spickzettel zu schreiben. So vergisst man es weniger!

▽ **Möglicher Pausenplan**

Die erste Pause sollte nur eine kurze Unterbrechung darstellen, zum Beispiel um etwas zu trinken oder zu lüften. Je länger die Lernzeit andauert, desto länger sollten auch die Pausen werden. Elektronische Spiele oder Fernsehen sind allerdings keine guten Beschäftigungen während der Pausen!

	Durchführung
1.	30 Minuten arbeiten
2.	1. Pause 2–3 Minuten
3.	30 Minuten arbeiten
4.	2. Pause 5 Minuten
5.	30 Minuten arbeiten
6.	3. Pause 15–20 Minuten
7.	30 Minuten arbeiten
8.	Erholung

Lernfaktoren

SIEHE AUCH
❮ 28–29 So speichert das Gehirn
❮ 30–31 Warum vergessen wir Gelerntes?
❮ 34–35 Lerntypen
❮ 36–37 Zeiteinteilung beim Lernen
Einige Kompetenzen und ihre Bedeutung 46–47 ❯
Sinnvolle Ziele 48–49 ❯

Es gibt einige Faktoren, die die Informationsaufnahme und -abspeicherung, also das Lernen, grundsätzlich erleichtern.

Neben verschiedenen Lerntheorien und unterschiedlichen Lernmethoden ist es für Kinder hilfreich, wenn ihnen grundlegende Lernwege vermittelt werden, die sie auch für zukünftiges Lernen jederzeit anwenden können.

Strukturiertes Lernen

Viele Kinder fangen mit dem Lernen lange Zeit gar nicht erst an, weil sie das Gefühl haben, vor einem großen Berg an Anforderungen zu stehen, den sie nicht bewältigen können. Daher ist es bei allen Aktivitäten, ob Hausaufgaben oder der Vorbereitung auf eine Prüfung, wichtig, strukturiert und am besten immer nach dem gleichen Schema vorzugehen.

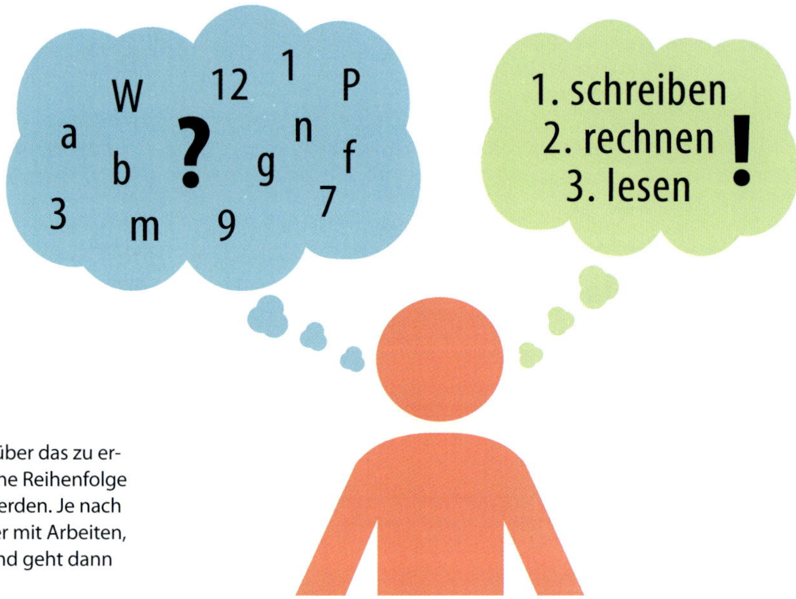

▷ **Reihenfolge festlegen**
Der erste Schritt sollte immer sein, sich einen Überblick über das zu erledigende Pensum zu verschaffen. Anschließend wird eine Reihenfolge festgelegt, in der die anstehenden Arbeiten erledigen werden. Je nach Tagesverfassung und Fähigkeiten beginnt man entweder mit Arbeiten, die einem leichtfallen oder die gerne erledigt werden, und geht dann über zu schwierigeren Aufgaben, oder umgekehrt.

Lernen in kleinen Schritten

Um die Aufnahmefähigkeit des Gehirns nicht zu überlasten, ist es wichtig, neue Informationen in kleinen Portionen anzubieten. Sobald versucht wird, zu viel Lernstoff auf einmal aufzunehmen, wird er als „Gedächtnismüll" einfach vergessen.

▷ **Weniger ist manchmal mehr**
Es ist nicht von Erfolg gekrönt, alle Einmaleins-Reihen, alle Wortarten oder zehn Hefteinträge auf einmal zu wiederholen. Nichts davon hätte die Chance, abrufbar im Langzeitgedächtnis zu landen.

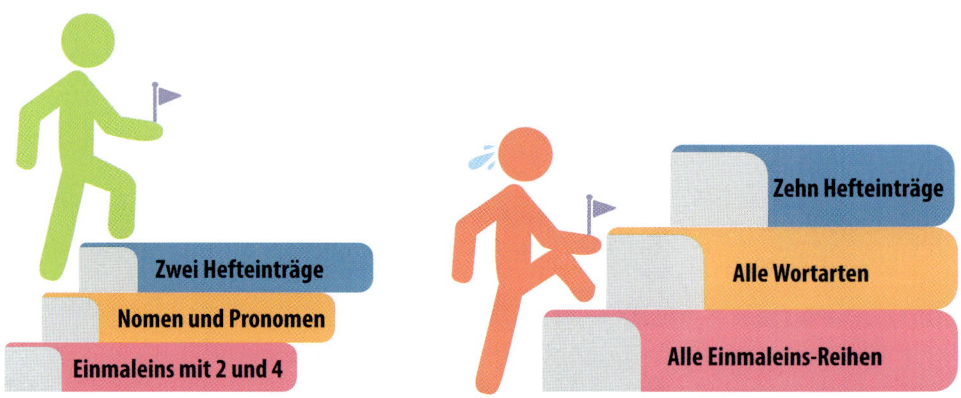

Wiederholungen

Auch wenn es auf den ersten Blick langweilig erscheint, eigentlich Bekanntes nochmals zu lernen, so ist es für die Abspeicherung im Langzeitgedächtnis unerlässlich, bereits einmal „Gelerntes" mehrmals zu wiederholen. Das Lernen und damit der Wissenszuwachs steigen nicht linear an, sondern nehmen in „Wellenbewegungen" zu (s. S. 31). In den Phasen, in denen man sich vermeintlich nichts Neues merken kann, sollte entweder eine Lernpause eingelegt werden oder die Zeit für Wiederholungen genutzt werden.

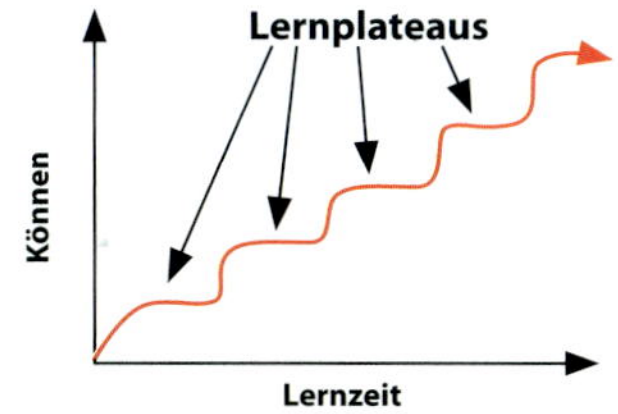

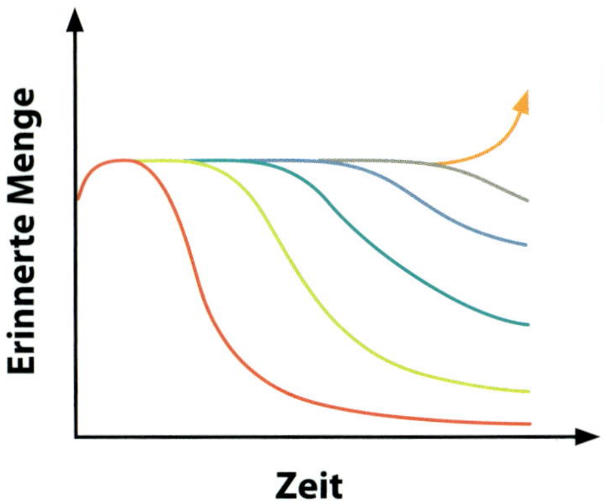

Das Einmaleins mit 3 verankert sich mit jeder Wiederholung mehr im Gehirn.

▷ **Wiederholen beginnt nie bei Null**
Da neuer Lernstoff immer an Bekanntes anknüpft, müssen wir beim Wiederholen nicht von vorne anfangen. Mit jeder Wiederholung wird der Lernstoff mehr und mehr im Langzeitgedächtnis verankert. Je öfter wiederholt wird, desto länger bleibt der Lernstoff dauerhaft und abrufbar im Gedächtnis.

Lernkontrolle

Haben Kinder die Aufgabe, anhand eines Lösungsblattes ihre eigenen Aufgaben zu kontrollieren oder zu verbessern, nehmen das oft nur wenige richtig ernst, da ihnen die Bedeutung dieser Tätigkeit nicht bewusst ist. Erledigen sie diese Aufgabenstellung jedoch gewissenhaft und erkennen ihre Fehler, werden ihnen genau diese Fehler nur noch selten unterlaufen.

◁ **Sinnvolle Selbstkontrolle**
Kontrolliert man sehr oberflächlich, belügt man sich nicht nur selbst, sondern gibt dem Gehirn das Signal: STIMMT. Die Gefahr, genau die gleichen Fehler erneut zu begehen, steigt deutlich an.

Der Übertritt und seine Bedeutung

SIEHE AUCH
❮ 14–17 Was Eltern unbedingt beachten sollten
❮ 38–39 Lernfaktoren
Das sollten Eltern unbedingt vermeiden 42–43 ❯
Kompetenzerwartungen der weiterführenden Schulen 44–45 ❯
Sinnvolle Ziele 48–49 ❯
Lernmotivation 52–53 ❯

Das 4. Schuljahr stellt viele Kinder, aber oft auch deren Eltern, vor eine große Herausforderung.

Das Wissen um die „Bedeutung“ der Grundschulempfehlung bzw. des Übertrittszeugnisses erzeugt in der ein oder anderen Familie bisweilen schlaflose Nächte. Doch das muss nicht sein! Die schulische Laufbahn der Kinder endet schließlich nicht mit der Überreichung des Zeugnisses im Mai. Auch wenn das Kind die Leistungen in der Schule erbringen muss, so können dennoch auch die Eltern sehr unterstützend eingreifen. Dabei gilt es eine Reihe von wichtigen Aspekten zu berücksichtigen. Was nützen die unterschiedlichsten Lerntheorien und Lerntipps, wenn wichtige Grundlagen fehlen. Auf die richtige Reihenfolge kommt es an!

Ein **Hausbau** beginnt **nicht** mit dem **Dach**!

Erwartungen der Eltern

Eltern möchten immer das Beste für ihr Kind – oder sollten es zumindest. Doch was ist das Beste? Diese Frage weicht in der 4. Klasse leider häufig der Frage: „Schafft mein Kind den Übertritt auf das Gymnasium?“ Auch die Diskrepanz zwischen „Was Eltern wollen – was Kinder können“ darf dabei nicht außer Acht gelassen werden.

▷ Ein kleiner Auszug aus Äußerungen von Eltern:

- *Wie schafft mein Kind den Übertritt?*
- *Wie übersteht mein Kind dieses Schuljahr am besten?*
- *Auf welche Schule soll mein Kind gehen?*
- *Ist mein Kind gut genug für das Gymnasium?*
- *Wie viel muss mein Kind in diesem Schuljahr lernen?*
- *Welche zusätzlichen Materialien kann ich besorgen?*
- *Wie viele Tests werden geschrieben?*
- *Hat mein Kind überhaupt noch Zeit für andere Aktivitäten?*
- *Wie kann ich meinem Kind in der 4. Klasse helfen?*

Darum soll es auf den folgenden Seiten gehen.

• Nehmen Sie sich einmal die Zeit und schreiben auf, was Sie alles beschäftigt, wenn Sie an den „Übertritt“ denken. Dabei werden Sie entdecken, dass sich viele Punkte ausschließlich mit der Leistungsmessung – also mit Noten – beschäftigen.

Was streben Kinder an?

Fragt man zu Beginn der 4. Klasse die Schülerinnen und Schüler nach ihren Vorstellungen für das kommende Schuljahr, erhält man in den meisten Fällen erstaunliche Antworten.

Der **Übertritt** ist bereits **bei Kindern** eine Frage des **Prestiges**.

▽ Diese Schüleräußerungen sind nicht erfunden!

Anforderungen an das Kind

Neben den eigenen Vorstellungen kommen auch noch eine ganze Reihe anderer Punkte, die auf ein Kind förmlich einprasseln, hinzu.

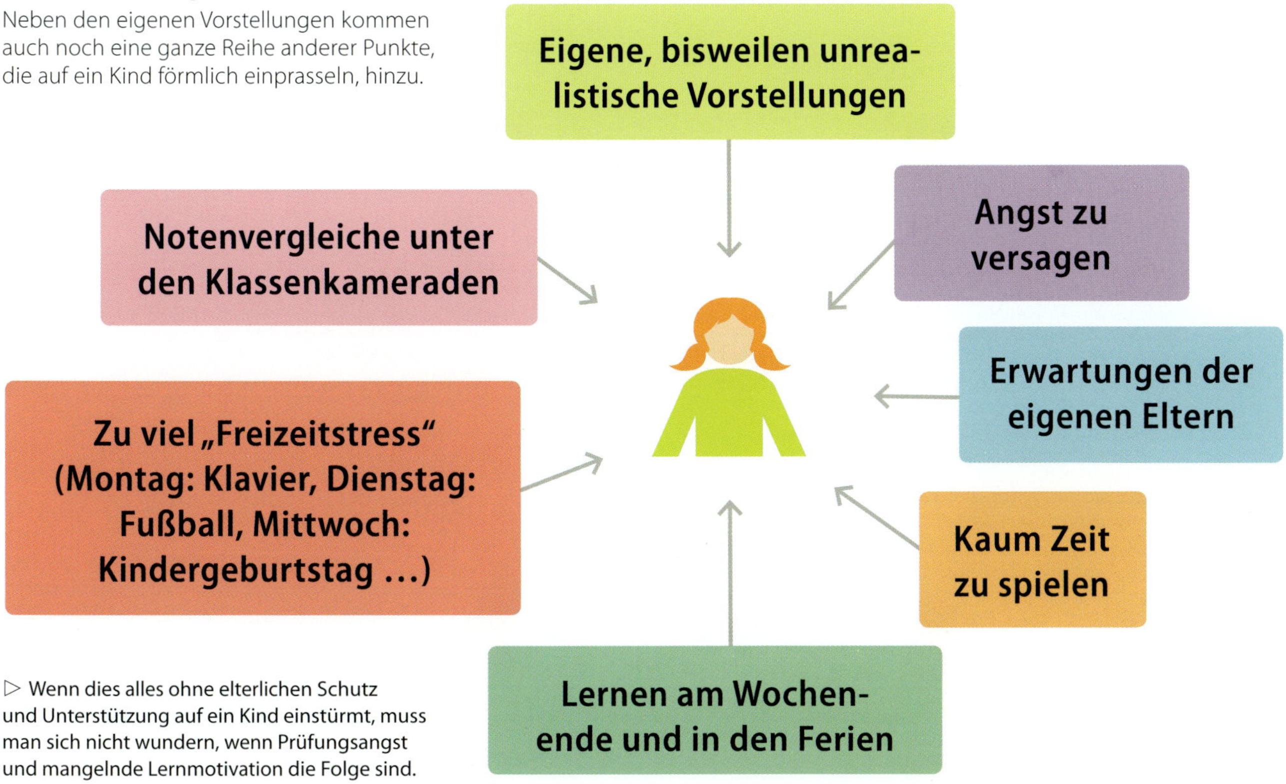

▷ Wenn dies alles ohne elterlichen Schutz und Unterstützung auf ein Kind einstürmt, muss man sich nicht wundern, wenn Prüfungsangst und mangelnde Lernmotivation die Folge sind.

Das sollten Eltern unbedingt vermeiden

SIEHE AUCH
❮ 14–17 Was Eltern unbedingt beachten sollten
❮ 40–41 Der Übertritt und seine Bedeutung
Hausaufgaben 58–59 ❯

Das Bestreben der Eltern, ihre Kinder zu unterstützen, kann auch genau das Gegenteil bewirken.

Vieles, was einen entspannten Umgang mit der Schule verhindert, hat sich im Laufe der Zeit ritualisiert oder läuft oft auch unbewusst ab. Sich dieser Vorgänge bewusst zu werden, kann bereits erheblich dazu beitragen, dem eigenen Kind zu helfen.

Die **4. Klasse** ist immer noch eine **Grundschulklasse**!

Ermahnende Sätze bereits vor dem 4. Schuljahr

Die gängige Praxis, Kinder möglichst frühzeitig auf die Bedeutung der letzten Grundschulklasse hinzuweisen, hat in der Regel nicht die gewünschte Wirkung – im Gegenteil. Dadurch wird unnötig ein unangenehmes Gefühl aufgebaut. Zu einer Leistungsverbesserung wird dieses Vorgehen nie beitragen.

▷ Sätze wie „In diesem Schuljahr musst du besonders gut lernen" oder „Das wird ein schwieriges Schuljahr" sind Gift!

Noten als Prestigeobjekt

Viele Eltern identifizieren sich stark mit den Noten ihres Kindes und schmälern damit unbewusst dessen Leistung.

Nicht Sie haben diese Leistung erbracht, sondern ausschließlich Ihr Kind – auch wenn Sie es beim Lernen unterstützt haben. Interessanterweise hört man von keinem Elternteil: „Wir haben in Mathe eine 5."

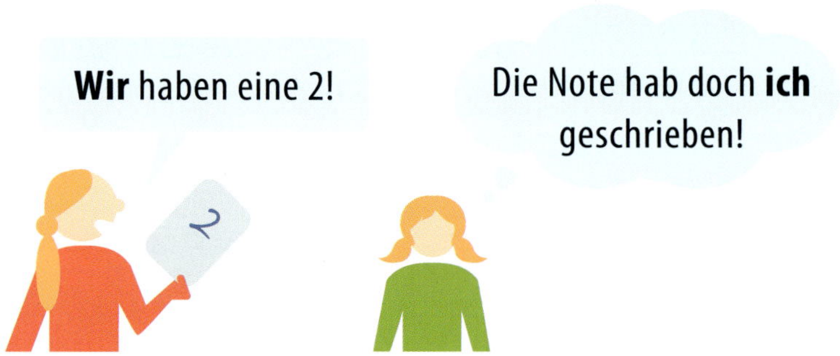

Auf die Meinung anderer hören

Es kommt immer wieder vor, dass sich Eltern trotz sehr guten Notenschnitts ihres Kindes für den Besuch der Realschule entscheiden. Die Gründe dafür können vielfältig sein. In den meisten Fällen ist es immer eine Entscheidung für das Kind und sollte auch mit ihm zusammen gefällt werden.

Dies ist eine Einmischung in Ihre Privatsphäre, der Sie unbedingt entgegentreten sollten.

Notenvergleiche mit anderen Kindern

Eigene Kinder und deren Leistungen werden mit denen der Nachbarn und Freunde verglichen.

▷ **Bedenken Sie: Ihr Kind ist wichtig, nicht das, was andere denken!**

Ständiger Gesprächsstoff: Übertritt

Oft unterhalten sich Eltern mit Freunden, Nachbarn oder Verwandten über die Schule – ganz besonders dann, wenn das eigene Kind gerade die 4. Klasse besucht. Achten Sie bitte unbedingt darauf, dass Ihr Kind diese Unterhaltung nicht mitbekommt. Kinder haben die Angewohnheit in solchen Fällen gerade für sie beängstigende Informationen herauszufiltern und auf sich zu beziehen.

▷ **Kinder verarbeiten solche Informationen auf verschiedenste Art und Weise: schlechte Laune, unruhiger Schlaf, Prüfungsangst, Schulunlust etc.**

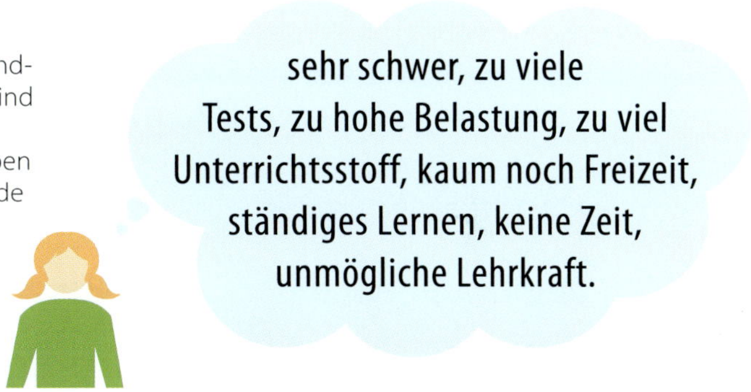

Reden über die Lehrkraft statt mit ihr

Je näher das Übertrittszeugnis rückt, desto kritischer werden Tests und deren Benotungen von Eltern „überprüft". Nicht selten entsteht dabei ein deutlicher Unterschied zwischen den Erwartungen der Eltern und den Korrekturen der Lehrkräfte. Gerne werden diese unterschiedlichen Vorstellungen innerhalb der Elternschaft intensiv diskutiert. Dieser Austausch von Erfahrungen schaukelt sich dann leider häufig hoch und führt zu teilweise erheblichen Konflikten zwischen Eltern und Lehrkräften.

INTERESSANT

Die „schwierige" 4. Klasse

In der 4. Klasse kommt es wegen der schulischen Leistungen der Kinder in den Familien wesentlich häufiger zu Konflikten als in der 3. Klasse. Warum ist das wohl so? In den meisten Fällen ist es die gleiche Lehrkraft, die die Kinder unterrichtet, die gleiche Art, Tests zu schreiben, die gleiche Fürsorge, mit der die Lehrkraft dem Kind begegnet. Und dennoch heißt es nun plötzlich: „Das ist ein schwieriges Schuljahr!" Je gelassener Sie als Eltern bleiben, desto weniger „schwierig" wird dieses Schuljahr für ihr Kind werden.

- Wenn Sie mit einer Benotung nicht einverstanden sind, vereinbaren Sie unbedingt zuerst einen Gesprächstermin mit der Lehrkraft und ggf. auch mit der Schulleitung. So können in den meisten Fällen Verständnisfragen geklärt werden, ohne dass sie sich zu einem echten Konflikt ausweiten.

Kompetenzerwartungen der weiterführenden Schulen

SIEHE AUCH
Einige Kompetenzen und ihre Bedeutung 46–47 ❯
Lernmotivation 52–53 ❯
Mitarbeit im Unterricht 54–55 ❯
Heftführung 56–57 ❯
Konzentration 60–61 ❯

Es gibt einige Fähigkeiten und Fertigkeiten, die Kinder am Ende ihrer Grundschulzeit beherrschen sollten.

Ein häufig unterschätzter bzw. nicht beachteter Punkt bei der Entscheidung, auf welche Schule das Kind nach der Grundschulzeit gehen soll, sind die Erwartungen der weiterführenden Schulen. Was muss ein Kind mitbringen, um beispielsweise an der Realschule oder dem Gymnasium bestehen zu können?

Es gehen immer noch viel **zu viele Kinder** auf das **Gymnasium**, obwohl sie dafür eigentlich **nicht geeignet** sind!

Der Weg der Kinder nach der Grundschule

Lehrkräfte aus dem Gymnasium beklagen oft, dass Schüler nicht die notwendigen Fähigkeiten für diese Schulart mitbringen.

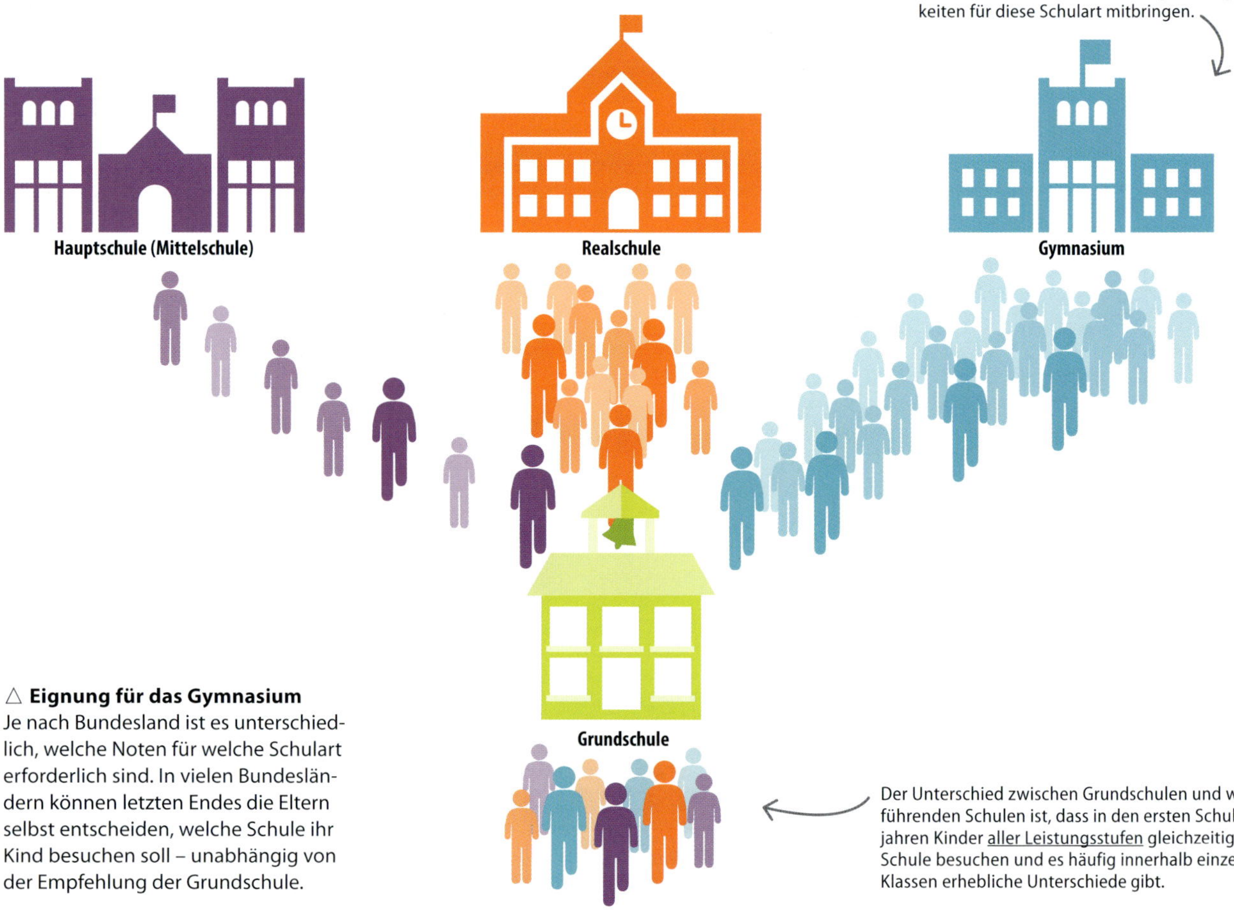

△ **Eignung für das Gymnasium**
Je nach Bundesland ist es unterschiedlich, welche Noten für welche Schulart erforderlich sind. In vielen Bundesländern können letzten Endes die Eltern selbst entscheiden, welche Schule ihr Kind besuchen soll – unabhängig von der Empfehlung der Grundschule.

Der Unterschied zwischen Grundschulen und weiterführenden Schulen ist, dass in den ersten Schuljahren Kinder aller Leistungsstufen gleichzeitig die Schule besuchen und es häufig innerhalb einzelner Klassen erhebliche Unterschiede gibt.

Unterschied zwischen Leistung und Wertigkeit

Leistungsstufen bzw. Noten lassen keinerlei Aussagen über die Wertigkeit eines Menschen zu!

Mein Kind ist schließlich intelligent. Deshalb soll es auf das Gymnasium gehen.

• Dies ist ein Satz, den man in Elterngesprächen rund um den Übertritt sehr häufig hört. Würde es nur um die Intelligenz gehen, könnte man diese einfach messen und die Kinder je nach Intelligenzquotient (IQ) in die verschiedenen Schularten „einsortieren".

◁ **Noten sagen nichts über den Charakter eines Menschen aus.** Allerdings gibt es immer wieder Menschen, die das so empfinden (gute Noten = mehr Wert), selbst wenn sie es nie laut zugeben würden.

Was sollte mein Kind können?

Die Intelligenz eines Kindes ist natürlich eine wichtige Voraussetzung, um die steigenden Lernanforderungen der weiterführenden Schulen zu bewältigen. Doch ohne über bestimmte Kompetenzen zu verfügen, kann der gewählte Schulweg sehr steinig werden.

INTERESSANT

Erziehung

All diese Fähigkeiten haben eines gemeinsam: Sie sind nicht angeboren, sondern werden durch Erziehung gelernt. Dabei kommt den Eltern – wie so oft – eine entscheidende Rolle zu. Durch ihr Vorbild und ihre Erziehung legen sie den Grundstein für die erforderlichen Kompetenzen.

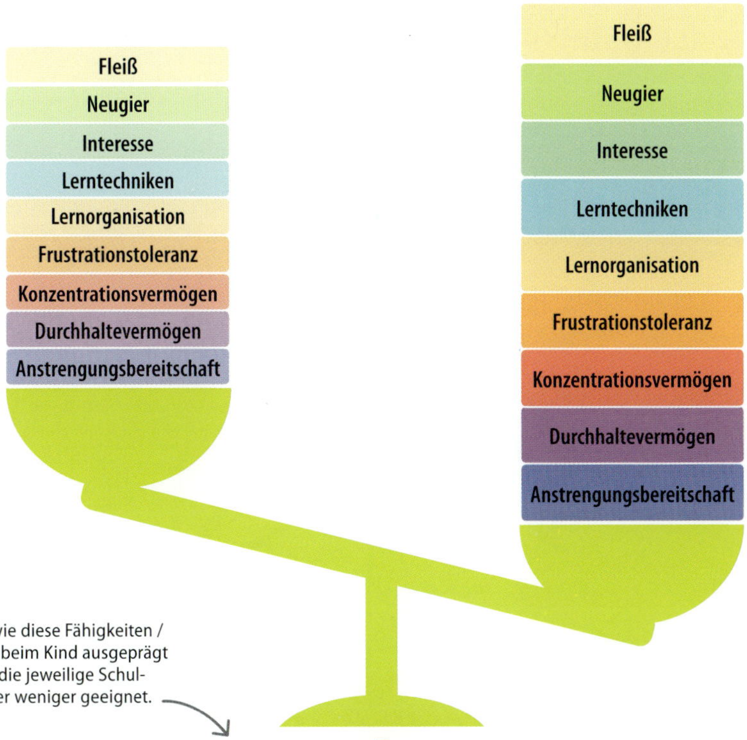

Je nachdem, wie diese Fähigkeiten / Kompetenzen beim Kind ausgeprägt sind, ist es für die jeweilige Schulform mehr oder weniger geeignet.

Einige Kompetenzen und ihre Bedeutung

Eltern und Lehrkräfte sollten die jeweiligen Fähigkeiten des Kindes genau beobachten.

Auf vielen Informationsveranstaltungen für die Zeit nach der Grundschule werden Eltern darauf hingewiesen, welche grundlegenden Kompetenzen ihr Kind für die jeweilige Schulart mitbringen soll. Was diese im Einzelnen bedeuten, wird aber kaum erklärt.

SIEHE AUCH

Lernmotivation	52–53 ›
Mitarbeit im Unterricht	54–55 ›
Heftführung	56–57 ›
Hausaufgaben	58–59 ›
Konzentration	60–61 ›

Überbehütung und das Bestreben, dem Kind alle **Schwierigkeiten aus dem Weg** zu räumen, sind **wenig förderlich**.

Frustrationstoleranz

Eine der vielleicht unterschätztesten Fähigkeiten, die in der Schule nötig sind – besonders in der 4. Klasse –, ist die Frustrationstoleranz.

In der Grundschule erleben Lehrkräfte vor allem in der 4. Jahrgangsstufe, dass Kinder, die in einem Test die Note 3 haben, zu weinen beginnen. Dass eine einzelne Note den Übertritt aufs Gymnasium nicht verhindert, scheint dabei nicht mehr im Bewusstsein des Kindes verankert zu sein. Dieses Phänomen ist leider nicht sehr selten. Auch die Tatsache, dass man nicht immer der Beste in der Klasse sein kann, bereitet einigen Kindern Probleme.

Von Eltern hört man auch manchmal, dass ihr Kind immer, wenn es nicht so wie gewünscht benotet wurde, beim Nach-Hause-Kommen als Erstes die Schultasche mit Wucht in die Ecke befördert. Das kann natürlich gelegentlich vorkommen. Ist dieses Verhalten jedoch die Regel, verfügt das Kind über keine adäquate Frustrationstoleranz und wird im Laufe seiner Schullaufbahn erhebliche Probleme haben.

- Über eine entsprechende Frustrationstoleranz zu verfügen, bedeutet im positiven Fall, dass das Kind mit „Rückschlägen" (z. B. einer schlechten Note) umgehen kann und die richtigen Schlüsse daraus zieht (z. B. mehr lernen, besser aufpassen).

INTERESSANT

Frustrationstoleranz

Mit Frustrationstoleranz ist die Einstellung gemeint, mit der man Enttäuschungen und Schwierigkeiten begegnet. Dieser Begriff wurde bereits im Jahr 1938 von Saul Rosenberg geprägt. Mangelnde Frustrationstoleranz bedeutet, dass das selbstständige Lernen und Arbeiten schnell beendet wird, sobald sich (auch vermeintliche) Schwierigkeiten in den Weg stellen.

Konzentrationsvermögen

Sich im Unterricht konzentrieren zu können, ist eine entscheidende Fähigkeit, um Lerninhalte aufzunehmen, zu verstehen und anwenden zu können.

▷ Die gute Nachricht ist: Konzentration kann man lernen! Allerdings muss man sie auch trainieren.

Das Konzentrationsvermögen eines Kindes ist natürlich nicht mit dem eines Erwachsenen gleichzusetzen. Es steigert sich im Laufe der Jahre.

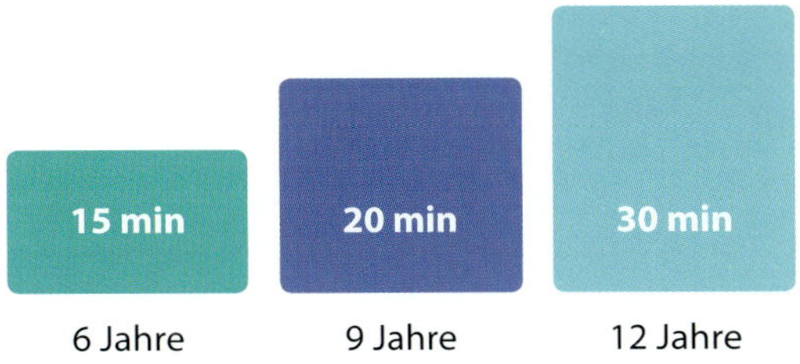

• Beobachten Sie Ihr Kind, ob es sich auch über einen längeren Zeitraum konzentrieren kann. Steht es alle fünf Minuten von den Hausaufgaben auf? Vergisst es laufend Dinge für die Schule? Das kann auch die Brotbox sein. Unterlaufen ihm häufig Leichtsinnsfehler?

Durchhaltevermögen und Anstrengungsbereitschaft

Diese beiden Fähigkeiten sind äußerst wichtig – nicht nur für die schulische Laufbahn. Aufzugeben, wenn es schwierig wird, hat noch nie zum Ziel geführt.

▷ **Beobachtungen der Eltern**
Eltern können im Alltag leicht feststellen, ob ihr Kind über ein ausreichendes Durchhaltevermögen und eine entsprechende Anstrengungsbereitschaft verfügt.

Gerade bei komplexeren Aufgaben, die nicht auf Anhieb gelöst werden können, sollte ein Kind die Bereitschaft zeigen, sich damit auseinanderzusetzen. Über etwas nachzudenken strengt natürlich an. Leider kann man in der Schule immer wieder beobachten, dass sich Kinder gleich Hilfe bei der Lehrkraft holen, anstatt es selbst zu versuchen.

In zunehmendem Maße fällt auf, dass es **Kindern immer schwerer fällt**, sich über eine bestimmte Zeit auf nur **EINE Tätigkeit zu konzentrieren**.

Erlernen eines Musikinstrumentes
Müssen Sie ihr Kind ständig zum Üben anhalten? Will es bereits nach wenigen Monaten ein anderes Instrument lernen? Findet es das Musikinstrument plötzlich doof, weil es zu einer Geburtstagsfeier eingeladen wurde?

Freizeitsport im Verein
Gibt das Kind bereits nach wenigen Wochen auf, da es ihm zu anstrengend wird? Will es nicht zum Training gehen, weil es lieber mit der Freundin oder dem Freund spielen will? Sagt Ihnen Ihr Kind, dass dieser Sport zu anstrengend ist?

Zimmer aufräumen
Ist Ihr Kind in der Lage, sein Zimmer alleine aufzuräumen? Kann es seine Spielsachen entsprechend sortieren oder wird „kreativ“ aufgeräumt (alles unters Bett geschoben)?

Hausaufgaben
Fragt das Kind bereits nach wenigen Minuten nach, wie es diese oder jene Hausaufgabe erledigen soll? Bleibt es auch über eine längere Zeit daran sitzen? Will es eine bestimmte Aufgabe unbedingt noch zu Ende bringen?

Sinnvolle Ziele

Die meisten Kinder nennen in der 4. Klasse als schulisches Ziel den Übertritt auf das Gymnasium.

SIEHE AUCH
❮ 36–37 Zeiteinteilung beim Lernen
❮ 40–41 Der Übertritt und seine Bedeutung
Lernmotivation 52–53 ❯

Oft hören Lehrkräfte bereits zu Beginn der 3. Klasse – nicht erst in der 4. Klasse! – auf die Frage „Was wünschst du dir für dieses Schuljahr?“: „Ich will gute Noten schreiben, damit ich aufs Gymnasium gehen kann.“

Allgemeine Regeln zur Zielsetzung

Jeder, der etwas erreichen will, egal ob als Kind oder als Erwachsener, sollte sich über sein Ziel im Klaren sein. Dabei gibt es einen allgemeinen Grundsatz: Das Ziel muss SMART sein.

▷ **SMART**
Diese allgemeinen Grundsätze können Eltern helfen, die Ziele ihrer Kinder besser zu verstehen und in die richtigen Bahnen zu lenken.

Das Ziel soll spezifisch sein

Der Wunsch der Kinder nach einem Übertritt aufs Gymnasium ist ein langfristiges Ziel, das jedoch in viel kleinere Ziele unterteilt werden sollte. Denn was die neue Schulart tatsächlich für das Kind bedeutet, kann es noch nicht abschätzen.

▷ **Genaue Zielformulierung**
Als Begründung für das Ziel „Übertritt ans Gymnasium“ tauchen immer wieder die gleichen Antworten der Kinder auf. Dieses Ziel sollte natürlich nicht von vorneherein als falsch bewertet werden, jedoch können Eltern es in konkrete Handlungsziele unterteilen, die für die Kinder leichter nachvollziehbar sind.

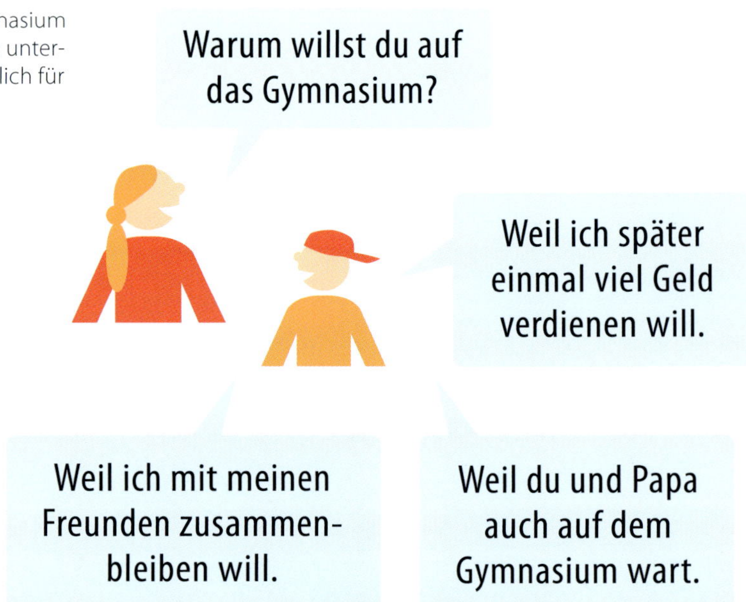

Konkretes Ziel

- Ich will im nächsten Mathe-Test eine 2 scheiben.

Das Ziel soll messbar sein

Ziele, die sich auf den schulischen Werdegang des Kindes beziehen, sind sehr leicht messbar, da jeder Leistungsnachweis mit einer Note bewertet wird.

Hat man **keine Ziele, strengt man sich auch nicht an**!

▷ **Noten als Messinstrument**
Formuliert das Kind als Ziel, im nächsten Test eine gute Note erreichen zu wollen, kann es am Ergebnis eindeutig ablesen, inwieweit es sein Ziel erreicht hat.

Das Ziel soll anspornend sein

Der Erfolg, den die Kinder erzielen, wenn sie sich auf eine Prüfung vorbereitet und dann auch eine entsprechend gute Note erzielt haben, wirkt sich sehr positiv auf die nächsten Ziele aus. Problematisch wird es jedoch, wenn trotz großer Anstrengung das nötige Erfolgserlebnis ausbleibt. In diesem Fall benötigen Kinder Aufmunterung und positive Verstärkung von verschiedensten Seiten.

▷ **Ich will es schaffen.**
Setzen sich Kinder selbst ein klares Ziel, gehen sie in aller Regel motiviert an das Lernen heran. Stellt sich dann auch noch der erhoffte Erfolg ein, spornt sie das für weitere Ziele an.

Das Ziel soll realistisch sein

Die wenigsten Kinder schreiben in allen Tests hervorragende Noten. Es gibt genügend Schülerinnen und Schüler, die in der vierten Klasse mit den Noten 3, 4 oder auch 5 zu kämpfen haben. Setzt sich ein leistungsschwächeres Kind, das noch nie die Note 1 erreicht hat, als Ziel „Im nächsten Aufsatz schreibe ich eine 1!“, ist dieses Ziel nicht nur unrealistisch, sondern sehr demotivierend, wenn es nicht erreicht wird.

▷ **Unrealistische Ziele**
Spätestens an dieser Stelle müssen Eltern unbedingt eingreifen, um ihr Kind vor zu großer Enttäuschung zu bewahren. Dabei sollten sie dem Kind andere schulische Wege aufzählen, die es erreichen kann.

Das Ziel soll zeitlich machbar sein

Gerade Kinder benötigen bei der zeitlichen Planung, die zum Erreichen ihres Zieles notwendig ist, die Unterstützung der Eltern. In den meisten Bundesländern werden in der 4. Klasse anstehende Leistungskontrollen eine Woche vorher angekündigt. Steht nun das Ziel im Raum: „Ich schreibe im nächsten Sachkunde-Test eine 2!“, ist lange genug Zeit, den entsprechenden Stoff zu lernen.

▷ **Einen Zeitplan erstellen**
Um einen Zeitplan für eine anstehende Prüfung zu erstellen, sollten sich die Kinder zuerst einen Überblick über den kompletten Lernstoff verschaffen. Bei der anschließenden Zeitplanung dürfen sowohl Freizeitaktivitäten als auch die Zeit für die täglichen Hausaufgaben nicht vergessen werden. Wann genau was erledigt wird, kann bedingt durch wöchentliche Termine variieren. Sobald der Lernplan für die Woche steht, wird ein Arbeitsplan für den jeweiligen Tag erstellt. Wichtig ist: Der Plan muss *vor* dem Arbeitsbeginn stehen.

Lernvorbereitungen treffen

Bevor Kinder mit dem eigentlichen Lernen beginnen, sollten wichtige Rahmenbedingungen beachtet werden.

Die Lernumgebung und die zur Verfügung stehenden Lernmaterialien haben erheblichen Einfluss auf die Arbeitsweise und den Lernerfolg. Sofern es möglich ist, sollte das Arbeiten immer am gleichen Ort und zu ganz bestimmten Zeiten stattfinden. Dies schafft Struktur und die ist gerade für Kinder von großer Bedeutung.

SIEHE AUCH
❮ 28–29 So speichert das Gehirn
❮ 36–37 Zeiteinteilung beim Lernen
❮ 48–49 Sinnvolle Ziele
Mitarbeit im Unterricht 54–55 ❯
Heftführung 56–57 ❯
Hausaufgaben 58–59 ❯
Konzentration 60–61 ❯

Chaos am **Arbeitsplatz** bedeutet oft auch **Chaos im Gehirn**!

Die Arbeitsumgebung

Für das Gehirn und seine Denk- bzw. Merkfähigkeit ist es von Vorteil, wenn es einen Ort gibt, an dem regelmäßig gelernt wird. So kann es am leichtesten auf den „Lernmodus" umschalten. Oft erledigen die Kinder ihre Hausaufgaben in ihrem Kinderzimmer. Da dort natürlich auch gespielt wird, ist es sehr wichtig, dass es so aufgeräumt ist, dass mögliche Ablenkungen so gut es geht vermieden werden.

▷ **Passendes Lernumfeld**
Je angenehmer das Lernumfeld ist, desto leichter lässt es sich auch arbeiten. Dazu zählen die passende Raumtemperatur, das richtige Licht, Ordnung am Arbeitsplatz und natürlich die nötige Ruhe. Da das Gehirn zum Arbeiten auch auf Sauerstoff angewiesen ist, sollte unbedingt regelmäßig – am besten während der Lernpausen – gelüftet werden. Dies alles trägt sehr zum nötigen Wohlfühleffekt bei, der oft vordergründig gar nicht wahrgenommen wird, aber im Unterbewusstsein eine erhebliche Rolle spielt.

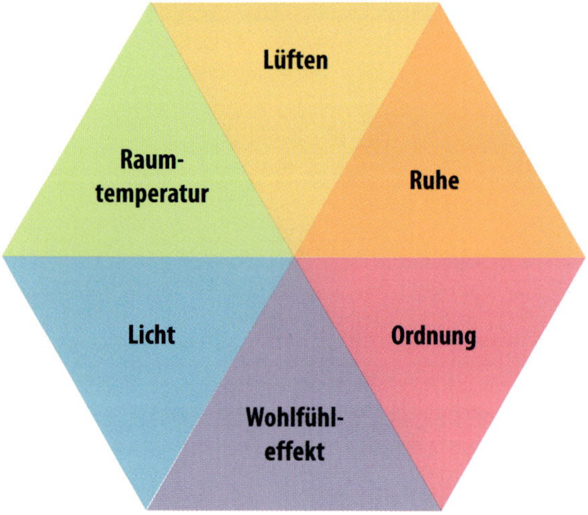

Der Schreibtisch

Der Platz, an dem das Kind am besten lernen und arbeiten kann, ist in aller Regel der eigene Schreibtisch im Kinderzimmer. Er sollte in der Nähe eines Fensters stehen, denn natürliches Licht ermüdet die Augen und damit das Gehirn am wenigsten. Ein passender Stuhl und eine dem Körper angepasste Tischhöhe tragen ebenfalls zu einem konzentrierten Lernen bei.

▷ **Ein ordentlicher Schreibtisch**
Viele Kinder lassen sich nur zu gerne ablenken. Daher sollte außer den Arbeits- und Lernmaterialien nichts auf dem Tisch liegen. Keine Spielfigur, keine Spielkarten, keine Autos oder sonstige Spielsachen. Es reicht, wenn das Kind den Blick über die Spielsachen schweifen lässt, und schon schweifen die Gedanken ab.

Ein Wohnzimmer- oder Küchentisch sind nicht geeignet. Denn diese Bereiche werden auch für andere Aktivitäten – außer dem Lernen – genutzt. Für das Kind ist es am einfachsten, sich auf das Lernen einzustellen, wenn es weiß: Hier ist mein Lernort!

Das Federmäppchen

Schaut man in die Federmäppchen vieler Schüler, findet man bisweilen weder einen Bleistift noch einen Füller, der schreibt, von gespitzten Buntstiften in den Grundfarben ganz zu schweigen.

▷ Ordentliche Schreibmaterialien

Ein ordentlich ausgestattetes Federmäppchen ist das wichtigste Arbeitsmittel, das die Kinder jeden Tag in der Schultasche mit sich führen. Sie brauchen es in der Schule und zu Hause. Es sollte nicht viele Fächer haben, denn je größer es ist, desto schwerer ist es auch. Doch es muss unbedingt die wichtigsten Schreibmaterialien enthalten. Für das tägliche Arbeiten in der Schule und das sorgfältige Erledigen der Hausaufgaben ist es von großer Bedeutung, dass Stifte, Radiergummi und Lineal jederzeit zur Verfügung stehen. Es stört den konzentrierten Arbeitsablauf sehr, wenn man ständig nach etwas suchen muss.

Arbeitsunterlagen

Spätestens in der 4. Klasse sollten Kinder in der Lage sein, alle benötigten Materialien wie Hefte, Bücher und Arbeitsblätter, jederzeit griffbereit in der Schultasche zu haben. Hausaufgaben zu erledigen oder für eine anstehende Prüfung sinnvoll zu lernen ist nur dann möglich, wenn die nötigen Unterlagen auch vorhanden sind. Es ist nicht die Aufgabe der Eltern, vergessene Unterlagen bei einem Nachbarskind auszuleihen. Die Kinder müssen selbst die Konsequenzen in der Schule tragen können.

▷ Die Schultasche

Es ist traurig, aber wahr, dass manche Schultaschen eher einer Müllhalde gleichen! Die Verantwortung dafür tragen jedoch allein die Kinder, nicht die Eltern. Im Gegensatz zu den ersten Schuljahren, müssen die Kinder nun in der Lage sein, ihre Arbeitsunterlagen so in der Tasche zu verstauen, dass sie jederzeit leicht herausgenommen werden können.

Geknickte Hefte und Schulbücher sind nicht nur ein Ärgernis, sondern stehen meist in direktem Zusammenhang zur Arbeitsweise des Kindes.

- Es ist für das eigenständige und verantwortungsbewusste Handeln der Kinder enorm wichtig, dass sie lernen, für ihre Unterlagen selbst verantwortlich zu sein! Auch wenn es Eltern oft schwerfällt, sollten sie zu Hause vergessene Hausaufgaben nicht in die Schule hinterhertragen. Kinder verlassen sich sonst immer wieder auf den elterlichen Botendienst und verspüren keine Veranlassung, sich eine gewissenhafte Arbeitsweise anzueignen.

Lernmotivation

SIEHE AUCH
❮ 14–17 Was Eltern unbedingt beachten sollten
❮ 28–29 So speichert das Gehirn
❮ 48–49 Sinnvolle Ziele
Regeln für alle Lernmethoden 68–69 ❯

Ohne Begeisterung und eigenen Antrieb ist sinnvolles Lernen nicht möglich. Wenn ein Kind nicht lernen will, wird es auch nicht lernen können.

Einer der wichtigsten Aspekte beim Lernen ist die Motivation. Sie kann sich jedoch sowohl positiv als auch negativ auswirken. Es gibt zahlreiche innere und äußere Faktoren, die darauf Einfluss nehmen.

Modell der menschlichen Bedürfnisse

Um zu verstehen, warum es Eltern manchmal trotz größter Anstrengung nicht gelingt, ihr Kind zu motivieren, lohnt ein kleiner Blick in die Wissenschaft. Abraham Maslow, ein amerikanischer Psychologe (1908–1970), entwickelte ein Modell der menschlichen Bedürfnisse, das Bedürfnisse und Motivationen beschreibt.

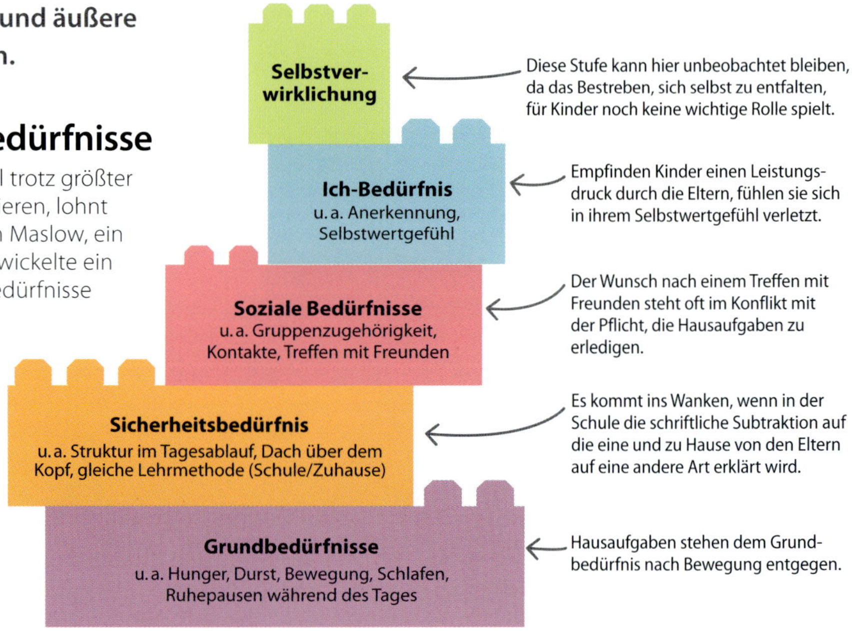

▷ **Bedürfnispyramide nach Maslow**
Maslow ging davon aus, dass wir fünf verschiedene Bedürfnisstufen haben, die aufeinander aufbauen. Das jeweils nächsthöhere Bedürfnis kann erst dann in den Vordergrund treten, wenn die darunterliegenden befriedigt sind.

Extrinsische Motivation

Unter extrinsischer Motivation versteht man die Motivation, die von außen kommt. Dabei spielen Lehrkräfte und Eltern eine entscheidende Rolle. Das Lob für eine erbrachte Leistung ist hier ebenso gemeint wie eine mögliche materielle Belohnung.

▷ **Belohnung von außen**
Natürlich freuen sich Kinder, wenn sie etwas aus ihrer Sicht gut gemacht haben und dies auch von den Eltern gesehen wird. Sollte das Lob an dieser Stelle ausbleiben, kann dies sehr demotivierend wirken. Inwieweit Kinder mit materiellen Dingen belohnt werden sollten, liegt immer im Ermessen der Eltern. Manchmal kann diese Form der Belohnung als Ansporn wirken. In jedem Fall sollte man allerdings auf die Verhältnismäßigkeit der Belohnung achten.

- Eltern sollten ihre Kinder für individuellen Lernfortschritt loben, der von der Note unabhängig ist!

Intrinsische Motivation

Können sich Kinder beispielsweise für einen Lernstoff begeistern, da er sie selbst auch interessiert, spricht man von intrinsischer Motivation. Diese Form der Motivation wirkt stärker als alle Begeisterungsversuche von außen.

Das Ausprobieren **neuer Lernmethoden** kann sich sehr **motivierend** auf das Kind aufwirken!

▷ **Neugier, Fleiß und Interesse**
Begeistert sich ein Kind für ein bestimmtes Thema, hat dies gleich zwei positive Auswirkungen: Zum einen wird es die Inhalte bestimmt leichter im Gedächtnis behalten, und zum anderen stellen sich dadurch in aller Regel auch Lernerfolge ein, die zu weiterem Lernen anregen.

Die Folgen von Motivation und Demotivation

Sind Kinder sehr motiviert, hat das deutliche Folgen für den weiteren Lernprozess und den Wunsch nach Wissenszuwachs. Stellen sich jedoch demotivierende Ereignisse ein, beobachtet man leider häufig eine Spirale nach unten.

△ **Lernerfolg und Misserfolg**
Im Laufe der Schulzeit eines Kindes wird es nie nur Lernerfolge oder nur Misserfolge erzielen. Wichtig ist zu wissen, dass beides sehr eng mit dem Selbstwertgefühl – positiv wie negativ – verbunden ist. In beiden Fällen sollten Eltern ein wachsames Auge auf die Entwicklung haben und durch positive Verstärkung ihr Kind unterstützen.

INTERESSANT

Lernen macht glücklich

Werden Aufgaben erfolgreich erledigt, schüttet das Gehirn Neurotransmitter aus, die glücklich machen!

Mitarbeit im Unterricht

SIEHE AUCH
❮ 44–45 Kompetenzerwartungen der weiterführenden Schulen
❮ 52–53 Lernmotivation
Die Einstellung zur Schule 66–67 ❯
Sprechen und Zuhören 86–87 ❯
Meinungsbildung und Dialogfähigkeit 88–89 ❯

Die aktive Beteiligung am Unterricht hat viele positive Auswirkungen, die Kindern in der Schule sehr nützlich sein können.

Kinder, die sich im Unterricht häufig melden, zeigen der Lehrkraft, dass sie aufpassen, und hinterlassen damit auch einen positiven Eindruck. In weiterführenden Schulen wird die Mitarbeit meist eigens benotet. Doch auch für die Kinder selbst ergeben sich daraus deutliche Vorteile.

Unterschiedliche Unterrichtstage

Ein Unterrichtstag ist je nach Stundenplan und Schulform unterschiedlich lang. Im Gegensatz zu Halbtagesklassen bleiben Kinder in Ganztagsschulen oft neun Unterrichtsstunden hintereinander in der Schule. Es gibt Kinder, die bereits vier Unterrichtsstunden als unendlich lang empfinden. Für andere, die deutlich länger in der Schule sind, geht der Tag sehr schnell vorüber.

▷ **Empfundene Unterrichtszeit**
Gründe, warum Kinder die Zeit in der Schule als unterschiedlich lang empfinden, sind z. B.: Wie groß ist das Interesse an einzelnen Fächern? Wird die Lehrkraft gemocht? Handelt es sich um Unterrichtsstunden, deren Inhalt man versteht? Doch es gibt ein bewährtes Mittel, wie man die gefühlte Unterrichtszeit verkürzen kann: Das Zauberwort heißt aktive Mitarbeit.

Fragen stellen

Ein entscheidender Vorteil der aktiven Beteiligung am Unterricht ist es, dass bei Verständnisproblemen gleich Fragen gestellt werden können. Manche Kinder verstehen beispielsweise bestimmte Rechenschritte im Fach Mathematik nicht und verlassen sich darauf, dass die Eltern es zu Hause noch mal erklären. Doch genau darin liegt häufig ein Problem.

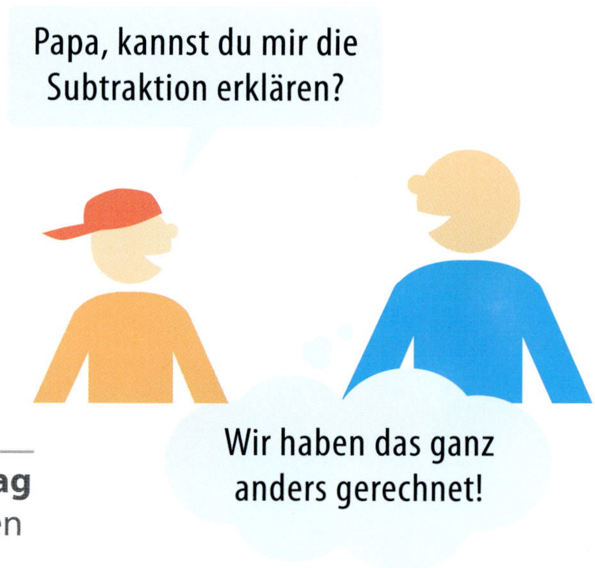

▷ **Nochmaliges Erklären zu Hause**
Im Laufe der Zeit haben sich einige Unterrichtsinhalte deutlich verändert. So haben Eltern in der Regel das schriftliche Abziehverfahren anders gelernt als die Kinder heute. Und schon gibt es Probleme. Würde sich das Kind im Unterricht gleich melden und fragen: „Das habe ich leider nicht verstanden. Können Sie mir das bitte noch mal erklären?", kämen Eltern weniger in Erklärungsnot.

Kein Kind kann einen **ganzen Unterrichtstag** lang durchgängig aktiv **zuhören**. Das schaffen **auch Erwachsene nicht**!

Vorteile einer aktiven Mitarbeit

Einer der größten Vorteile einer aktiven Mitarbeit im Unterricht ist, dass Unterrichtsinhalte bereits am Vormittag im Gehirn ankommen. Am Nachmittag müssen sie deshalb nicht neu gelernt werden, sondern können bereits das erste Mal wiederholt werden. So wird einiges an Lernzeit eingespart.

▷ **Informationen für die Klassenarbeit**
Häufig werden in Tests, allen voran im Fach Heimat- und Sachunterricht, Fragen gestellt, die lediglich im mündlichen Unterricht erwähnt wurden, jedoch nicht als Hefteintrag aufgeschrieben wurden. Wer sich hier am Unterricht beteiligt hat, ist deutlich im Vorteil.

Grundvoraussetzung für aktive Mitarbeit

Um sich tatsächlich aktiv am Unterricht beteiligen zu können, müssen die Kinder zuallererst richtig zuhören können. Jeder Elternteil weiß, dass das mitunter nicht leicht ist. Gibt man Kindern bestimmte Anweisungen, werden sie entweder falsch oder im schlimmsten Fall gar nicht erledigt. Im Unterricht ist das häufig nicht anders.

◁ **Zuhören können**
Viele Kinder sind leider nicht mehr in der Lage, genau zuzuhören. Arbeitsanweisungen ohne nochmaligen Hinweis geben zu können, wird immer seltener. Doch wenn es bereits an so einfachen Dingen scheitert, kann sich jeder vorstellen, wie schwierig es ist, Lerninhalte, die mündlich vermittelt werden, zu erfassen. Daher ist es umso wichtiger, dass Eltern ihren Kindern erklären, warum das Zuhören so wichtig ist.

Probleme beim aktiven Zuhören

Haben Kinder tatsächlich mit dem Gehör Schwierigkeiten, sollten Eltern dies der Lehrkraft sehr bald – und nicht erst in der vierten Klasse – mitteilen. Doch es gibt noch einige andere Faktoren, die das aktive Zuhören und damit eine entsprechend gute Mitarbeit im Unterricht erschweren.

Störungen beim aktiven Zuhören

Äußere Störfaktoren

- Unruhige Mitschüler
- Mitteilungsbedürfnis des Banknachbarn
- Ein Mitschüler trommelt mit seinem Lineal auf dem Tisch
- Baustelle vor der Schule

Innere Störfaktoren

- Ärger am Morgen mit den Eltern
- Streit mit der besten Freundin / dem besten Freund
- Krankes Haustier
- Eine schlechte Note in der letzten Prüfung

▷ **Äußere und innere Störungen**
Obwohl sich Kinder vornehmen, im Unterricht gut zuzuhören, gibt es Gründe, die das verhindern bzw. erschweren. In manchen Fällen kann das Kind nicht einmal etwas dafür.

Hausaufgaben

SIEHE AUCH
❮ **50–51** Lernvorbereitungen treffen
❮ **54–55** Mitarbeit im Unterricht
❮ **56–57** Heftführung

Das Thema Hausaufgaben bedeutet für viele Kinder eine ungeliebte Pflichtübung und ist eine der häufigsten Ursachen für häusliche Konflikte.

Grundsätzlich gilt: Hausaufgaben sind nicht dazu da, Kinder und Eltern zu ärgern und ihnen den Nachmittag zu vermiesen, auch wenn dies bestimmt teilweise der Fall sein dürfte.

Hausaufgaben – warum?

Eine der häufigsten Fragen, die Kinder ihren Eltern stellen, lautet: „Warum muss ich überhaupt Hausaufgaben machen?" Hier ist es sehr hilfreich – für die Kinder! – wenn Eltern darauf eine passende Antwort parat haben.

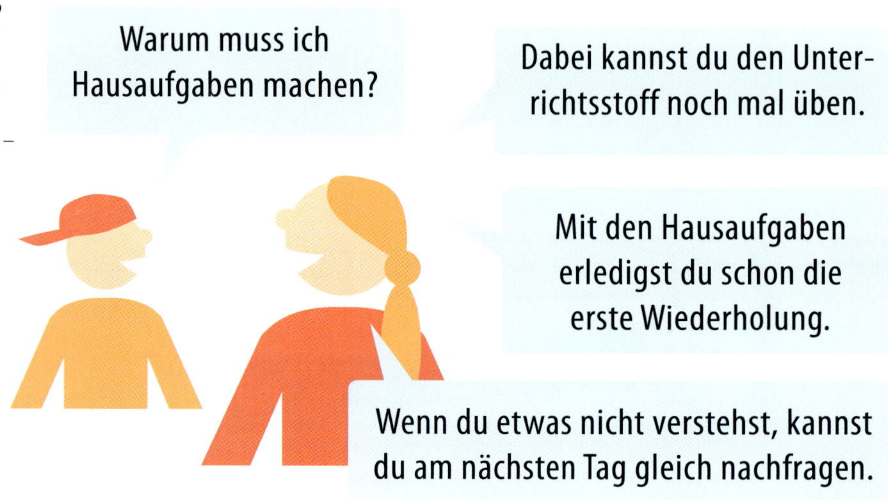

▷ **Gründe für die Hausaufgaben**
Um den schulischen Lernstoff zu festigen, bedarf es einiger Wiederholungen und Übungen. Außerdem erkennen Kinder auf diese Weise meist selbst, ob sie den Unterrichtsstoff verstanden haben. Denn wenn sie die Aufgaben nicht verstehen, sollten sie unbedingt am nächsten Tag noch mal nachfragen.

Ablauf der Hausaufgaben

Läuft die Erledigung der Hausaufgaben immer nach dem gleichen Schema ab, ist es für die Kinder wesentlich einfacher, sich daran zu gewöhnen. Auch wenn dies natürlich nicht das grundsätzliche Problem mit den Hausaufgaben löst, so klärt es zumindest den Ablauf.

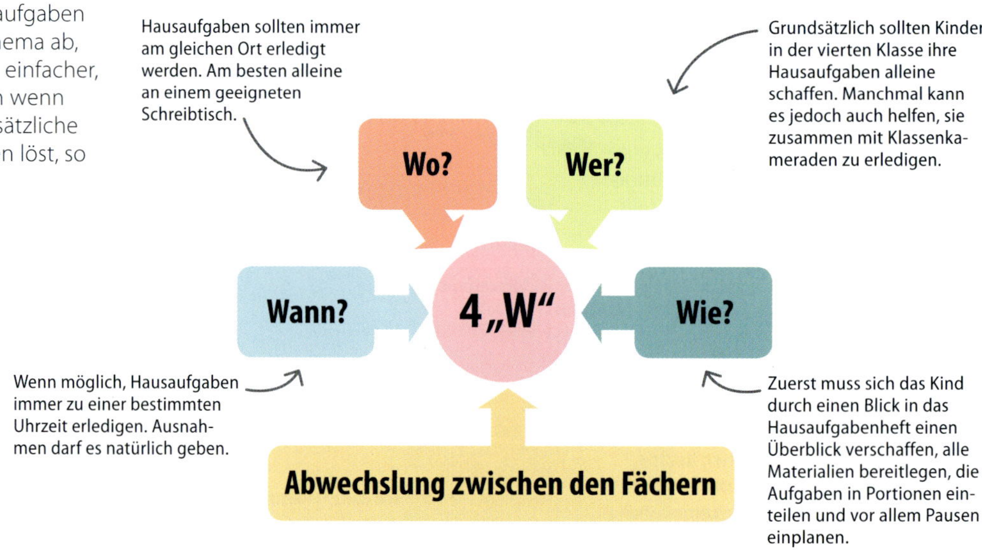

▷ **Die 4 „W"s der Hausaufgaben**
Es ist ausgesprochen sinnvoll, dieses Schema mit den Kindern zu besprechen und ihnen die Bedeutung zu erklären. Denn sobald dies fest vereinbart ist – am besten schon von der 1. Klasse an – bleiben die Diskussionen zu diesem Teil der Hausaufgaben wenigstens aus.

Fehler der Eltern

Selbstverständlich interessieren sich Eltern für die Hausaufgaben ihrer Kinder und fühlen sich auch oft verantwortlich. Das ist grundsätzlich richtig so, denn in den meisten Bundesländern sind Eltern sogar verpflichtet, für die Erledigung der Hausaufgaben zu sorgen. Doch gut gemeinte Hilfe ist leider nicht immer die richtige!

Das Thema **Hausaufgaben** ist so **vielschichtig**, dass es heute bereits **ganze Bücher füllt.**

- Gerade, wenn sich Kinder schwertun, überhaupt mit den Hausaufgaben zu beginnen, empfiehlt es sich, mit leichten Aufgaben anzufangen. Auch ein Sportler wärmt sich vor einem Wettkampf auf.

◁ **Falsch verstandene Hilfe**
Hausaufgaben gehören in den Arbeitsbereich der Kinder, nicht der Eltern. Selbstverständlich dürfen und sollen Eltern ihren Kindern mit Rat und Tat zur Seite stehen, wenn sie bei der Erledigung einzelner Aufgaben Schwierigkeiten haben. Doch nicht immer, nicht sofort und nicht bei Unlust der Kinder.

Häufige Schwierigkeiten

Manche Kinder haben Schwierigkeiten bei den Hausaufgaben, für die sie selbst wenig können. Dazu zählen Lese- und Rechtschreibstörungen, Dyskalkulie, feinmotorische Probleme und Konzentrationsschwierigkeiten. Hier gilt es für die Eltern, Ruhe zu bewahren und unbedingt das Gespräch mit der Lehrkraft zu suchen. Bei allen anderen Problemen können Eltern ihrem Kind helfen, indem sie zunächst einmal die Ursache der Schwierigkeiten herausfinden.

◁ **Warum gibt es Probleme?**
Die Gründe für diese Probleme sind enorm vielschichtig. Sei es, dass der Unterrichtsstoff nicht richtig verstanden wurde, dass das Kind beim Aufschreiben der Hausaufgaben abgelenkt wurde, dass die Menge an Hausaufgaben zu umfangreich ist oder dass das Kind sehr langsam arbeitet.

Konzentration

SIEHE AUCH
❮ 22–23 Der Energiebedarf des Gehirns
❮ 46–47 Einige Kompetenzen und ihre Bedeutung
Visuelle Wahrnehmung 62–63 ❯
Auditive Wahrnehmung 64–65 ❯

Die Konzentrationsfähigkeit ist eine der Schlüsselqualifikationen, die für schulisches Lernen benötigt wird.

Unter Konzentration versteht man die Fähigkeit, sich über einen bestimmten Zeitraum hinweg einer bestimmten Aufgabe zu widmen, ohne sich ablenken zu lassen.

Was beeinflusst unsere Konzentration?

Obwohl unser Gehirn besser als ein Computer arbeiten kann, ist es nicht in der Lage, viele bewusste Aufgaben gleichzeitig zu erledigen. Außerdem lässt es sich im Gegensatz zu einem Rechner leicht ablenken.

▷ **Einflussfaktoren**
Es gibt zahlreiche Faktoren, die sich positiv oder negativ auf unser Konzentrationsvermögen auswirken. In manchen Fällen erschließen sich sowohl förderliche als auch ungünstige Auswirkungen nicht auf den ersten Blick. Doch auf lange Sicht gesehen beeinflussen sie die Fähigkeit der Kinder, sich auf eine bestimmte Sache zu konzentrieren, erheblich.

+

- Ausgewogene Ernährung
- Ausreichend Schlaf
- Ruhephasen
- Motivation
- Vorbild der Eltern
- Anstrengungsbereitschaft
- Begeisterung für ein Thema
- Ordnung am Arbeitsplatz

–

- Reizüberflutung
- Kultur des „Nicht-warten-Könnens"
- Krankheit (z. B. Erkältung)
- Zu wenig Sauerstoff
- Negative Gefühle (Angst, Sorgen)
- Laute Musik vor dem Einschlafen
- Lernstress
- Jede Form der Ablenkung
- Unordnung
- Störungen (z. B. AD(H)S)

Konzentrationsprobleme

In den vergangenen Jahren zeigte sich unter den Schülerinnen und Schülern in der Grundschule ein signifikanter Anstieg von Konzentrationsschwierigkeiten – und damit sind nicht nur diagnostizierte Probleme, wie z. B. ADHS, gemeint.

▷ **Störungen von außen und innen**
Das Problem dabei ist, dass viele der Störfaktoren sich auf unser Gehirn auswirken, ohne dass wir uns dessen wirklich bewusst sind. Manchmal genügt bereits ein Lüften des Zimmers und schon können sich Kinder besser konzentrieren. Störfaktoren von außen sind wesentlich leichter zu beheben als Störungen, die von innen kommen. Hier sind oft Lehrkräfte und Eltern gefragt, das Kind zu unterstützen.

Reizüberflutung – ein großes Problem

Kinder sind heute vermehrt einer völligen Reizüberflutung ausgesetzt. Dazu zählt neben den vielen Freizeitaktivitäten auch ein geänderter Medienkonsum. Computer, Fernseher und Handy sind aus unserer Zeit nicht mehr wegzudenken. Doch gerade bei Kindern kommt es auf die richtige Dosis an.

Konzentration ist die **Eintrittskarte** zum **Gedächtnis**.

▷ **Starke und schwache Reize**
Unser Kurzzeitgedächtnis bestimmt die Menge an Reizen oder Informationen, die an das Gehirn weitergeleitet werden. Dabei ist es daran interessiert, nur eine bestimmte Menge gleichzeitig aufzunehmen. Und genau an dieser Stelle können wir es beeinflussen. Sind Kinder häufig starken Reizen (z. B. lauten Computerspielen, aufregenden Fernsehsendungen) ausgesetzt, haben schwächere Reize, wie Arbeitsanweisungen der Lehrer oder Eltern, wenig Chancen.

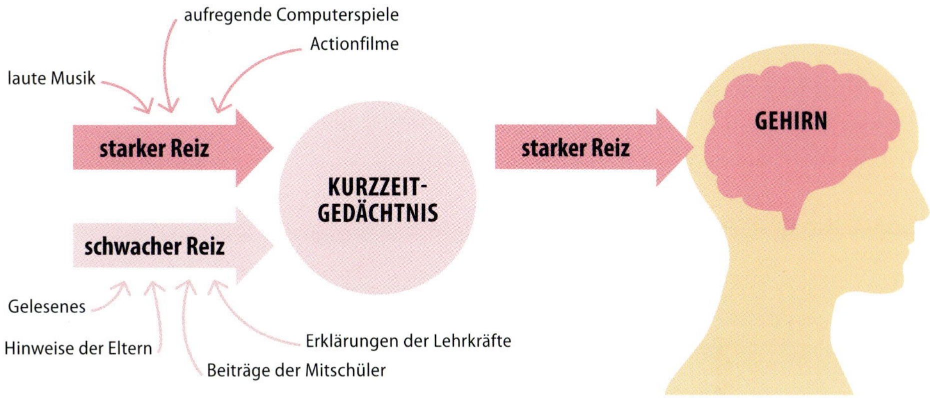

Konzentrationsübungen

Zahlreiche Firmen haben mittlerweile den großen Markt der Konzentrationsspiele und -bücher für sich entdeckt und bieten entsprechende Produkte an. Doch viele Übungen, um die Konzentrationsfähigkeit zu steigern, benötigen keine Materialien oder diese können günstig selbst hergestellt werden. Dabei gilt aber unbedingt: Wenn es keinen Spaß macht, braucht man keine Konzentrationsübungen durchzuführen!

INTERESSANT

AD(H)S

Nahezu 8 % der Kinder in Deutschland leiden heute am sogenannten Aufmerksamkeits-Defizit-Syndrom mit und ohne Hyperaktivität. Die Begriffe „Zappelphilipp" oder „Träumer" sind in aller Munde. Häufig fallen ADS-Kinder erst während der Schulzeit auf, wenn sie trotz guter Intelligenz mit Misserfolgen beim Lernen und Frustrationen zu kämpfen haben. ADS ist weder ein Erziehungsfehler der Eltern noch ein absichtliches Fehlverhalten der Kinder. Es ist eine Störung der Informationsverarbeitung im Gehirn.

△ **Spiele zur Konzentration**
Mit etwas Fantasie kann man eine Unmenge an Konzentrationsspielen selbst erstellen, ohne auch nur einen Euro dafür auszugeben. Viele Kinder entwickeln gerne eigene Konzentrationsspiele, die sie dann zusammen mit anderen Kindern ausprobieren. Manchmal reicht es sogar, einfach für kurze Zeit aus dem Fenster zu schauen, die Augen zu schließen und zu versuchen, sich an möglichst alles Gesehene zu erinnern.

Visuelle Wahrnehmung

SIEHE AUCH
❮ 28–29 So speichert das Gehirn
❮ 56–57 Heftführung
Mindmaps 72–73 ❯
Texte lesen – Texte verstehen 112–113 ❯

Über unsere Sinne – Augen, Ohren, Nase, Mund und Haut – nehmen wir unsere Umgebung wahr. Dabei sind vor allem der Seh- und Gehörsinn die Eingangstür zum Lernen.

In der Schule stellt die unterschiedliche Wahrnehmung der Kinder eine große Herausforderung dar. Doch auch beim Lernen zu Hause kommt es immer wieder zu Problemen, die letztendlich auf eine falsche Wahrnehmung zurückzuführen sind.

Visuelle Wahrnehmung

Die Wahrnehmung über die Augen, die visuelle Wahrnehmung, steht bei uns Menschen an erster Stelle. Ein Viertel der Großhirnrinde ist damit beschäftigt, visuelle Reize zu verarbeiten.

▽ **Das Gehirn dichtet dazu**
Damit nicht alles, was wir sehen, in unser Bewusstsein dringt, wird es zunächst vorsortiert. Überflüssiges wird gleich entsorgt. Die übrige Information wird vom Gehirn jedoch interpretiert. Dabei kommt es vor, dass etwas hinzugedichtet wird, das gar nicht da ist, oder bestimmte Informationen einfach weggelassen werden.

Bedeutung für das Lernen

Dadurch, dass das Gehirn eingehende Sinnesreize interpretiert, kommt es auch beim Lernen immer wieder zu Schwierigkeiten. Dies stellt Kinder oft vor große Herausforderungen. Denn nur durch sehr konzentriertes Arbeiten lassen sich diese „Täuschungen" verhindern.

▷ **Das Gehirn ergänzt**
Im Gehirn ist das Wortbild für „laufen" korrekt abgespeichert. Steht es aber auf dem Papier falsch da, ergänzt das Gehirn einfach den fehlenden Buchstaben. Aus diesem Grund können viele Schüler ihre eigenen Texte nicht fehlerfrei korrigieren, da nicht einzelne Buchstaben, sondern immer das ganze Wort auf einmal gelesen wird.

▽ **Das Gehirn lässt weg**
Wenn ein Kind bei bestimmten Aufgabenstellungen, einzelne Wörter „übersieht", hat das Gehirn scheinbar Überflüssiges entsorgt. Das Kind liest zwar das Wort, es wird jedoch nicht als wichtig erachtet und einfach weggelassen. In diesem Fall galt die Konzentration der Tätigkeit des Unterstreichens.

Genaues Hinsehen

Sowohl bei Tafelanschriften als auch beim genauen Lesen von Aufgaben schleichen sich bei Kindern immer wieder sogenannte „Flüchtigkeitsfehler“ ein. Deren Ursache ist in den meisten Fällen darin zu finden, dass nicht genau genug hingesehen bzw. gelesen wird. Genaues Hinschauen gelingt jedoch nur bei ausreichender Konzentration, sofern keine Beeinträchtigungen in der Sehfähigkeit vorliegen.

▷ **Von der Tafel ins Heft**
Liest ein Kind die Tafelanschrift, muss es sich den genauen Text so lange merken, bis es ihn aufgeschrieben hat. Mit anderen Worten: Seine visuelle Wahrnehmung muss in dem Moment geschärft sein, da es ansonsten falsche Begriffe aufschreibt. Werden diese falschen Begriffe (z. B. Puppe statt Pupille) anschließend in einer Prüfung verwendet, können entscheidende Punkte fehlen.

Sehen und beurteilen

Der Vorgang des Sehens und gleichzeitigen Interpretierens bereitet immer dann Schwierigkeiten, wenn entweder etwas völlig Ungewöhnliches erkannt wird oder wenn wir etwas sehen, das nicht zu unserem Vorwissen passt.

GELB	GELB
BLAU	BLAU
ROT	ROT
GRÜN	GRÜN
LILA	LILA
BRAUN	BRAUN
ORANGE	ORANGE

◁ **Etwas stimmt hier nicht**
Wenn Bedeutung und Farbe nicht übereinstimmen, hat das Gehirn ein Problem. Während wir den linken Text problemlos lesen können, stocken wir beim rechten Text. Das, was wir sehen, passt mit unserer Interpretation nicht zusammen.

▽ **Optische Täuschung**
Hier ergänzt das Gehirn eingehende Sinnesreize zu einem eigenen Bild. Wir sehen ein Viereck, obwohl keines da ist.

INTERESSANT

Phänomen Zeugenaussagen

Dass die visuelle Wahrnehmung ein und desselben Vorfalls von verschiedenen Personen unterschiedlich interpretiert wird, weiß auch die Polizei. Nach einem Unfall weichen die Angaben zum Hergang oder die Beschreibungen der Fahrzeuge und beteiligten Personen oft voneinander ab, besonders, wenn einige Tage vergangen sind.

Die Einstellung zur Schule

SIEHE AUCH

❮ **40–41** Der Übertritt und seine Bedeutung
❮ **48–49** Sinnvolle Ziele
❮ **54–55** Mitarbeit im Unterricht
❮ **56–57** Heftführung

Die Einstellung zur Schule, zum Lernen und zum Umgang mit Lernmaterialien trägt entscheidend zum Lernerfolg bei.

Häufig wird die Bedeutung der Grundschule auf die Hinführung zu weiterführenden Schulen reduziert. Doch sie ist nicht nur Mittel zum Zweck, sondern der Grundstock jedes schulischen und beruflichen Werdegangs.

Schule als große Chance

In vielen Ländern ist es Kindern nicht möglich, eine Schule zu besuchen. Unsere Kinder haben es da viel besser getroffen. Gerade in der Grundschule – und damit sind alle Klassenstufen gemeint – lernen die Schülerinnen und Schüler alle wichtigen Kulturtechniken kennen und anwenden. Die Tatsache, dass die Schule vor allem eine Chance ist, wird häufig bei Diskussionen oder Ängsten bezüglich des Übertritts an weiterführende Schulen vergessen.

▷ **Der Übertritt braucht einen Grundstock**
Zu Beginn der Schulzeit, vor allem in der 1. Klasse, ist die Begeisterung für das Lernen in der Regel sehr hoch. Bereits im Laufe der Grundschulzeit nimmt die Freude bei manchen Kindern mehr und mehr ab, zum Beispiel wenn sie erkennen, dass gute Leistungen tatsächlich einen entsprechenden Einsatz voraussetzen. Spätestens ab der 3. Klasse ist das zentrale Thema das Übertrittsverfahren.

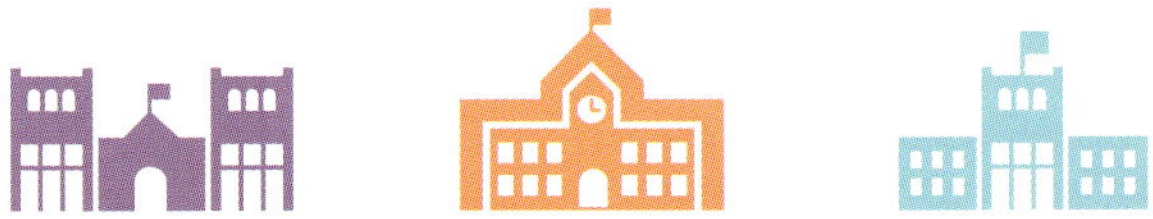

Weiterführende Schulen

4. Klasse – „Hoffentlich schaffe ich den Übertritt!"
Gleiche Klassenlehrkraft – viel Lernstoff

3. Klasse – „Ich muss gut sein für den Übertritt!"
Neue Klassenlehrkraft – mehr Lernstoff

2. Klasse – „Ich bin ein Schulkind!"
Erweiterung der Kulturtechniken.

1. Klasse – „Juhu, ich bin ein Schulkind!"
Erlernen der Kulturtechniken Lesen, Schreiben und Rechnen

Wichtige und unwichtige Fächer

Eine Unterscheidung in wichtige oder unwichtige Fächer wird vor allem in der vierten Klasse häufig getroffen. Ein Fehler! Eine Wertung der einzelnen Fächer bereits in der Grundschule hat Auswirkungen auf den gesamten schulischen Werdegang. Zwar sind etwa in Bayern nur die Noten der Fächer Deutsch, Mathematik und Heimat- und Sachunterricht entscheidend für den Übertritt an die weiterführenden Schulen. Doch damit sind nur knapp die Hälfte der Wochenstunden abgedeckt.

▷ **Alle Fächer sind wichtig**
Zur umfassenden Bildung unserer Kinder müssen unbedingt alle Fächer gezählt werden. Was wäre, wenn eine Schulwoche nur aus Deutsch, Mathematik und Heimat- und Sachunterricht bestehen würde? Körperliche Betätigung, Aktivitäten mit beiden Händen, Übungen für das Gehör, Werteerziehung und ein kleiner Einblick in eine fremde Sprache sind von elementarer Bedeutung.

Stundentafel der vierten Klassen in Bayern

Anzahl der Stunden	1	2	3	4	5	6
Deutsch	■	■	■	■	■	■
Mathematik	■	■	■	■	■	
Heimat- und Sachunterricht	■	■	■	■		
Englisch	■	■				
Musik	■	■				
Kunst	■					
Sport	■	■	■			
Förderunterricht	■					
Werken und Gestalten	■	■				
Religion / Ethik	■	■	■			

Zusammenarbeit

Jedes Kind hat es in der Grundschule mit zahlreichen Menschen, Erwachsenen wie Kindern, zu tun. Neben den Lehrkräften sind vor allem die Mitschüler ganz entscheidend am Lernzuwachs beteiligt.

△ **Partner- und Gruppenarbeit**
Mit einem Partner oder zusammen in einer Gruppe können viele Aufgaben besser bewältigt werden. Dies kann jedoch nur gelingen, wenn alle Beteiligten kooperativ zusammenarbeiten, ohne sich gegenseitig zu stören. Eltern können ihre Kinder unterstützen, indem sie sie ermutigen, auch zu Hause eine Lerngruppe mit Klassenkameraden zu bilden.

Je **wertschätzender** der **Umgang** ist, desto **gewinnbringender** ist der **Nutzen**.

Umgang mit Materialien

In der Regel herrscht an den Schulen in Deutschland Lehrmittelfreiheit. D. h. alle Schulbücher und viele Lernmaterialien werden kostenlos zur Verfügung gestellt. Geht man davon aus, dass ein Schulbuch etwa 20 € kostet, so kommen pro Kind schnell 100 € oder mehr zusammen, die von der Allgemeinheit finanziert werden – und das ist auch gut so!

▷ **Achten auf fremdes Eigentum**
Ein pfleglicher Umgang mit Schulbüchern, Lernmaterialien und eigenen Sachen ist eine große Aufgabe in der elterlichen Erziehung. Hier können Eltern allein schon durch ihr Vorbild eine Menge bewirken. In der vierten Klasse sind gerade die Mathematik- und Deutschbücher in häufiger Verwendung. Natürlich lassen sich dabei Gebrauchsspuren nicht verhindern. Doch manche Schulbücher sehen nach wenigen Wochen aus, als ob sie bereits Jahrzehnte in Gebrauch wären.

Regeln für alle Lernmethoden

Für alle Lernmethoden gelten bestimmte Regeln, die eingehalten werden sollten, damit sie greifen können.

SIEHE AUCH

❮ 28–29 So speichert das Gehirn
❮ 36–37 Zeiteinteilung beim Lernen
❮ 48–49 Sinnvolle Ziele
❮ 52–53 Lernmotivation
❮ 60–61 Konzentration
Weitere Lernstrategien 78–81 ❯

Sobald es zu Lernschwierigkeiten kommt, versuchen viele Eltern ihre Kinder zu unterstützen, indem sie ihnen verschiedene Lernmethoden an die Hand geben. Dabei gilt es, einige wichtige Punkte zu beachten.

Verschiedene Lernkategorien

Je nachdem, was gerade besonders geübt werden soll, können Lernmethoden verschiedenen Kategorien zugeordnet werden. Treten Lernprobleme auf, weil die Rahmenbedingungen nicht stimmen, wäre es falsch, mit Lerntechniken zu beginnen, die die Vernetzung von Lerninhalten zu Ziel haben.

▽ **Drei wichtige Kategorien**
Eine Optimierung der Rahmenbedingungen sollte immer an erster Stelle stehen. Damit lassen sich bereits viele Lernprobleme lösen. Im Anschluss daran können sich die Kinder mithilfe der Erwachsenen die Fragen „Was soll ich lernen?", „Was kann ich schon?" und „Wo liegen meine Schwächen?" stellen. Erst dann sind Überlegungen angebracht, welche Lernmethode hilft, Informationen besser aufzunehmen, zu verarbeiten und schließlich zu speichern.

Optimierung der Rahmenbedingungen

- Arbeitsplatz
- Positive Grundhaltung
- Motivation
- Konzentration
- Zeitmanagement
- Gesunde Ernährung

Steuerung des Lernprozesses

- Planung der Lernziele
- Überprüfung des Lernfortschrittes
- Betrachten des eigenen Lernverhaltens

Aufnahme, Verarbeitung und Speicherung

- Herausarbeiten der wichtigsten Lerninformationen
- Vernetzung von Lerninhalten
- Wiederholen und Merken

Grundvoraussetzung Motivation

In Sprechstunden hören Lehrer immer wieder, dass Eltern äußerst bemüht sind, ihren Kindern verschiedenen Lerntechniken vorzustellen, aber die Kinder darauf nicht in der gewünschten Art und Weise reagieren. Im Gegenteil, manche Kinder verweigern sich dem täglichen Lernpensum noch mehr.

▷ **Verbündete ins Boot holen**
In manchen Fällen können Eltern ihrem Kind alle möglichen Lernstrategien zur Verbesserung der Lernleistung anbieten und das Kind weigert sich, auch nur eine dieser Methoden auszuprobieren. Hier hilft oft ein einfacher Trick: Gehen Sie zur Lehrkraft und bitten Sie sie, Ihrem Kind die ein oder andere Methode anzubieten. In den allermeisten Fällen wird das Kind eine entsprechende Strategie ausprobieren.

Überblick verschaffen

Bevor Kindern bestimmte Lernmethoden angeboten werden, sollte man sich zuerst einen Überblick über verschiedene Strategien verschaffen. In vielen Nachschlagewerken findet man dazu geeignete Anregungen und vor allem auch die passenden Erklärungen.

▷ **Besuch einer Bibliothek**
Eine wichtige Anlaufstelle sind dabei Bibliotheken. Hier findet man in der Regel Lernhilfen zu jedem Fach oder auch Ratgeber, die Lernsysteme vorstellen und erklären. Die gemeinsame Suche mit dem Kind fördert obendrein noch das Interesse und die Motivation, neue Lernmethoden zu testen.

Lernmethoden kennen

Bieten Eltern ihren Kindern eine bestimmte Lerntechnik an, sollten sie darüber auch Bescheid wissen. Dabei reicht es meist nicht, wenn man nur darüber etwas gelesen hat. Am überzeugendsten wirken Eltern, wenn sie einzelne Methoden einmal selbst getestet haben.

◁ **Kinderfragen beantworten können**
Die häufigsten Fragen, die Kinder stellen, wenn Eltern ihnen Vorschläge zum besseren Lernen unterbreiten, lauten: „Wie funktioniert das?" und „Warum?". Die Antwort: „Das habe ich in einem Buch gelesen" ist deutlich weniger überzeugend als: „Ich habe das selbst ausprobiert und es hat funktioniert."

Lernmethoden Zeit geben

Nicht jede Lernmethode ist für jedes Kind geeignet. Daher kann es notwendig sein, verschiedene Strategien auszuprobieren. Doch genau hier liegt eine große Gefahr. Führt eine Methode nicht gleich zum Erfolg, wird sofort die nächste Technik versucht. Das führt häufig dazu, dass das Kind gar keine Lust mehr hat, etwas Neues zu versuchen, oder im schlimmsten Fall überhaupt nicht mehr lernen möchte.

▷ **Neue Strategien brauchen Übung**
Wie bei jeder neu erlernten Sportart brauchen auch verschiedene Lernmethoden Zeit, bis sie gewinnbringend angewendet werden können. Erfolg oder Misserfolg stellen sich nicht nach einmaliger Anwendung ein.

Lerntipp-ABC für Schüler

SIEHE AUCH
❮ 60–61 Konzentration
Mindmaps 72–73 ❯
Karteikarten 74–75 ❯
Weitere Lernstrategien 78–81 ❯

Bei der Erstellung eines Lerntipp-ABCs denken Kinder über bestimmte Lernhinweise nach und kreieren dabei sogar eigene Vorschläge.

Um grundlegende Überlegungen zum Thema Lernen immer parat zu haben, können Eltern zusammen mit ihren Kindern ein Lernplakat mit wichtigen Tipps von A bis Z anfertigen.

A **wie Arbeitsplatz:**
Bevor ich mich an den Schreibtisch setze, räume ich alles weg, was mit von der Arbeit abhalten könnte.

B **wie Belohnung:**
Wenn ich ein gutes Ergebnis erzielt habe oder gut gelernt habe, darf ich mich auch selbst belohnen.

C **wie Chancen nutzen:**
Bei jeder Prüfung habe ich die Chance auf eine gute Note, wenn ich zuvor entsprechend lerne.

D **wie Denken:**
Manchmal hilft es, wenn ich meine Gedanken beim Lernen laut ausspreche.

E **wie Erfolg:**
Erhalte ich eine gute Note oder ein Lob von meinem Lehrer, schreibe ich es in auf einen Zettel und legen ihn gut sichtbar auf meinen Schreibtisch.

F **wie Frustration:**
Wenn ich traurig oder enttäuscht bin, schreibe ich mir meinen Frust von der Seele.

G **wie Gestaltung:**
Auf die Gestaltung meiner Hefteinträge lege ich besonderen Wert.

H **wie Helfer:**
Habe ich etwas nicht verstanden, frage ich zuerst einen Klassenkameraden, der sich besonders gut auskennt.

I **wie Information:**
Vor Klassenarbeiten informiere ich mich über alle nötigen Inhalte.

K **wie Konzentration:**
Um mich besser konzentrieren zu können, wende ich Übungen zur Konzentrationssteigerung an.

L **wie Lachen:**
Lachen ist die beste Medizin. Wenn ich immer nur meckernd oder ängstlich vor einer Lernaufgabe sitze, merke ich mir die Inhalte schlechter.

M **wie Motivation:**
Wenn ich einmal keine Lust habe zu lernen, erinnere ich mich an eine Situation, in der das Lernen den gewünschten Erfolg erzielt hat.

O **wie Organisation:**
Ich organisiere meine Lernzeit passend und plane zur Sicherheit mehr Zeit als nötig ein.

P **wie Prioritäten:**
Ich sortiere meine Hausaufgaben nach ihrer Wichtigkeit.

Q **wie Qualität:**
Ich achte darauf, intensiv und konzentriert zu lernen. So kann ich die Qualität meines Lernens steigern.

R **wie Ruhe:**
Ich gönne mir bei den Hausaufgaben und beim Lernen entsprechende Ruhepausen.

S **wie Spickzettel:**
Ich schreibe mir zum Thema des Tests einen Spickzettel und lasse ihn am Tag der Prüfung auf meinem Schreibtisch zu Hause liegen.

T **wie Transfer:**
Ich überlege, wie ich Gelerntes auch auf andere Lebensbereiche übertragen und dort anwenden kann.

U **wie Umgebung:**
Manchmal suche ich einen besonderen Ort zum Lernen auf.

V **wie Vergleiche:**
Ich vergleiche mich nicht mit anderen, denn nur meine eigene Leistung zählt.

Z **wie Ziele:**
Ich setze mir klare Ziele, die ich auch erreichen kann.

△ **Lerntipps selbst verfassen**
Je mehr sich Kinder über ihr eigenes Lernen Gedanken machen, desto besser können sie sich wichtige Grundlagen merken. Dabei können neben einem Lernplakat mit dem ABC auch alle Lernhinweise auf Karteikarten geschrieben werden.

Mindmaps

SIEHE AUCH
❮ 28–29 So speichert das Gehirn
❮ 62–63 Visuelle Wahrnehmung
Referate 76–77 ❯

Eine Mindmap ist ein Instrument zur bildlichen Darstellung von Informationen aller Art.

Diese Gedächtnis- oder auch Gedankenlandkarten können auf vielfältige Art und Weise genutzt werden. Wie bei einer echten Landkarte, auf der man den Weg von A nach B sucht, hilft eine Mindmap, gespeicherte Informationen im Gehirn wiederzufinden.

Wie zeichnet man eine Mindmap?

Mindmaps sind sehr individuelle Darstellungen. Sofern man bestimmte Regeln beachtet, sind der Fantasie keine Grenzen gesetzt. Es gibt dabei kein „schön" oder „hässlich". Auch ist es nicht wichtig, ob man gut zeichnen kann oder nicht.

• Eine Mindmap mit zehn Bildern ersetzt einen geschriebenen Text mit 10 000 Wörtern.

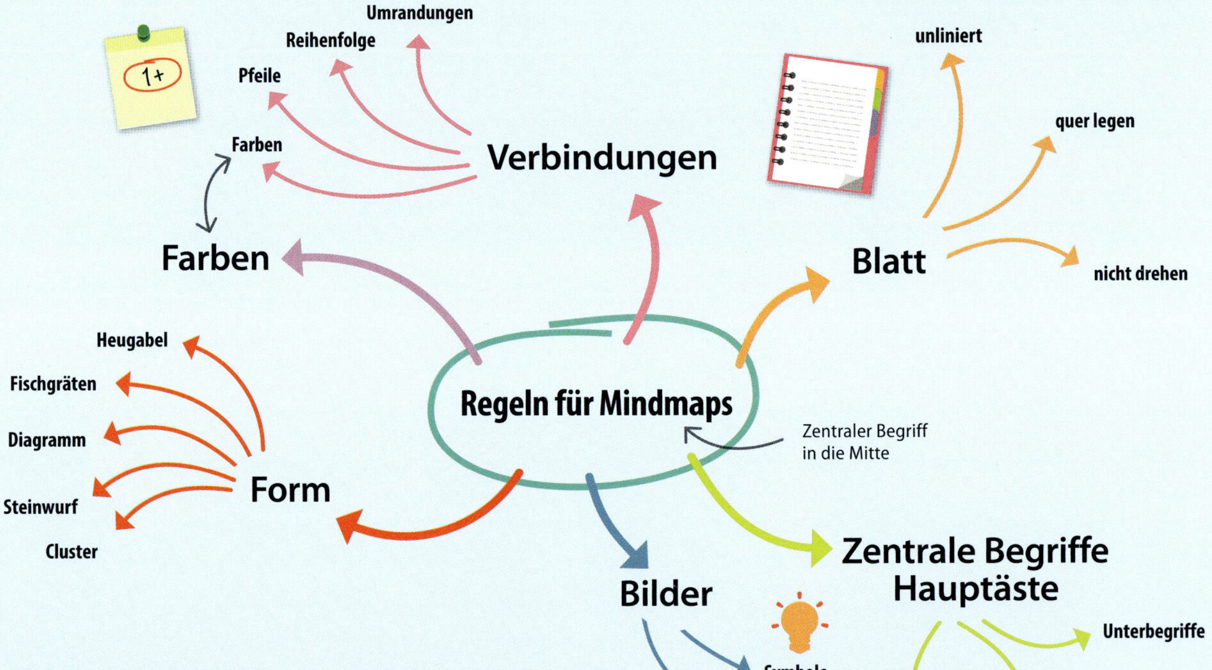

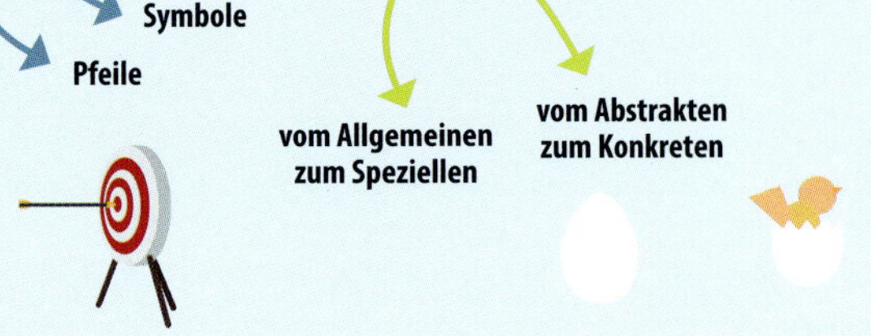

△ **Regeln für eine Mindmap**
Zur Erstellung einer Mindmap benötigt man ein unliniertes Papier, Bleistift, farbige Stifte und Fantasie. Begonnen wird immer in der Mitte mit dem eigentlichen Thema. Hauptgedanken stehen auf den Hauptästen, Einzelheiten werden auf den Nebenästen dargestellt. Da gerade Linien für das Gehirn langweilig sind, sollten die Äste entsprechend „krumm" gezeichnet werden. So wird es für das Gehirn tatsächlich interessanter und die Merkfähigkeit steigt.

Warum hilft eine Mindmap?

Lernen funktioniert dadurch, dass neue Informationen an bekannte angeknüpft werden. Und genau dieser Vorgang wird mit einer Mindmap bildlich dargestellt. Nebenäste schließen an Hauptäste an. So fällt es dem Gehirn viel leichter zu denken, zu verarbeiten und zu speichern.

▷ **Gehirngerechtes Denken**
Unser Gehirn denkt immer in alle Richtungen und es denkt in Bildern. Dabei fällt uns in diesem Beispiel nicht das Wort N u d e l mit seinen einzelnen Buchstaben ein, sondern wir denken an echte Nudeln. Genau diesen Umstand machen sich Mindmaps zunutze, da sie ein Abbild der bildhaften Denkprozesse und -fähigkeiten sind.

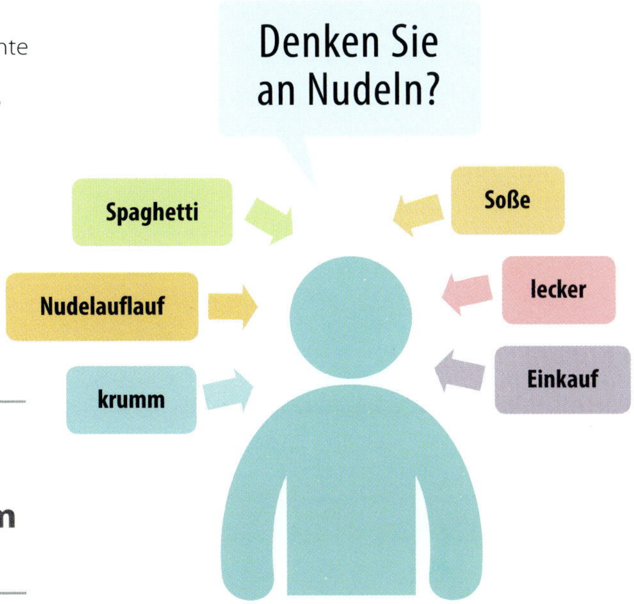

„Eine **Mindmap** ist die **einfachste Art, Informationen in das Gehirn** hineinzubekommen und **Informationen aus dem Gehirn** herauszubekommen." Tony Buzan

Hilfreich für Schüler

Als sehr hilfreich haben sich Mindmaps bei der Vorbereitung auf ein Referat und auf eine Buchvorstellung oder auch zum Lernen eines Themengebietes als Vorbereitung auf eine Prüfung erwiesen.

◁ **Leichteres Erinnern**
Gestalten Schüler eine eigene, gut ausgearbeitete Mindmap, bei der sie die Inhalte ihrer Hefteinträge zu einem Thema des Heimat- und Sachunterrichtes entsprechend dargestellt haben, hilft ihnen das häufig, Fragen in Tests zu beantworten. Die hier dargestellte Szene konnte in der Schule mehrfach beobachtet werden.

INTERESSANT

Erfinder der Mindmap

Anthony Peter „Tony" Buzan (1942–2019), ein britischer Autor, Redner und Trainer im Bereich Bildung, gilt als der Entwickler der Mindmap. Er orientierte sich dabei an den Denksystemen der alten Griechen, die durch Fantasie und Assoziationen Tausende Fakten fehlerfrei wiedergeben konnten.

Karteikarten

Karteikarten sind ein universell einsetzbares Medium, um Gedanken zu entwickeln, Lerninhalte festzuhalten, zu wiederholen und zu festigen.

Es gibt Karteikarten in unterschiedlichen Formaten, Farben, mit und ohne Linien oder Kästchen. Je nach Einsatzzweck können unterschiedliche Größen verwendet werden.

SIEHE AUCH
❮ 52–53 Lernmotivation
❮ 56–57 Heftführung
Referate 76–77 ❯
Stellenwertsystem mit römischen Ziffern 160–161 ❯
Das Einmaleins 176–177 ❯

• Zur Aufbewahrung von Karteikarten empfiehlt es sich, einen passenden Karteikasten anzuschaffen. Dieser kann in weiterführenden Schulen auch gut zum Lernen und Wiederholen von Vokabeln genutzt werden.

Wie verwendet man Karteikarten?

Egal für welche Form, Farbe oder welches Design man sich entscheidet, es nützt keine Karteikarte, wenn man den Inhalt nicht lesen kann. Bietet man Kindern zum Lernen Karteikarten an, sollte ihnen auch erklärt werden, warum sie hilfreich sind und wie sie zu gestalten sind.

△ **Regeln für den richtigen Einsatz**
Um Karteikarten sinnvoll und gewinnbringend einsetzen zu können, sollten bestimmte Regeln eingehalten werden. Erklärt man Kindern, dass bereits die gewissenhafte Anfertigung einer Karteikarte schon eine erste Wiederholung darstellt und ihnen das Behalten von Lerninhalten erleichtert, können sie besser nachvollziehen, dass eine schlampig und lustlos geschriebene Karteikarte keine Wirkung hat. Ebenso ist es sehr wichtig, dass Kinder ihre Karteikarten selbst schreiben und nicht die Eltern.

Einsatzmöglichkeiten für DIN-A8-Karten

Diese kleinen Karten haben sich bei kurzen Inhalten v. a. in den Fächern Deutsch und Mathematik bewährt. Um es interessanter zu gestalten, ist es von Vorteil, wenn die Farben der Karteikarten für diese beiden Fächer auch unterschiedlich sind. Diese Karten kann jedes Kind in seinem Federmäppchen leicht transportieren. Nur bei Leistungskontrollen sollten sie unbedingt in die Schultasche wandern, damit das Kind nicht verdächtigt wird abzuschreiben.

Je ansprechender Kinder ihre **Karteikarten gestalten, desto eher werden sie zum Lernen** und Wiederholen auch **verwendet.**

Vorderseite

Rückseite

Vorderseite

Rückseite

△ **Mathematik**
Jede einzelne Einmaleinsaufgabe auf die Vorderseite und die Lösung auf die Rückseite schreiben. In einem weiteren Schritt können auch alle Einmaleinsaufgaben, die zu einer bestimmten Ergebniszahl führen, auf die Vorderseite geschrieben werden. Für jede Tausch- und Umkehraufgabe empfiehlt es sich jedoch, eine neue Karte zu verwenden.

△ **Deutsch**
Zur Wiederholung der Wortarten können alle Lernwörter einzeln auf die Vorderseite und die passende Wortart und 1. Vergangenheitsform auf die Rückseite notiert werden. Diese Karten können auch in vielen anderen Bereichen des Deutschunterrichts eingesetzt werden.

Gestaltungsmöglichkeiten bei größeren Karten

Je mehr Informationen auf einer Karte Platz haben sollen, desto größer sollte sie sein. DIN-A7- und DIN-A6-Karten eignen sich ebenfalls noch gut zum Mitnehmen. Auf ihnen können zum Beispiel Texte und Bilder zu verschiedenen Themen des Sachunterrichts dargestellt werden.

Vorderseite

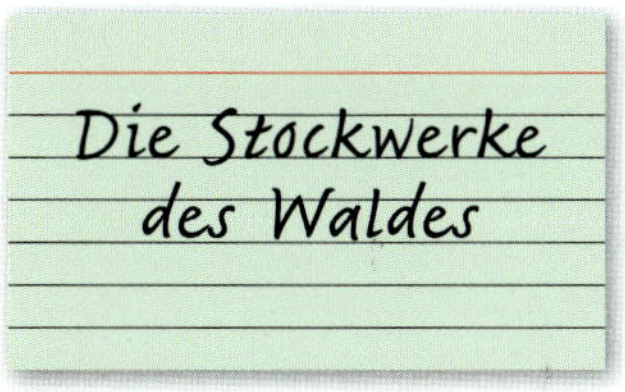

Rückseite

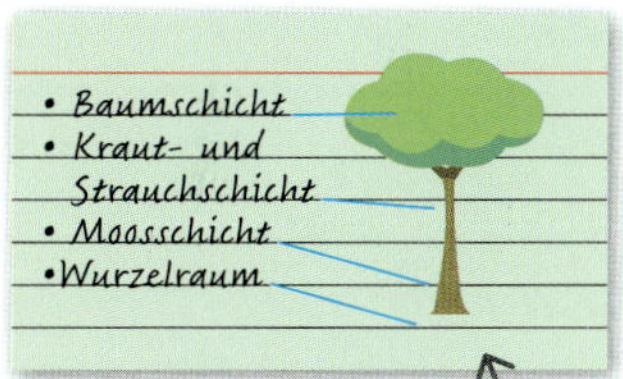

Eine visuelle Darstellungsform hat den besten Lerneffekt.

Vorderseite

Rückseite

△ **Eine Karte pro Einzelthema**
Das Thema Wald ist sehr vielschichtig. Es beinhaltet zahlreiche Einzelthemen, die jedes für sich auf einer Karteikarte dargestellt werden sollten. Zum Beispiel bei den „Stockwerken des Waldes" sollten alle Teilbereiche auf einzelnen Karten fixiert werden.

INTERESSANT

Das Papierformat

Im Jahr 1922 legte das Deutsche Institut für Normen (DIN) erstmals standardisierte Werte für das Papierformat fest. Das Verhältnis von Höhe zu Breite ist bei allen Größen gleich. Die größte Größe ist DIN A0. Faltet man dieses Blatt in der Mitte, erhält man die Größe DIN A1, faltet man DIN A1, erhält man DIN A2 usw.

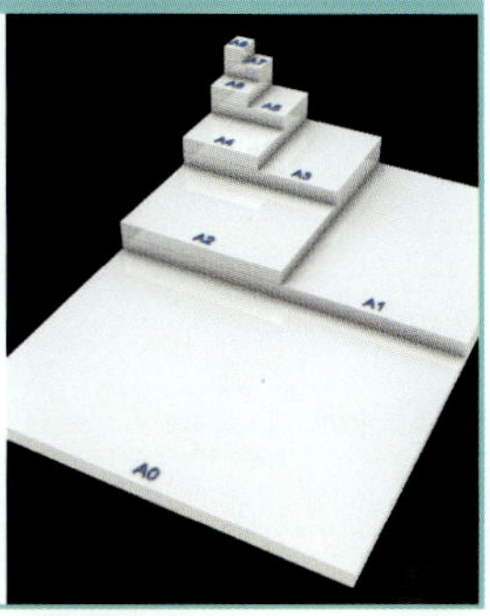

Referate

Ein Referat vor der Klasse ist die beste Vorbereitung für alle Vorträge, die man später im Leben noch halten wird.

In der Grundschule ist das Halten von Referaten fester Bestandteil des Unterrichts. Im Laufe der ersten vier Schuljahre werden die Kinder Schritt für Schritt darauf vorbereitet, vor der Klasse über ein bestimmtes Thema zu referieren. Dabei sollten sie von Anfang an versuchen, frei zu sprechen.

SIEHE AUCH

❮72–73 Mindmaps	
❮74–75 Karteikarten	
Sprechen und Zuhören	86–87❯
Meinungsbildung und Dialogfähigkeit	88–89❯
Texte lesen – Texte verstehen	112–113❯
Sach- und Gebrauchstexte	116–117❯

Zu wissen, wie man **konstruktives Feedback** gibt, ist fürs ganze Leben nützlich.

Angst lähmt den Vortrag

Für manche Kinder bedeutet das Halten von Referaten vor der Klasse eine enorme Überwindung. Die häufigste Angst der Kinder ist, beim Referat ins Stocken zu geraten und nicht mehr weiterzuwissen oder von Mitschülern ausgelacht zu werden.

▷ **Eine Kultur der konstruktiven Kritik**
Gerade bei den ersten Referaten, die die Kinder vor der Klasse halten, ist die Lehrkraft ganz besonders gefordert. Denn hier entscheidet es sich oft, ob Kinder in Zukunft gerne vor der Klasse sprechen oder nicht. Daher ist es unerlässlich, dass in der Klasse eine Kultur der konstruktiven Kritik eingeführt wird. Darauf müssen Lehrkräfte unbedingt achten. Selbstverständlich dürfen die Mitschüler auch mitteilen, was ihnen weniger gefallen hat, aber es ist ganz entscheidend, *wie* das geschieht.

Wie bereite ich ein Referat vor?

In der vierten Klasse dürfen sich Kinder häufig noch aussuchen, über welches Thema sie vor der Klasse sprechen wollen. In diesem Fall empfiehlt es sich, ein Thema zu wählen, das einen entweder ohnehin interessiert oder über das man schon einiges weiß.

Die zehn goldenen Regeln für ein gelungenes Referat	
1	Welches Thema interessiert mich?
2	Passendes Material sammeln (Bücher, Internet)
3	Eine Gliederung erstellen
4	Welche Materialien benötige ich? (Bilder, Gegenstände)
5	Kurze Texte zu den einzelnen Gliederungspunkten schreiben
6	Wichtige Informationen in den kurzen Texten markieren
7	Eine Präsentation überlegen (Plakat, Folien, Bilder)
8	Wichtige Begriffe aus den kurzen Texten auf Karteikarten schreiben
9	Eine kurze Zusammenfassung für die Mitschüler schreiben
10	Referat zu Hause üben

◁ **Herangehensweise**
Diese zehn Schritte helfen, ein Referat gut vorzubereiten. Und mit einem gut vorbereiteten Referat verliert sich in der Regel auch die Angst zu „versagen".

Hier empfiehlt es sich, mit einer Mindmap zu arbeiten! (zu 3)

Auf jeder einzelnen Karteikarte sollten nicht mehr als 5 Schlüsselwörter stehen. (zu 8)

Diese Zusammenfassungen nennt man Handout. (zu 9)

Der Vortrag

Sobald alle Vorbereitungen getroffen sind, das Referat zu Hause mehrfach vor den Eltern oder dem Spiegel gehalten wurde, geht es nun an den eigentlichen Vortrag in der Schule. Werden dabei ein paar wichtige Punkte eingehalten, steht einem erfolgreichen Referat nichts im Wege.

▷ **Vortrag halten**
Ein Fehler, der häufig beim Halten von Referaten gemacht wird, ist, zu schnell oder zu leise zu sprechen. Dies kann durch Üben zu Hause aber gut trainiert werden. Neben einem einleitenden Satz, bei dem auf das Thema hingewiesen wird, sollte der Schüler oder die Schülerin nicht vergessen, auch einen abschließenden Satz zu sagen. Zum Beispiel so: „Das wollte ich euch zu meinem Thema erzählen. Ich hoffe, mein Referat hat euch gefallen. Wenn ihr noch Fragen habt, dürft ihr sie gerne stellen." Es ist kein Beinbruch, wenn ein Kind die Frage eines Mitschülers nicht beantworten kann. „Das kann ich dir leider nicht beantworten", ist eine durchaus legitime Aussage.

- Laut und deutlich sprechen
- Zuhörer anschauen
- Gegenstände oder Folien mit Ruhe zeigen
- Karteikarten nur als Gedächtnisstütze verwenden
- Frei sprechen
- Abschließenden Satz nicht vergessen

Weitere Lernstrategien

Es gibt eine Vielzahl an Lernstrategien, die je nach Interesse zur Unterstützung des Lernens eingesetzt werden können.

SIEHE AUCH
❮ 28–29 So speichert das Gehirn
❮ 52–53 Lernmotivation
❮ 68–69 Regeln für alle Lernmethoden

Auf den folgenden Seiten finden Sie weitere Lernmethoden, die in der Schule erprobt und angewendet wurden. Dabei stellte sich häufig heraus, dass auch innerhalb einer Klasse den Kindern unterschiedliche Methoden geholfen haben.

ABC-Listen

Mithilfe der ABC-Listen werden so viele Informationen wie möglich zu einem Thema gesammelt und aufgeschrieben. Sie funktionieren im Prinzip wie das bekannte Spiel „Stadt-Land-Fluss", nur dass hier andere Begriffe verwendet werden.

Erlaubt ist, **was nützt**!

▷ **ABC-Listen im Unterricht**
Gerade im Fach Heimat- und Sachunterricht haben sich ABC-Listen sowohl zu Beginn eines neuen Themas als auch bei der Wiederholung und zur Vorbereitung auf eine Prüfung sehr bewährt. Diese ABC-Liste sollten die Kinder immer bei sich haben. Jedes Mal, wenn ihnen etwas zum Thema einfällt, können sie es in ihre ABC-Liste eintragen. Selbst wenn es scheinbar sinnlose Wörter wie „gebuchtet" sind, weiß das Kind, dass es sich um die Blattform der Eiche handelt.

In manchen Fällen muss man etwas „schummeln".

INTERESSANT

Vera Birkenbihl

Zurück geht diese Idee auf das von Vera Birkenbihl (1946–2011) entwickelte Wissens-Alphabet©. Sie war Managementtrainerin und Autorin vieler Sachbücher. Einer ihrer Schwerpunkte galt der gehirngerechten Wissensvermittlung durch passende Lernstrategien. Weitere Informationen über sie bietet u. a. die Vera F. Birkenbihl-Akademie (www.birkenbihl-akademie.net).

Power-Zettel

Power-Zettel, besser bekannt als Spickzettel, sind kleine Notizzettel, auf denen Lerninhalte in komprimierter Form zusammengefasst sind. Verwendet man dabei Post-its, so kann man sie überall im Kinderzimmer aufhängen. Es versteht sich von selbst, dass sie nicht zu Leistungskontrollen in die Schule mitgenommen werden dürfen.

▷ **Sinnvoller Einsatz**

Der Vorteil dieses kleinen Lernhelfers ist, dass man sich in jedem Fall intensiv mit dem Lernstoff auseinandersetzen muss, da nicht viel Text auf ein so kleines Format passt. Die Informationen müssen sehr verkürzt aufgeschrieben werden, ohne den eigentlichen Sinn zu verändern. Wird dies gewissenhaft erledigt und der Zettel anschließend sichtbar im Zimmer aufgehängt, wird man immer wieder an den Lernstoff erinnert und wiederholt die Inhalte praktisch im Vorbeigehen.

Eselsbrücken

Um Lerninhalte vor dem Vergessen zu bewahren, erweisen sich Gedächtnishilfen oft als nützlich. Eine dieser Hilfen sind die sogenannten Eselsbrücken. Sie existieren als Reime, als Analogien oder Ähnlichkeiten, als Akronym (dabei werden Wortgruppen auf ihren Anfangsbuchstaben reduziert) oder als (häufig witzige) Regeln. Viele bekannte Eselsbrücken beziehen sich auf die Grammatik und die Rechtschreibung.

Iller, Lech, Isar, Inn fließen rechts der Donau hin,

Altmühl, Naab und Regen kommen ihr von links entgegen.

Aus dem Bereich Geografie

Das s bei „das" muss einsam bleiben, kann man dafür „dieses", „jenes", „welches" schreiben.

Beugt der Verwechslung von Relativpronomen und Konjunktion vor.

Afrikanische Elefanten haben lange Ohren.

Indische Elefanten haben winzige Ohren.

Aufgrund der größeren Hitze in afrikanischen Steppen haben afrikanische Elefanten die größeren Ohren.

Nie ohne Seife waschen.

Mithilfe der Anfangsbuchstaben kann man sich die Reihenfolge der Himmelsrichtungen merken.

△ **Anhaltender Merkeffekt**

Der Vorteil von Eselsbrücken liegt vor allem in ihrer Langlebigkeit. Viele Eltern können sich bestimmt noch an einige Merksprüche aus ihrer Kindheit erinnern. Daher sind sie auch besonders wertvoll, wenngleich sie nur bestimmte Regeln abdecken können. Fällt einem Kind selbst eine Eselsbrücke ein, auch wenn sie noch so abwegig erscheint, sollte sie nicht abgeändert werden.

Gedichte auswendig lernen

Für viele Kinder – und auch Eltern – gehört das Auswendiglernen zu den am wenigsten geliebten Aufgaben in der Schule. Doch es gibt einige Möglichkeiten, wie man sich Gedichte – egal in welcher Länge – gut einprägen kann. Wie bereits an anderer Stelle erwähnt, denkt unser Gehirn am liebsten in Bildern. Diese Eigenschaft kann man sich auch bei Gedichten zunutze machen.

▷ **Tipp 1: Lernen mit Bildern**
Zuerst sollte das Kind das Gedicht leise – nur für sich – mindestens zwei Mal durchlesen. Danach noch ein weiteres Mal laut. Dabei betont es vor allem die Reimwörter. Es schadet nicht, wenn es beim Lesen durch den Raum geht. Im nächsten Schritt malt es zu jeder Strophe eine kurze Szene auf ein Blatt Papier oder auf eine Karteikarte, wie bei einem Comic. Auf diese Weise wird zuerst der Inhalt des Gedichtes erarbeitet. In einem weiteren Schritt können zu den Bildern die jeweiligen Reimwörter dazugeschrieben werden.

▽ **Tipp 3: Wiederholen vor dem Schlafengehen**
In der Nacht verarbeitet unser Gehirn bekanntlich das am Tage Erlebte und Gelernte. Wird das Gedicht, oder auch nur einzelne Strophen, vor dem Schlafengehen noch einmal laut vorgesagt, hat es gute Chancen, sich besser einzuprägen.

▷ **Tipp 2: Mit dem Ende beginnen**
In vielen Fällen können Kinder die ersten Strophen eines Gedichtes sehr gut, aber bei der letzten Strophe kommen sie ins Stottern. Dem kann man vorbeugen, wenn man beim Lernen eines Gedichtes bei den letzten beiden Zeilen beginnt und sich dann immer um weitere zwei Zeilen nach vorne arbeitet.

Lernen im Team

Häufig sind Kinder wenig begeistert, wenn sie zusammen mit ihren Eltern lernen sollen. Aber vielleicht hat Ihr Kind ja Lust, sich mit anderen Kindern aus der Klasse zum gemeinsamen Lernen am Nachmittag zu verabreden?

▷ **Kinder lernen mit Kindern**
Es schadet nicht, wenn Kinder bereits in der Grundschule und vor allem in der vierten Klasse Erfahrungen mit dem „Lernen im Team" auch in ihrer gewohnten Umgebung, dem Kinderzimmer, machen. Als Vorbereitung zur „Lernparty" können die Kinder ihre bereits vorhandenen Karteikarten mitbringen oder sich vorab z. B. zu einem Sachkunde-Thema entsprechende Fragen überlegen. Zu denen sollten sie dann natürlich auch die richtigen Antworten parat haben.

Das Cluster-Verfahren

Das Cluster-Verfahren ist eine Methode der freien Ideenfindung zu einem bestimmten Thema. Sie hat durchaus Ähnlichkeiten mit einer Mindmap, lässt jedoch zu Beginn viel mehr Möglichkeiten zur freien Ideensammlung. Dabei können auch ungewöhnliche Ideen ans Tageslicht befördert werden. Das Cluster-Verfahren arbeitet mit Assoziationen, also mit dem Gedanken: „Was verbinde ich mit diesem Wort?" oder „Was fällt mir dazu ein?"

▷ **Einsatzmöglichkeit in der Schule**
Ein Cluster kann zur Ideenentwicklung beim Schreiben einer Geschichte ebenso verwendet werden wie zum Wiederholen von Themen des Sachkunde-Unterrichts vor einer Prüfung. Dabei schreibt das Kind alle Begriffe, die ihm zum Thema – hier: Wald – einfallen, auf und verbindet sie anschließend sinnvoll miteinander.

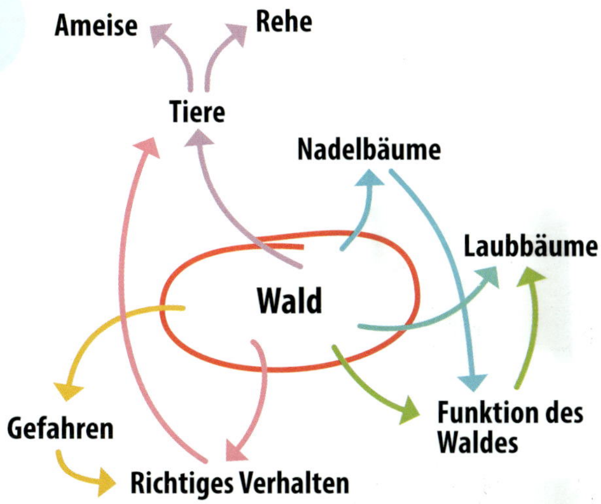

Lernspiele selbst herstellen

Für manche Kinder ist es besonders motivierend, wenn sie zusammen mit ihren Eltern den Lernstoff mit selbst gestalteten Lernspielen lernen oder wiederholen. Am leichtesten lassen sich Brett-Lernspiele selbst gestalten. Dafür benötigt man in den meisten Fällen nur einen Computer, Würfel, Spielfiguren und bereits geschriebene Karteikarten.

▷ **Eigene Spielregeln entwerfen**
Bereits beim Entwerfen der Spielregeln lernt das Kind eine ganze Menge. Denn dabei gilt es, vernetzt zu denken. „Wenn die Spielfigur dort steht, muss diese Frage beantwortet werden." Ein einmal entworfenes, schön gestaltetes Spielfeld kann für nahezu alle Fächer verwendet werden. Aber Achtung: Nicht jeder Spieleabend sollte etwas mit der Schule zu tun haben!

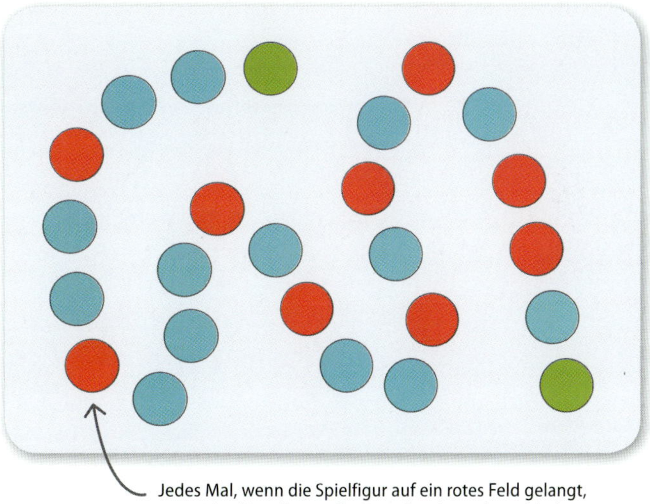

Jedes Mal, wenn die Spielfigur auf ein rotes Feld gelangt, muss eine Karteikarte, die zuvor bereits anderweitig im Einsatz war, beantwortet werden.

2

Deutsch

Die Bedeutung des Faches Deutsch

SIEHE AUCH

‹ **40–41** Der Übertritt und seine Bedeutung
‹ **44–45** Kompetenzerwartungen der weiterführenden Schulen

Dem Fach Deutsch wird bereits in der Grundschule eine Schlüsselposition zugeschrieben.

Unsere Sprache ist die zentrale Voraussetzung für den Austausch von Informationen und damit elementar für jeden Lernprozess. Je geübter ein Kind mit Sprache umgeht, desto leichter fällt es ihm, Informationen zu verarbeiten, Aufgabenstellungen zu verstehen und sich auszudrücken.

„**Sprache** ist der **Schlüssel zur Welt**."
Wilhelm von Humboldt

Anforderungen an das Kind

Im Deutschunterricht geht es im Wesentlichen um den mündlichen und schriftlichen Umgang mit Sprache. Um zu erfahren, welche Fähigkeiten und Fertigkeiten Ihres Kindes im Fach Deutsch bereits vorhanden sind, und ob diese für einen guten Abschluss der Grundschule ausreichen, ist ein Gespräch mit der Klassenlehrkraft bereits in der 3. Klasse sinnvoll. Besprechen Sie, ob eine „externe Unterstützung" notwendig ist und wie diese aussehen könnte, um mögliche Lücken rechtzeitig zu schließen.

Argumentative Fähigkeiten

Um engagiert an einer Diskussion teilnehmen zu können, sollte ein Kind am Ende der 4. Klasse folgende argumentative Fähigkeiten beherrschen: Zuhören, Verstehen und Sprechen.

Grundlegende Fertigkeiten

Selbstständiges Lesen und Schreiben sowie Kenntnisse in Grammatik und Rechtschreibung sind nötig, um an einer weiterführenden Schule motiviert und problemlos durchstarten zu können.

- Es gibt in Deutschland keinen verbindlichen Grundschulwortschatz, aber viele Bundesländer haben eigene Listen der wichtigsten 500–700 Wörter für die Grundschule erstellt.

Das Lehrergepräch

Bereiten Sie das Lehrergespräch gründlich vor. Nehmen Sie sich Zeit und notieren Sie sich vorher Ihre wichtigsten Fragen zu Ihrem Kind im Fach Deutsch. Je präziser Sie nachfragen, desto genauer werden die Einschätzungen der Lehrkraft ausfallen.

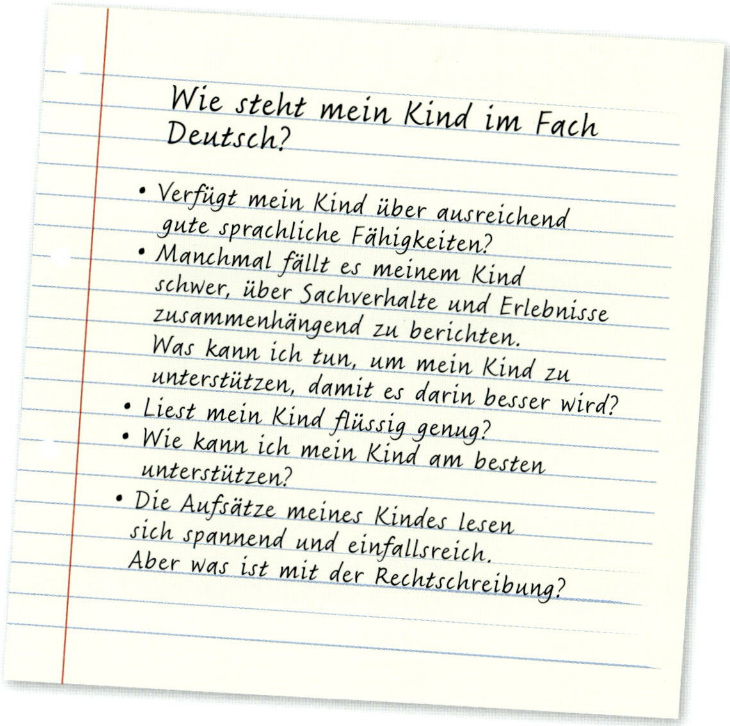

Sprechen und Zuhören

Gutes Kommunizieren will gelernt sein.

SIEHE AUCH
❮ 40–41 Der Übertritt und seine Bedeutung
Meinungsbildung und Dialogfertigkeit 88–89 ❯

Flüssiges Sprechen, eine geschickte Ausdrucks-, sowie eine lebendige Erzählweise zählen zu den Kernkompetenzen, die ein Kind für den Wechsel an eine weiterführende Schule braucht. Der Grundstein für diese elementaren Fähigkeiten wird in den ersten Lebensjahren durch den Kontakt mit Eltern, Geschwistern und Großeltern gelegt und in Kindergarten und Schule verfestigt. Aufmerksames Zuhören ist extrem wichtig und sollte in jeder Familie selbstverständlich sein. Es trainiert das Verständnis für das, was erzählt wurde, und bringt einem Kind argumentative Fähigkeiten bei, mit denen es im schulischen Kontext die richtigen sach- und inhaltsbezogenen Rückmeldungen geben kann.

„**Reden** lernt man durch **reden**." Cicero

Fragesätze

Gezieltes Nachfragen motiviert zur Selbstkorrektur. Gehen Sie dabei überlegt vor. Stellen Sie neutrale Fragen in der Ich-Form.

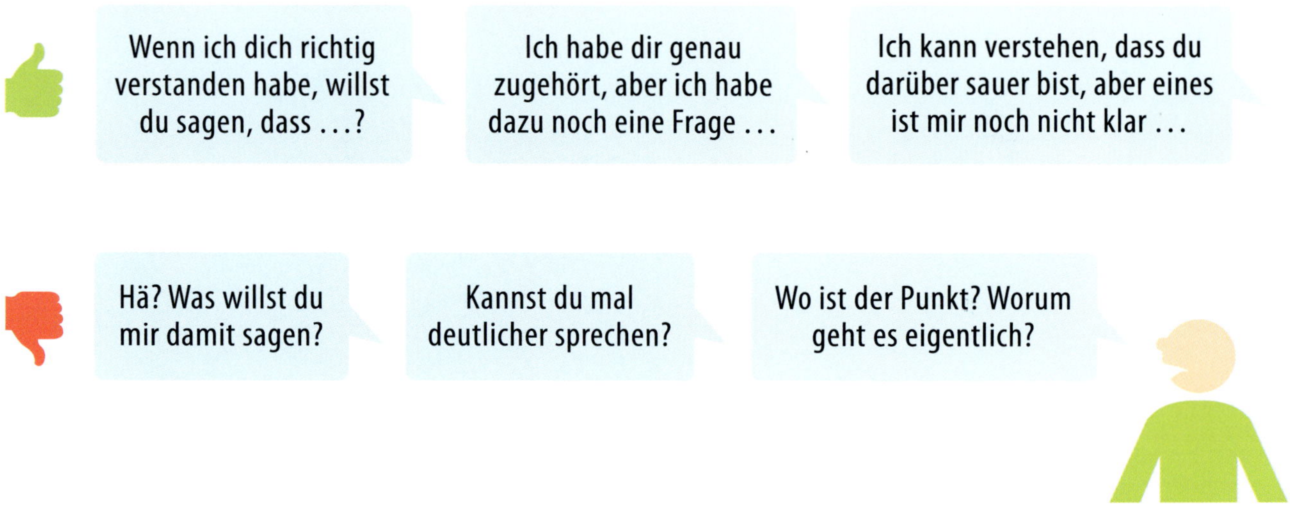

Nicht in Watte packen

Gutes Sprechtraining macht stark, aber es erfordert einen respektvollen Umgang miteinander. Hier die wichtigsten Regeln für ein gutes Gespräch:

Den passenden Ort finden

Achten Sie darauf, dass selbst 5- bis 10-Minuten-Gespräche nicht zwischen Tür und Angel stattfinden. Das gemeinsame Abendessen am Küchentisch bietet eine gute Trainingsmöglichkeit.

Die beste Familienzeit festlegen

Das A und O für eine gute Gesprächsatmosphäre ist, wenn sich alle Familienmitglieder Zeit dafür nehmen. Sollte ein gemeinsames Gespräch unter der Woche nicht möglich sein, verabreden Sie sich fest für das Wochenende! Ein wöchentlicher „Sofatermin" hat noch niemandem geschadet, ganz im Gegenteil: Nähe beflügelt den Gedankenaustausch.

Einen sachlichen Gesprächsbeginn einleiten

Zwei wichtige Fragen vorab ermöglichen einen gelungenen Einstieg: „Wer fängt heute an?" und „Über was möchtest du mit uns sprechen?"

Reden auf Augenhöhe

Achten Sie beim Zuhören (und Sprechen) auf den Augenkontakt mit Ihrem Kind. Das „Ich-nehme-dich-ernst-Signal" macht ihrem Kind Mut, frei zu sprechen.

Klare Nachfragen sorgen für klare Antworten.

Eines ist sicher: Ihr Kind möchte von Ihnen verstanden werden. Fragen Sie nach, wird es reflektieren, was es gesagt hat. Wenn es den Sachverhalt erneut erklärt, übt es, sich noch differenzierter auszudrücken.

Halten Sie sich mit Ihrer persönlichen Meinung zurück.

Es sei denn, Sie werden konkret danach gefragt.

Ausreden lassen

Geben Sie Ihrem Kind genügend Zeit, ein Thema oder ein Problem zu schildern.

Das Gespräch beenden

Geben Sie Ihrem Kind immer ein klares, möglichst positives Feedback.

Zuhören, verstehen und lernen

Ihre Aufmerksamkeit stärkt die Persönlichkeit des Kindes.

Meinungsbildung und Dialogfertigkeit

Sinnvolles Widersprechen schult den Redeprofi.

Diskussionen mit Kindern zu Sachthemen aus unserer Lebenswelt brauchen mitunter ein wenig Vorbereitung. Nutzen Sie die hierfür zur Verfügung stehenden Recherchemittel. Kinderlexika, Sachbücher, Magazine (z. B. aus der Stadtbibliothek), aber auch Hör-CDs und Kindersender (Radiosendungen und Kindernachrichten) oder eine begleitete Internetrecherche bieten eine große Bandbreite an Informationen.

SIEHE AUCH

❮ 86–87 Sprechen und Zuhören	
Sprache analysieren – Die Wortbildung	**100–101 ❯**
Satzbildung – Die Satzarten	**104–105 ❯**
Satzbildung – Satzgefüge und Konjunktionen	**106–107 ❯**
Die Rechtschreibung – Komma & Co.	**110–111 ❯**
Sach- und Gebrauchstexte	**116–117 ❯**

Familienzeit: Diskutieren statt Nachhilfe

Mit Kindern zu diskutieren kann eine Herausforderung sein. Man möchte ihre Wünsche, Bedürfnisse und Meinungen ernst nehmen und sie in ihren Vorstellungen, was sie im Leben erreichen wollen, bestärken.

#Fridaysforfuture – „Wir streiken, bis ihr handelt."

Protestieren und Schule schwänzen – geht's noch?

Mögliche Fragen:
Worum geht es den Klimaschützern?
Welche Forderungen stellen die Kinder und Jugendlichen an die Politiker? Weltweit streiken freitags immer mehr Schüler. Wie wird das an deiner Schule besprochen? Was tun wir in der Familie für den Klimaschutz?

„Rettet die Bienen!" – Das Volk stimmt ab.

Was ein Volksbegehren bewirken kann. „Wenn ich Kanzlerin von Deutschland wäre, dann …"

Mögliche Fragen:
Was ist ein Volksbegehren?
Was bedeutet Artenschutz?
Was weißt du über das große Bienensterben?
Warum fordern die Bienenfreunde mehr ungedüngte Blühwiesen?

„Jedes **Kind** hat das **Recht**, in einer **intakten Umwelt** aufzuwachsen, ein **gesundes Leben** zu führen und **positive Zukunftsperspektiven** zu entwickeln."
Ökologische Kinderrechte, National Coalition, 1999

Familientraining

Na, wie heißen die Wortarten?

a. Der Kater sitzt mittags um zwei auf der Mauer.

b. Anna lebt auf einer kleinen Insel in der Karibik.

c. Meine beste Freundin ist oft lustig.

d. Zweimal in der Woche geht sie reiten.

e. Mein Hund und deine Katze vertragen sich gut.

Funktionswörter

Funktionswörter sind die „kleinen" Wörter eines Satzes. Sie erfüllen hauptsächlich eine grammatische Funktion. Als Bindemittel eines Satzes sind sie nötig, um die Inhaltswörter miteinander zu sinnvollen Aussagen zu verbinden.

Pronomen (persönliche, besitzanzeigende oder hinweisende Fürwörter)

sind Stellvertreter für Nomen.

Beispiele:
ich, sie, mein, dein, dieser, diese

Artikelwörter (Begleiter)

zeigen die grammatischen Eigenschaften von Nomen an. Man unterscheidet zwischen dem bestimmten und unbestimmten Artikel.

Beispiele:
der, die, das; ein, eine, ein, einige

Numerale (Zahlenwörter)

geben die Zahl oder Menge von Dingen oder Sachverhalten an.

Beispiele:
zwei, ein Viertel, der Zweite, dreimal

Präpositionen (Verhältniswörter)

treten in Beziehung mit einem anderen Wort auf.

Beispiele:
zu, in, auf, um, mit

Konjunktionen (Bindewörter)

verbinden Wörter, Wortgruppen oder Sätze.

Beispiele:
wenn, und, weil, oder, aber, doch, dass, als, wie

Das Nomen

Nomen kennzeichnen Lebewesen, Gegenstände, Gefühle und Gedanken.

SIEHE AUCH
❮ 40–41 Der Übertritt und seine Bedeutung
❮ 90–91 Grammatik
Sach- und Gebrauchstexte 116–117 ❯

Nomen, die etwas benennen, das sichtbar, hörbar oder anfassbar ist, bezeichnet man als Konkreta. Nomen, die Nichtgegenständliches wie Gedanken, Vorstellungen und Gefühle bezeichnen, nennt man Abstrakta. Man erkennt Nomen an der Großschreibung, am Artikelwort und daran, dass sie im Singular (Einzahl) oder Plural (Mehrzahl) stehen. Nomen können durch Pronomen ersetzt werden. Die Rolle, die ein Nomen im Satz einnimmt, wird durch vier Fälle (Kasus) angezeigt. Nomen können mit anderen Wortarten zu neuen Nomen zusammengesetzt oder abgeleitet werden. Nomen bilden die größte und wichtigste Wortart.

Training für Unterwegs: Konkreta und Abstrakta

Der Familienausflug, ein gemeinsamer Tag am See oder in den Bergen bietet die Möglichkeit, sich entspannt über Lebewesen, Gegenstände, Gefühle und Gedanken auszutauschen.

Welche Lebewesen sind zu sehen oder vielleicht nur zu hören?

das Kind, die Biene, die Blume, der Baum

Welche Gegenstände haben Sie dabei?

das Buch, der Rucksack, die Badehose

Und über was wird gesprochen (Abstrakta)?

der Spaß, die Musik, das Glück, die Zukunft

Wer nimmt überhaupt an dem Ausflug teil?

Max, Lisa, Papa, Mama

• Eigennamen wie Max, Marburg, Neckar, Italien, Sammelnamen wie Insekten, Obst, Spielzeug oder Stoffnamen wie Wasser, Erde, Sand gehören auch mit zu den Konkreta.

Training für den Supermarkt

Der Kühlschrank ist leer. Schreiben Sie einen Einkaufszettel. Verwenden Sie dabei nur Großbuchstaben. Bitten Sie Ihr Kind, die Nomen zu unterstreichen.

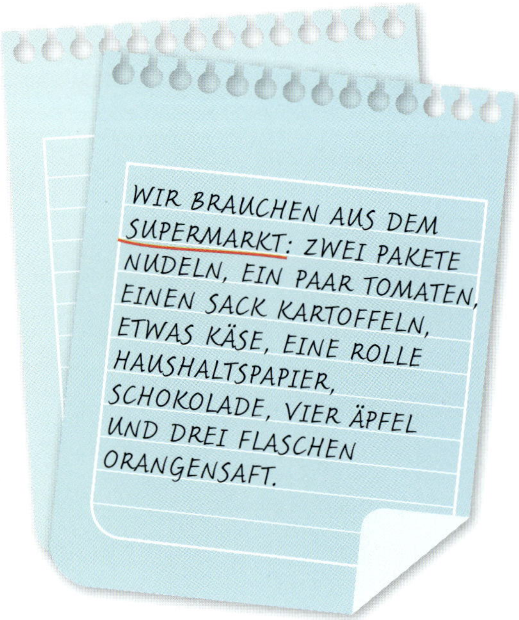

Familienquiz – Singular oder Plural?

Für welches Nomen gibt es keine Mehrzahlform?

die Katze · die Musik · die Freude · das Wetter · die Wolke · das Pferd · der Witz · die Wut · der Saft · das Obst

Jetzt andersherum: Für welches Nomen gibt es keine Einzahlform?

die Brüder · die Alpen · die Geschwister · die Ferien · die Helden · die Bücher · die Eltern · die Leute · die Schwimmbäder

Die vier Fälle – Training mit dem Haustier

Hier geht es um den Hamster. Oder um das Pferd. Und weil die vier Fälle nicht schwer zu bestimmen sind, könnte Ihr Kind doch noch schnell die Nomen durch passende Personalpronomen ersetzen.

1. Fall (Nominativ)	Der Hamster schläft. Er schläft.	Das Pferd steht im Stall. Es
2. Fall (Genitiv)	Das Häuschen .... ist leer.	Die Box .... ist leer. ......
3. Fall (Dativ)	Anna gibt .... ein Stück Karotte.	Ben gibt ...... einen Apfel. ......
4. Fall (Akkusativ)	Max füttert .... Hamster.	Lisa putzt .... Pferd. ....

Hier müssen Experten ran! Ein Oberbegriff: Welche Nomen passen dazu?

Kniffelfrage: Aus welchen Wortarten sind diese Nomen zusammengesetzt?

Honig | Topf

Bunt | Specht

Bade | Hose

Leseratte
Wildbiene
Waldameise
Buchtitel

Ladekabel
Blaubeeren
Suchmaschine
Feldhamster

Das Verb

SIEHE AUCH
❮ 40–41 Der Übertritt und seine Bedeutung
❮ 90–91 Grammatik
Sach- und Gebrauchstexte 116–117 ❯

Verben bezeichnen Tätigkeiten, Vorgänge oder Zustände.

Verben können sehr viel. Sie sorgen dafür, dass ein Satz vollständig ist, und bilden das Prädikat, die Satzaussage. Verben sind – im Gegensatz zu anderen Wortarten – flektierbar, d. h. sie verändern ihre grammatische Form. Manche Verben sind trennbar, andere nicht. Verben treten selten in ihrer Grundform (Infinitiv), meistens jedoch in ihrer konjugierten (gebeugten) Form auf. Verben geben auch das Tempus, die Zeitstufe an. Zum Grundschulwissen gehören Präsens (Gegenwart), Präteritum (1. Vergangenheit), Perfekt (2. Vergangenheit) und Futur (Zukunft). Verben werden immer kleingeschrieben.

▽ **Die drei Funktionen des Verbs:** Das Verb beschreibt eine Tätigkeit, gibt die Zeit an, in der etwas passiert, und bestimmt die handelnde Person.

Zwei-Minuten-Schnelltest: Wann ist ein Wort ein Verb?

Drei Beweise schaffen Klarheit.

Übungssätze:

Der Biber ernährt sich vegetarisch.
Neben Zweigen und Knospen frisst er auch Maiskolben und Früchte.
Biber sind begabte Holzfäller.
Der Biber lebt mit seiner Familie im Biberbau am Bach.

Bei Gefahr klatscht der Biber mit seiner Kelle laut auf das Wasser.

Er klatscht. ← Was tut er/sie?

klatschen ← Wie heißt die Grundform?

klatschte ✓ ← Gibt es eine Zeitform?

Kurztrip übers Wochenende

Es gibt noch viel zu erledigen. Schreiben Sie Ihrem Kind eine To-do-Liste in Großbuchstaben. Wo sind die Verben?

KOFFER PACKEN
HAMSTERKÄFIG PUTZEN
FAHRKARTE KAUFEN
PÜNKTLICH AM BAHNSTEIG SEIN
ZUM ZUG RENNEN

Meistertraining – Die Personalformen von Verben

Die Personalformen der Verben müssen sitzen. Hier hilft nur üben, üben, üben! Fordern Sie Ihr Kind auf, die Personalformen von „klatschen", „fressen" und „leben" zu bilden. Und zwar im Singular (Einzahl) und im Plural (Mehrzahl).

	Einzahl	Mehrzahl
1. Person	ich	wir
2. Person	du	ihr
3. Person	er / sie / es	sie

Welche Zeitform wird in den Übungssätzen zum Biber verwendet? Richtig: Präsens (Gegenwart) !

Die wichtigsten Zeitformen

früher ⟵ jetzt ⟶ später

Das Präsens (Gegenwartsform) zeigt an, dass etwas jetzt gerade geschieht:

Ich lache.

Die 1.Vergangenheitsform (Präteritum) drückt aus, dass etwas vorbei ist:

Ich lachte.

Verben der 1.Vergangenheit bildet man in der Regel mit

-te/-test/-ten/-tet

Die 2. Vergangenheitsform (Perfekt) benutzt man z. B., wenn man über etwas Vergangenes spricht. Sie ist eine zusammengesetzte Zeitform und wird mit der Hilfsverben *haben* und *sein* gebildet:

Ich habe gelacht.

Die Zukunft (Futur) sagt aus, dass etwas noch geschehen wird. Es ist auch eine zusammengesetzte Zeitform und wird mit dem Hilfsverb *werden* und der Grundform des Verbs gebildet:

Ich werde lesen.

Teamrallye – Die vier Zeitstufen

Auf los geht's los: Trage die Zeitformen in die richtige Rubrik ein!
Richten Sie auf einem Blatt Papier nebeneinander folgende Rubriken ein:

• Bilden Sie gleich starke Teams. Wenn das nicht möglich ist: Überlegen Sie, ob die Kinder je nach Alter und Können einen kleinen Zeitvorsprung brauchen.

Tragen Sie die vorgeschlagenen Wortgruppen ein.

Gegenwart	1. Vergangenheit	2. Vergangenheit	Zukunft
sie will			

er wird ausziehen · wir rennen · sie kletterte · er bastelt · sie wird schaukeln · ich habe geturnt · du bist gekommen · sie werden verreisen · ~~sie will~~ · sie haben gelesen · es schneite

Schreibtraining in drei Zeitformen

Formuliere diesen Satz aus dem Präsens um: Die Musiker nehmen ihre Plätze ein und stimmen ihre Instrumente.

1. Vergangenheit ....

2. Vergangenheit ....

Zukunft ....

Das Adjektiv

Adjektive bezeichnen Merkmale von Personen, Lebewesen und Gegenständen.

SIEHE AUCH
❮ 90–91 Grammatik
❮ 92–93 Das Nomen
❮ 94–95 Das Verb
Sach- und Gebrauchstexte 116–117 ❯

Das Adjektiv ist eine Wortart, die angibt, wie Menschen, Tiere oder Pflanzen beschaffen sind und welche Eigenschaften sie haben. Der Gebrauch von Adjektiven ermöglicht eine genaue Ausdrucksweise, um etwas zu verdeutlichen oder zu bewerten. Adjektive werden gesteigert, um Lebewesen oder Dinge voneinander zu unterscheiden oder miteinander zu vergleichen.

Training für Unterwegs – Was siehst du?

Ob am See, in den Bergen, im Fußballstadion oder im Naturkundemuseum: Zu sehen gibt es immer viel. Fordern Sie Ihr Kind auf, Menschen, Tiere oder Gegenstände miteinander zu vergleichen. Achten Sie dabei auf die korrekte Verwendung von „als" und „wie".

Das Fußballfeld ist größer .... ein Tennisplatz. Der Mann ist so groß .... Papa.

Die Frau ist so hübsch .... Mama. Der Adler ist größer .... der Bussard.

Schnellcheck für Zwischendurch – Die Bildung von Adjektiven

etwa 3 Minuten

Um aus Nomen sinnvolle Adjektive zu bilden, verwendet man die Endungen *-ig*, *-lich* und *-isch*. Trainingsbeispiele:

Ruhe Glück Sommer Regen Laune Neid Freund Ordnung Fleiß Sport Geiz Herz

Fragerunde: Wie heißt die richtige Endung der Adjektive?

etwa 2 Minuten

(gefährlich)	das *gefährliche*	Raubtier	(angriffslustig)	das	Wildschwein
(freundlich)	der	Eisverkäufer	(scheu)	ein	Reh
(laut)	das	Gebrüll	(stachelig)	der	Kaktus
(warm)	ein	Bad	(mutig)	ein	Mitschüler
(kalt)	eine	Limo	(schnell)	ein	Sportler

Umfrage: Gibt es Adjektive, die man nicht steigern kann?

blau fertig nackt groß rosa hart blöd blind leer stumm voll bunt nett hoch

Zusammengesetzte Adjektive

Zu welcher Wortart gehört der erste Teil? Nomen, Verb oder Adjektiv?

streitsüchtig, dunkelblau, butterweich, hellwach, felsenfest, schneeweiß, hartherzig, steinreich, blutjung, blitzsauber, zuckersüß, feuerrot

Welche Adjektive passen?

Lesen Sie gemeinsam. Manchmal sind mehrere Antworten möglich.

Einsatz für das Adjektiv

Form und Bildung – Die wichtigsten Regeln:

- Adjektive werden in der Regel dekliniert (gebeugt).
- Sind sie mit einem Nomen/Substantiv verbunden, richtet sich ihre Form nach dessen Genus (Geschlecht), Numerus (Zahl) und Kasus (Fall) aus.
- Die Steigerungsstufen heißen Positiv (Grundstufe), Komparativ (1. Vergleichsstufe) und Superlativ (2. Vergleichsstufe).
- Die erste Vergleichsstufe wird mit *-er* und die zweite mit *-st* gebildet.
- Nach der Grundstufe steht immer „wie", nach der 1. Vergleichsstufe immer „als".
- Adjektive werden kleingeschrieben.

Auf der Faschingsparty waren viele tapfere/lustige/schlaue Schüler. Die meisten hatten hässliche/einfache/tolle Kostüme an. Tom ging als raufllustiger/langweiliger/hungriger Wikinger. Er trug einen dunklen/bunten/grünen Helm mit Hörnern. Statt Strümpfe hatte er sich die zarten/weichen/harten Babyfelle seiner Zwillingsschwestern um die Waden gebunden. Emma kam als müde/aufregende/langweilige Piratin. Ihr selbstgemachtes Kostüm fanden alle elegant/hässlich/schön.

Die Präposition

Die Präposition gibt an, in welchem Verhältnis Personen, Dinge oder Sachverhalte zueinander stehen.

SIEHE AUCH
❮ 90–91 Grammatik
❮ 92–93 Das Nomen
❮ 94–95 Das Verb
Sach- und Gebrauchstexte 116–117 ❯

Präpositionen beziehen sich meistens auf Nomen. Sie drücken lokale (örtliche), temporale (zeitliche), modale (Art und Weise) und kausale (Grund) Verhältnisse aus. Präpositionen sind nicht deklinierbar, d. h. sie verändern ihre Form nicht. Präpositionen bestimmen jedoch den Kasus (Fall) der nachfolgenden Wörter (Nomen/Substantiv oder Pronomen).

Präpositionen – Fragewörter und Beispiele

Lokal (Ort/Richtung):
wo? wohin? woher? – auf, aus, in, ab, an, neben, vor, hinter, über, unter, zu, bei

Temporal (Zeit):
wann? – in, ab, um, bis, über, vor, während, zwischen

Kausal (Grund):
warum? wozu? – wegen, trotz, durch

Modal (Art und Weise):
wie? – mit, ohne, zu, aus, für

Präpositionen und Kasus

Genitiv (2. Fall):
trotz, während, wegen

Dativ (3. Fall):
auf dem, hinter dem, neben mir, zwischen den, vor der

Akkusativ (4. Fall):
gegen, für, um, durch, ohne

Sonderfälle

Bei Wechselpräpositionen, die einen Ort oder eine Lage beschreiben, werden verschiedene Kasus gefordert.

Frage: Wohin? (Akkusativ)
Er stellt den Rucksack unter den Tisch.

Frage: Wo? (Dativ)
Neben mir ist auch noch Platz!

Präpositionen können mit dem Artikel verschmelzen

Sie geht zum Bäcker – zu dem

Stell dein Fahrrad hinters Haus – hinter das

Sprechtraining: Die Zirkusvorstellung

Lassen Sie sich beschreiben, was Ihr Kind dort sieht. Achten Sie darauf, dass es die richtigen Präpositionen anwendet.

Der Affe fährt auf dem Fahrrad.

Der Clown versteckt sich hinter dem Vorhang.

Der Löwe springt durch den Reifen.

△ Alternative Themen: ein Tag im Zoo, ein Nachmittag auf dem Spielplatz

Schreibtraining – Eine Nachricht hinterlassen

Achten Sie auf den richtigen Gebrauch der Präpositionen. Folgende Informationen sollte die Nachricht enthalten:

Wohin gehe ich?
Wann treffe ich mich?
Mit wem bin ich verabredet? Wie komme ich dorthin?

Wo verstecken sich die Präpositionen?

Lesen Sie gemeinsam.

Die Biberkinder leben in einem verwunschenen Auwald. Wenn sie am frühen Abend aus ihrem Bau kommen, der hinter einem mächtigen Damm liegt, schwimmen sie erst mal über den See. Gegenüber, am anderen Ufer, finden sie zwischen wenig schmackhaften Gräsern viele köstliche Wasserpflanzen.

Familienkonferenz zum Thema Mülltrennung

Achten Sie darauf, dass alle Gesprächsteilnehmer die richtigen Präpositionen verwenden!

Mehrwegflaschen gehören nicht .... Glascontainer. Essensreste wie Salat, Kartoffelschalen gehören .... Biomüll. Zeitungen, Zeitschriften und Papier werden .... Papiertonne gesammelt. Batterien kann man .... Drogeriemarkt abgeben. Plastikverpackungen ....

Auch in Gedichten verstecken sich Präpositionen.

Lesen Sie und suchen Sie gemeinsam!

Schnecken

Rötlich dämmert es im Westen,
Und der laute Tag verklingt,
Nur, dass auf den höchsten Ästen
Lieblich noch die Drossel singt.
Jetzt in dichtbelaubten Hecken,
Wo es still verborgen blieb,
Rüstet sich das Volk der Schnecken
Für den nächtlichen Betrieb.
Tastend streckt sich ihr Gehörne.
Schwach nur ist das Augenlicht.
Dennoch schon aus weiter Ferne
Wittern sie ihr Leibgericht.
Schleimig, säumig, aber stete,
Immer auf dem nächsten Pfad,
Finden sie die Gartenbeete
Mit dem schönsten Kopfsalat ...

(Wilhelm Busch – Auszug aus „Die Schnecken")

Sprache analysieren – Die Wortbildung

SIEHE AUCH
❮ 86–87 Sprechen und Zuhören
Sach- und Gebrauchstexte 116–117 ❯
Erzählende Texte 120–121 ❯

In allen Sprachen werden fortlaufend neue Wörter gebildet.

Setzt man ein Grund- mit einem Bestimmungswort zusammen (Komposition) oder leitet es mit einer Vor- oder Nachsilbe (Präfix oder Suffix) ab, entsteht ein neues Wort. Wortfamilien umfassen Wörter, die denselben Wortstamm haben. Wortfelder wiederum beinhalten sinnverwandte Wörter (Synonyme). Zur Wortbildung gehören in der deutschen Sprache auch Wortkürzungen.

Zusammensetzung verschiedener Wortarten

! Die Wortart wird immer durch das Grundwort bestimmt.
Wenn bei Zusammensetzungen das Bestimmungswort und Grundwort aneinandergereiht werden, kommt manchmal ein Fugenzeichen, hier ein „s“ bei „Mittagsschlaf“ zum Einsatz. Bei Zusammensetzungen können Buchstaben aber auch wegfallen, hier das „n“ bei „Lästermaul“.

Ableitung

mit Vorsilben (Präfix)

Nomen: **Ur** + **Wald** = **Urwald**

Verb: **an** + **spielen** = **anspielen**

Adjektiv: **ur** + **alt** = **uralt**

mit Nachsilben (Suffix)

Nomen: **Freund** + **in** = **Freundin**

Verb ⟶ Adjektiv: **beweg** + **lich** = **beweglich**

Nomen ⟶ Adjektiv: **Freund** + **lich** = **freundlich**

! Bei Ableitungen steht der Wortstamm immer im Mittelpunkt.

Wortkürzung

Unbekanntes **F**lug**o**bjekt = **UFO**

Schieds**ri**chter = **Schiri**

Direktor = **Direx**

Regen und Sonne

5 Minuten

Suchen Sie gemeinsam nach zusammengesetzten Wörtern und nach Wörtern, die vom jeweiligen Wortstamm abgeleitet werden, z. B. „Regentag" oder „sonnig".

Puzzle-Training

Was passt zusammen? Um welche Wortarten handelt es sich?

die Karte, der Hund, leicht, das Kind, spielen, eis, das Tor, schlafen, das Haus, kalt, der Monat, müde, das Spiel, stark, weiter, Gegen, durch, der Garten, der Bär, die Konsole

! Manchmal müssen bei der Wortbildung Fugenzeichen eingefügt werden.

Finde sechs Wörter mit dem Wortstamm „lesen".

Welche Wörter gehören zur Wortfamilie „gehen"?

Wie heißen die sinnverwandten Wörter (Synonyme) zum Wortfeld „sagen"?

BEGRIFFE

Wortstamm: unveränderlicher Teil eines Wortes, z. B. Lesen, lesbar (Wortstamm: les-). An einen Wortstamm lassen sich Wortbausteine anhängen.

Wortfamilie: Gruppe von Wörtern mit gleichem Wortstamm, z. B. Lernaufgabe, Lerntraining, lernbar, erlernbar – Wortstamm: lernen

Satzbildung – Die Satzglieder

SIEHE AUCH
❮ 90–91 Grammatik

Ein Satz besteht aus einzelnen grammatisch geordneten Wörtern.

Die verschiedenen Bausteine eines Satzes werden als Satzglieder bezeichnet. Satzglieder können aus einzelnen Worten oder Wortgruppen bestehen. Man kann sie umstellen oder verschieben. Jeder Satz braucht ein Subjekt (Satzgegenstand), ein Prädikat (Satzaussage), aber nicht unbedingt Objekte (Satzergänzungen). Es gibt vier Satzarten, die verschiedene Absichten ausdrücken. Das sind der Aussagesatz, der Fragesatz, der Aufforderungssatz und der Ausrufesatz.

Das Subjekt ist flexibel einsetzbar

- fragt im Satz nach „Wer? oder „Was?“
- kann im Satz an verschiedenen Stellen stehen
- bildet zusammen mit dem Prädikat (und oft auch mit dem Objekt) einen vollständigen Satz
- kann ein Nomen/Substantiv, Pronomen, ein Infinitiv oder Nebensatz sein
- steht im Nominativ (1. Fall)

Das Prädikat – der Bestimmer des Satzes

- gibt Antworten auf die Fragen „Was tut jemand? oder „Was geschieht?“
- wird immer mit einem Verb gebildet
- stimmt in Person und Numerus mit dem Subjekt überein
- steht im Satz meist an zweiter Stelle
- kann mehrteilig sein, eine Satzklammer bilden (Tempus, trennbare Verben)
- bestimmt die Notwendigkeit von Objekten im Satz

Jedes Kind kennt den markanten

SUBJEKT — PRÄDIKAT — AKKUSATIV-OBJEKT

Das Objekt gibt weitere Auskünfte

- ergänzt als weiteres Satzglied das Subjekt und Prädikat
- zu einem Satz können auch mehrere Objekte gehören
- Objekte können im Genitiv („wessen?“), Dativ („wem?“) oder Akkusativ („wen?“ „was?“) stehen

Die Umstellprobe für zwischendurch – Satzglieder machen Sinn.

Die Fledermaus fängt im April viele Insekten.
Im April fängt die Fledermaus viele Insekten.
Viele Insekten fängt die Fledermaus im April.
Die Fledermaus fängt viele Insekten im April.
Viele Insekten fängt im April die Fledermaus.

Stellen Sie gemeinsam die Satzglieder um.

Theo putzt heute seine schmutzigen Fußballschuhe.
Lina bastelt ihrer Freundin ein buntes Armband.

Schauen Sie sich gemeinsam an, was die Kinder sagen.

Um welche Satzarten handelt es sich? Und welches sind die passenden Satzzeichen?

Ruf des Kuckuck-Männchens.

GENITIV-OBJEKT

Selbst „Fritzchen“ spricht in ganzen Sätzen!

Kicherrunde: Bestimmen Sie gemeinsam die Satzglieder. Wie viele Satzglieder haben die einzelnen Witze?

Sagt der Hase zum Schneemann: „Möhre her oder ich föhn dich.“
Welchen Spruch hört der Hai am liebsten? „Mann über Bord!“
Warum summen Bienen? Weil sie den Text vergessen haben.
„Ab ins Brettchen!“, ruft die Holzwurmmutter.

Satzbildung – Die Satzarten

SIEHE AUCH
❮ 86–87 Sprechen und Zuhören
❮ 90–91 Grammatik

Man unterscheidet vier Satzarten.

Dazu gehören der Aussagesatz, der Fragesatz, der Aufforderungssatz und der Ausrufesatz. Je nach Verwendungszweck und grammatischer Form drückt man mit den vier Satzarten unterschiedliche Absichten wie z. B. erzählen, fragen, mitteilen, bitten, rufen oder auffordern aus. Die jeweilige Satzart erkennt man an ihrem Satzzeichen und an ihrer Betonung.

Der Aussagesatz

- teilt einen Sachverhalt mit
- verlangt nach der konjugierten Verbform an zweiter Stelle
- endet mit einem Punkt

Leo backt gerne Pizza.

Der Fragesatz

- zielt darauf ab, etwas Unbekanntes zu erfahren
- wird durch Fragewörter eingeleitet
- verlangt nach der konjugierten Verbform an erster oder zweiter Stelle
- endet mit einem Fragezeichen

Magst du Pizza?
Wer will ein Stück Pizza?

Der Ausrufesatz

- drückt Verwunderung oder Bewunderung für jemanden oder etwas aus
- beinhaltet einen Ausruf
- endet immer mit einem Ausrufezeichen

Das ist aber eine leckere Pizza!

Der Aufforderungssatz

- spricht Personen direkt an
- drückt einen Wunsch, Befehl oder eine Aufforderung aus
- verlangt nach dem Verb im Imperativ (Befehlsform) an erster Stelle
- verlangt nach dem Verb im Infinitiv am Satzende, wenn Personen nicht direkt angesprochen werden
- endet meistens mit einem Ausrufezeichen

Gib mir ein Stück Pizza!

Fragefürwörter – W-Fragen

- werden dekliniert (gebeugt)
- sind Stellvertreter oder Begleiter eines Nomens
- stehen für eine Person oder Sache

Wer? Welche? Wessen? Wem? Wen?

Frageumstandswörter – W-Fragen

- verändern ihre Form nicht
- setzt man bei Fragen nach dem Ort, der Zeit, dem Grund oder der Art und Weise ein
- verlangen häufig nach einer Präposition

Womit? Wann? Woraus? Wo? Wie viel? Wie oft? Wohin? Woher?

Familienkonferenz – Die vier Satzarten

Übung 1: Wo geht's hin im Urlaub? Sammeln Sie Wünsche und Ideen.
Trainieren Sie gemeinsam die vier Satzarten.

**Nein, nicht schon wieder in die Berge! Können wir mal wieder ans Meer fahren?
Ich verreise mit Max und Emma. Wir fahren nach Italien.**

Übung 2: Neue Sätze bilden. Einer sagt einen Satz, der andere stellt ihn um. Der Dritte macht daraus eine neue Satzart.

**Tim und Tina laufen auf den Sportplatz. Mist, das Wetter schlägt um!
Regnet es schon? Im Schwimmbad ist heute ein Wettkampf.**

Das Sprechtraining der W-Fragen

Thema: Haustier, der Leihhund, Nachbars Katze

**Wer kümmert sich um ....?
Wie lange soll der Hund Gassi gehen?
Wie oft muss das Katzenklo gesäubert werden?
Wann bekommt das Tier sein Fressen?
Wer kümmert sich, wenn die Besitzer verreisen?
Warum werden so viele Tiere in den Ferien ausgesetzt?
Womit spielen Katzen gerne?
Warum müssen Tiere geimpft werden?**

Das Sprechtraining der Entscheidungsfragen (Ja/Nein)

**Beispielfragen rund ums Essen: Magst du Käse? Trinkst du gerne Tee? Möchtest du Salat?
Kennst du ein gutes Pizzarezept? Hast du ein Lieblingsgericht? Gibt es heute Nudeln?**

Satzbildung – Satzgefüge und Konjunktionen

SIEHE AUCH
❮ 86–87 Sprechen und Zuhören
❮ 90–91 Grammatik
Sach- und Gebrauchstexte 116–117 ❯

Ein Satzgefüge besteht aus einem Hauptsatz und einem Nebensatz.

Der Hauptsatz ist unabhängig. Er kann durch weitere Satzglieder ergänzt werden. Ein zusammengesetzter Satz kann aus zwei Hauptsätzen oder aus einem Haupt- und einem Nebensatz bestehen. Der Nebensatz braucht einen übergeordneten Hauptsatz. Sonst ergibt er keinen Sinn. Der Nebensatz wird durch eine Konjunktion (Bindewort) mit dem Hauptsatz verknüpft.

HAUPTSATZ
Julia übt Geige.

HAUPTSATZ
Julia übt Geige **und** HAUPTSATZ ihre Freundin backt Muffins.

HAUPTSATZ
Julia übt Geige, **während** NEBENSATZ ihre Freundin Muffins backt.

Der Hauptsatz

- ist selbstständig, braucht keinen Nebensatz
- besteht aus mindestens einem Subjekt und Prädikat
- kann durch weitere Satzglieder zusammengesetzt bzw. ergänzt werden
- verlangt nach einer konjugierten Verbform (meist an zweiter Stelle)
- kann ein Fragesatz, Aufforderungssatz, Aussagesatz oder Ausrufesatz sein

Der Nebensatz

- ist dem Hauptsatz untergeordnet
- ergibt nur Sinn, wenn er mit dem Hauptsatz zu einem Satzgefüge verknüpft wird
- besteht aus mindestens einem Subjekt und Prädikat
- wird vom Hauptsatz durch ein Komma getrennt
- verlangt nach der konjugierten Verbform am Satzende

Der Relativsatz

- ist eine Form des Nebensatzes
- wird mit einem Relativpronomen (der, die, das) eingeleitet

Das Relativpronomen

- bezieht sich auf ein Wort aus dem Hauptsatz
- wird wie der bestimmte Artikel dekliniert
- bringt häufig eine Präposition mit

der, die, das, neben der, deren, dem, mit denen, auf den, unter dem, welcher, welche, welches

Die Konjunktionen (Bindewörter)

leiten einen Nebensatz ein, in dem

- ein Ort oder eine Richtung angezeigt wird
- ein bestimmter Zeitpunkt vorkommt
- ein Grund, eine Ursache oder Auskunft gegeben wird
- die Art und Weise, wie etwas geschieht, beschrieben wird
- ein Zweck, eine Absicht oder eine Folge angegeben wird
- eine Bedingung geäußert wird

wo, seit, weil, indem, obwohl, damit, wenn, während, bevor, da, wie, dass, falls, sofern

Schnelles Weiterdenken – Training von Haupt- und Nebensatz

Jakob sitzt in seinem Baumhaus.
Jakob sitzt in seinem Baumhaus, wo … , weil … , obwohl …, wenn …

Teamtraining Konjunktionen

Suchen und bestimmen Sie gemeinsam die passenden Bindewörter!

Jakob sitzt in seinem Baumhaus, ... das Wetter heute schön ist. Endlich hat er seine Ruhe .... kann ungestört Musik hören. Er hat seine Kopfhörer auf .... bekommt nicht mit, ... sich sein kleiner Bruder weh tut. Das Geschrei ist groß, ... sich sein kleiner Bruder die Knie aufgeschlagen hat.

obwohl
weil
und
wie
und

Teamtraining Relativsatz

Suchen und bestimmen Sie gemeinsam die passenden Relativpronomen oder Konjunktionen und verbinden Sie die beiden Sätze zu einem.

a. **Dort stehen Schulkinder. Sie warten auf den Bücherbus.**
b. **Ein Junge sitzt im Baumhaus. Er kommt nicht runter.**
c. **Das Mädchen geht in meine Klasse. Sie reitet gern.**

Die Rechtschreibung – Regeln und Strategien

SIEHE AUCH
❮44–45 Kompetenzerwartungen der weiterführenden Schulen
❮56–57 Heftführung
❮84–85 Die Bedeutung des Faches Deutsch
❮86–87 Sprechen und Zuhören
Sach- und Gebrauchstexte 116–117❯

Gute Kenntnisse der Rechtschreibregeln sind das Tüpfelchen auf dem „i“.

Das richtige Schreiben von Wörtern und die korrekte Anwendung der Satzzeichen unterteilen Sätze in Sinneinheiten und machen sie dadurch übersichtlich. Am Ende der Grundschulzeit sollte ein Kind die Groß- und Kleinschreibung beherrschen, kurze wie lange Vokale und gleichklingende Konsonanten unterscheiden und schreiben, sowie die wichtigsten Regeln der Zeichensetzung richtig anwenden können.

Groß- und Kleinschreibung

Großgeschrieben werden

- Nomen, z. B. Namen, Dinge, Lebewesen, abstrakte Nomen (der Spaß)
- der Satzanfang oder eine Überschrift
- höfliche Anredepronomen
- Verben und Adjektive, wenn sie als Nomen gebraucht werden
- Adjektive, die nach den Wörtern alles, nichts, einiges, viel und wenig stehen

! Wortbausteine wie **-keit, -heit, -nis, -schaft, -ung, -tum** weisen auf ein Nomen hin.

Kleingeschrieben werden

- Verben in Verbindung mit ihrer Personal- und Zeitform
- Adjektive, die sich steigern oder erweitern lassen
- freundschaftliche Anredepronomen

! Wortbausteine wie **-ig, -los, -lich, -isch, -bar** weisen auf ein Adjektiv hin.

Trainingstipp: eine Entschuldigung schreiben

5-7 Minuten

Irgendwann passiert's: Es klirrt und Nachbars Scheibe ist kaputt. Vor Ihnen steht Ihr zerknirschtes Kind. Vorschlag zur Problemlösung: Das Kind schreibt eine formelle Entschuldigung.

! Achten Sie auf die passende Anrede und die korrekte Groß- und Kleinschreibung.

Training für Unterwegs: die Vokalverdoppelung

5-7 Minuten

Finden Sie gemeinsam Wörtern mit aa, ee, oo.

Aal, Paar, Waage, Tee, Fee, Klee, Teer, Boot, Moos, Pool

Der Kühlschrank ist leer:
Sprech- und Schreibtraining

Sie diktieren Ihrem Kind eine Einkaufsliste. Wir brauchen: Butter, Beeren, Kaffee, Kartoffeln …

Wie viele Vokale, Doppellaute und Konsonanten gibt es? Markieren Sie gemeinsam mit einem Punkt die kurz gesprochen, mit einem Strich die lang gesprochenen Vokale. Danach liest Ihr Kind Ihnen den Einkaufszettel vor.

Trainingstipp: Verben und Adjektive als Nomen verwenden

verschenken / frechste / stärkste / kleinen

Das .... der Katzenbabys ist noch nicht möglich. Die .... bekommen noch Milch von ihrer Mutter. Das .... hat ein rotes Fell. Das .... ist ein kleiner Kater.

Tiger oder Tieger? – Die kurzen und langen Vokale (Selbstlaute)

Der betonte Vokal wird lang oder kurz gesprochen. Das genaue Hinhören und deutliche Nachsprechen hilft dabei, die richtige Schreibweise zu trainieren.

- Nach einem kurz betonten Vokal oder Umlaut folgen meistens mehrere Konsonanten. Sie können gleich oder verschieden sein, z. B. die Schüssel, die Katze.
- Nach einem kurz gesprochenen Vokal schreibt man *ck* statt *kk* und *tz* statt *zz*, z. B. die Fackel, die Schnecke, dick, die Tatze, die Katze, putzen.
- Wörter mit einem lang gesprochenen Vokal werden meistens lautgetreu geschrieben, z. B. Sage, wir, Märchen, schön.
- In manchen Wörtern ist der lange Vokal durch die Verdopplung oder das Dehnungs-*h* besonders gekennzeichnet, z. B. die Beeren, leer, die Bahn, nehmen.
- Den lang gesprochenen i-Laut schreibt man in deutschen Wörtern meistens mit *ie*, z. B. niesen, die Liebe, fliegen, die Mieze.

a, e, i, o, u, ü, ö, ä, ei, ai, au, eu, äu

Geheimnise oder Geheimnisse? – Die Konsonanten (Mitlaute)

Man unterscheidet weich (*b, g, d, s*) und hart (*p, k, t, ß*) gesprochene Laute.
Bei mehrsilbigen Wörtern lassen sich gleichklingende Laute gut heraushören.

- Nomen lassen sich durch die Bildung des Plurals verlängern, z. B. das Feld, die Felder.
- Adjektive lassen sich verlängern, indem man sie steigert, z. B. fit, fitter.
- Bei Endungen auf *-in, -is, -as, -os* und *-us* wird der letzte Konsonant für die Pluralform verdoppelt, z. B.: die Königin, die Königinnen, der Kürbis, die Kürbisse.

b, c, d, f, g, h, j, k, l, m, n, p, q, r, s, t, v, w, x, y, z

Training der Doppelkonsonanten:

Finden Sie gemeinsam Reimwörter zu z. B. Tonne, Kummer, Mutter, Tasse, Pelle, Kanne, Schüssel …

Die Rechtschreibung – Komma & Co.

SIEHE AUCH
❮ 90–91 Grammatik
Sach- und Gebrauchstexte 116–117 ❯
Erzählende Texte 120–121 ❯
Sachaufgaben 186–187 ❯

Welches Satzzeichen passt? Wie setze ich Kommas richtig?

Die richtige Zeichensetzung gliedert Sätze und macht einen Text erst verständlich. Doch wo kommt ein Punkt, ein Ausrufe- oder Fragezeichen, wo ein Redezeichen oder Komma zum Einsatz? Und wie lauten die Regeln?

Die wichtigsten Satzzeichen

- Der Punkt steht am Schluss eines Aussagesatzes.
- Das Fragezeichen wird am Ende einer Frage gesetzt.
- Das Ausrufezeichen kennzeichnet einen Ausrufe- oder Aufforderungssatz.
- Die Redezeichen leiten die wörtliche Rede ein.
- Das Komma gliedert Sätze in Haupt- und Nebensätze.

Die Kommasetzung

Kommas trennen
– Aufzählungen (Reihungen) ab:

Im Wald gibt es Bäume, Pflanzen und Tiere.
Anna hört Musik und Tobi spielt Flöte.

! Bei Aufzählungen mit Bindewörtern steht kein Komma!

– Teilsätze und Texteinschübe:

Jonas bekam mehr Sammelkarten geschenkt, als er gedacht hatte.

! Bei Vergleichen mit als und wie steht dann ein Komma, wenn ein Nebensatz eingeleitet wird.

Die Redezeichen

bestehen aus
– einem Doppelpunkt
– den Anführungszeichen
– den Satzzeichen

„Machst du mir etwas zu essen?“, fragt Paul.
„Ja, ich komme gleich“, antwortet die Mutter.
Paul schlägt vor: „Lass uns heute Pizza backen.“

Aus 2 mach 1: Einsatz für die Bindewörter

Lassen Sie Ihr Kind diese Sätze verbinden. Wo steht das Komma?

Sie spielten Federball. Ich lernte. (während)
Opa glaubt. Oma mag Spinat. (dass)
Er geht auf den Sportplatz. Ich habe es ihm verboten. (obwohl)
Lea feiert später. Sie hat in den Sommerferien Geburtstag. (weil)

Teambesprechung

Wo kommt was hin? – Doppelpunkt und Anführungszeichen

Die kleine Hexe verspricht   Ich fliege jeden Tag dreimal um den Blocksberg.
Das Monster fragt   Darf ich auch mitspielen?
Der Gast beschwert sich   Ihre Portionen sind viel zu klein!
Der Trainer sagt   Heute stellst du dich ins Tor.
Alle lachen   Du siehst vielleicht komisch aus!

Tandem-Fitness

Aufzählungen: Wo fehlt ein Komma, wo nicht?

Der kleine quirlige Kater klettert gerne in hohe Bäume. Unter dem Baum wartet ein weißes süßes und winziges Katzenmädchen. Plötzlich ist das Geschrei groß, weil der unvorsichtige kleine Kater oben im Baum Angst bekommt. Die Feuerwehr holt den kleinen Abenteurer später vom Baum herunter.

Die Satzanfänge und Satzschlusszeichen fehlen!

Lesen Sie gemeinsam!
Oder: Kinder trainieren Kinder.

gestern feierte Prinzessin Lisette ihren einundzwanzigsten Geburtstag sie durfte zweiundvierzig Gäste einladen ihre Schwestern und Brüder führten ein lustiges Theaterstück auf die Geschwister waren ziemlich aufgeregt zum Glück gab es keine Pannen am Ende haben alle gelacht und geklatscht

Familienquiz

Wer kennt Wörter mit chs, ks, oder x?
Vogel-V oder Feder-F? Wie schreibt man z. B.
Kla....ier, ...abrik, ...ase, Ele....ant, ...ampir?

Texte lesen – Texte verstehen

SIEHE AUCH
❮ 64–65 Auditive Wahrnehmung
❮ 86–87 Sprechen und Zuhören
Lesen üben 114–115 ❯
Sachaufgaben 186–187 ❯

Flüssig lesen können motiviert, das Erlernen erfordert aber Durchhaltevermögen.

Vielfältige Leseerfahrungen durch Bücher und Zeitschriften sowie die gezielte Nutzung der Medien regen zur Auseinandersetzung mit Sprache, Inhalten und Figuren, mit anderen Menschen, sich selbst und der Welt an. Wenn diese Lesekompetenz bis zum Ende der vierten Klasse noch nicht altersgemäß ausreichend vorhanden ist, sollte sie mit elterlicher Unterstützung trainiert werden.

Was wird gelesen?

Bereits in der Grundschule lernen Kinder Texte nach Inhalt, Thema, Struktur und Funktion zu unterscheiden. Es gibt zwei Gruppen von Texten: Sach- und Gebrauchstexte sowie literarische Texte.

Sach- und Gebrauchstexte
(Tatsachentexte)

- Sachbücher
- Berichte
- Zeitungsartikel
- Zeitschriften für Kinder
- Briefe
- Anleitungen (Rezepte, Spielanleitungen, Bastelanleitungen, Vorgangsbeschreibungen)
- Tabellen
- Fahrpläne
- Prospekte
- Lagepläne
- Diagramme

Literarische Texte
(erfundene Texte)

- Romane für Kinder (lange Geschichten)
- Kurztexte:
  - Fabeln
  - Märchen
  - Erzählungen
  - Comics
  - Klappentexte
  - Vorschau-Programme auf Filme und Theaterstücke
  - Gedichte (Lyrik in Versform)

Lesen macht stark und schlau!

Ist Ihr Kind ein Leseprofi?

- ☑ Liest es gerne, regelmäßig und eigenständig?
- ☑ Kann es einige Gedichte und Liedtexte auswendig?
- ☑ Hat es bereits ein gewisses Lesetempo entwickelt?
- ☑ Kann es auch unterschiedliche Schriften mühelos lesen?
- ☑ Zeigt es keine Scheu vor Tabellen, Diagrammen, Plänen oder Preislisten?
- ☑ Kann es den Inhalt des Gelesenen in eigenen Worten wiedergeben?
- ☑ Bildet es sich eine eigene Meinung zu gelesenen Texten?
- ☑ Spricht es über das, was es gelesen hat?

Die wichtigsten Lesetechniken

Dazu gehören:
- Das überfliegende (kursorische) Lesen für den Überblick, worum es in dem Text geht.
- Das abschnittsweise (selektive) Lesen, um an Informationen über den Textinhalt zu gelangen.
- Das vollständige und gründliche Lesen, um den Sinn eines Textes zu erfassen.
- Die Nutzung von Hilfsmitteln wie Stifte, Marker, Radiergummi, Lineal und Notizpapier.

Wie wird gelesen?

- Kursorisch, selektiv oder vollständig und gründlich – in der Grundschule erlernen Kinder verschiedene Lesetechniken. Damit flüssiges Lesen Spaß macht, braucht es jedoch viel Geduld und Übung.

Lesen üben

SIEHE AUCH
❮ 86–87 Sprechen und Zuhören
Sach- und Gebrauchstexte 116–117 ❯
Erzählende Texte 120–121 ❯

Kinder trainieren Kinder – Teamlesen im Tandem

Flüssiges Lesen erfordert viel Training. Nur so kann das Gelesene umfassend verstanden werden. Das Lesen im Tandem bietet eine effektive Möglichkeit, einen noch schwachen „Lesesportler" zu unterstützen. Während der Lesesportler trainiert, indem er laut vorliest, begleitet der erfahrene „Lesetrainer" die zu lesende Zeile mit dem Finger. Tritt ein Lesefehler auf, wird die Zeile wiederholt. Dabei wird jedes Mal die Lesezeit (mit dem Küchenwecker oder einer Stoppuhr) gemessen und notiert. Durch das ständige Wiederholen des Textes wird sich die Lesefähigkeit, aber auch die Lesegeschwindigkeit kontinuierlich steigern.

1. Leon geht zweimal in der Woche zum Fußballtraining. Er ist ein prima Sportler. In der Schule kommt er fast immer gut mit. Nur das Lesen von längeren Texten findet er immer noch schwierig. Bei seiner älteren Schwester Lea ist das genau andersrum. Lesen ist für sie das Allerschönste. Und in der Schule ist sie sehr gut. Obwohl ihr Mathe nur wenig Spaß macht. Sport findet sie nur interessant, wenn sie in den Reitstall darf.

2. Leon und Lea verstehen sich meistens gut. Doch jetzt soll Lea mit ihrem Bruder das Lesen im Tandem üben. Leon weiß nicht recht, wie er das finden soll. Die Leseratte soll den Lesemuffel trainieren? Das gibt doch bestimmt nur Streit!

3. Da hat Lea eine Idee. Leon ist ein Lesesportler und sie, Lea, seine Lesetrainerin. Damit ist Leon einverstanden.

4. 3-2-1 und das Training geht los. Die Stoppuhr läuft. Der Lesesportler beginnt sich warmzulesen. Er liest den Text einmal laut vor. Das klappt schon ganz gut. Doch dann kommen diese verflixten Stolpersteine im Text. Aber die Lesetrainerin passt genau auf. Sie liest mit dem Finger mit. Jedes Mal, wenn der Lesesportler im Text steckenbleibt, fordert ihn die Trainerin auf, noch eine Zeilenrunde zu drehen.

5. Tapfer trainiert der Lesesportler weiter. Und langsam wird er immer besser. Bis die Stolpersteine im Text schließlich ganz weg sind und ihn die Trainerin lobt: „Siehst du, Leon, es ist gar nicht so schwer, ein Leseprofi zu werden!"

! Sollte sich kein Tandem-Partner finden, bietet sich auch das laute Mitlesen von Hörbüchern an. Sollten Sie wahlweise nur das Buch oder Hörbuch im Haus haben, hilft die Ausleihe in einer Stadtbibliothek weiter.

Das überfliegende Lesen von Überschriften …

… auf Plakaten, in Zeitschriften, Zeitungen oder Büchern macht neugierig. Ob unterwegs, in der Schule oder zu Hause, gelesen werden sie überall. Überschriften, Fotos, aber auch Zeichnungen weisen auf einen Textinhalt oder ein Thema hin. Nomen und Begriffe fallen dabei besonders auf.

Das selektive Lesen – Wo sind die Schlüsselwörter?

Kinder lernen, längere Texte erst mal abschnittsweise zu lesen. Diese Methode hilft, Abschnitt für Abschnitt die wichtigsten Informationen im Text herauszufinden und zu markieren. Lange Texte werden so zunächst „entschlüsselt" und dann verstanden.

Überschriftencheck – Lesen und reflektieren

Zwischendurch und von Auge zu Auge:
Worum geht es in den folgenden Überschriften?
Was weiß Ihr Kind über die Themen?
Wie ist seine Meinung dazu?

Hip-Hop ist der tollste Tanzsport

Warum Freundschaften so wichtig sind

Biber – Was der Nager alles anstellt

Secondhand macht Sinn – Kleidertausch an der Schule

Wirbel um den Wolf

Mädchen sind fleißig, Jungs machen Blödsinn

Lesetraining

Ihr Kind sucht einen Artikel aus einer Kinderzeitschrift oder z. B. dem Sportteil einer Tageszeitung aus. Der Text sollte mindestens 30 Zeilen lang sein. Zunächst soll Ihr Kind den Artikel durchgängig laut vorlesen. In einem zweiten Schritt liest das Kind den Artikel Absatz für Absatz noch einmal vor. Dabei markiert es die jeweils wichtigen Schlüsselwörter.

! Achten Sie darauf, dass Ihr Kind nicht mehr als 25 % des Textes anstreicht, sonst verliert es den Überblick!

Steigern Sie jedes Mal behutsam die Artikellänge. So verliert auch ein Lesemuffel die Scheu vor langen Texten.

Sach- und Gebrauchstexte

SIEHE AUCH
❮ 84–85 Die Bedeutung des Faches Deutsch
Sachaufgaben 186–187 ❯

Sachverhalte lesen und verstehen

Sachtexte liefern Fakten und wichtige Informationen zu einem Thema. Gebrauchstexte stellen die Wirklichkeit dar, indem ein bestimmter Vorgang beschrieben wird. Bis zum Ende der Grundschulzeit lernen die Kinder zahlreiche Arten von Sachtexten, insbesondere Berichte, Gebrauchsanleitungen, Beschreibungen, Briefe, Werbetexte, aber auch Tabellen und Fahrpläne kennen und verstehen.

Trainings für Zwischendurch: Wortgrenzen, Silbenbögen, Buchstabendreher

Wo sind die Wortgrenzen?

2–3 Minuten

Bilden Sie eine Wortschlange in Großbuchstaben.
Ihr Kind soll die Wortgrenzen einzeichnen.

IMFRÜHLINGBRAUCHENBLUMENFRISCHEERDE
AMBADESEEISTIMSOMMERVIELLOS
INGANZDEUTSCHLANDSCHEINTHEUTEDIESONNE
SCHOKOEISSCHMECKTLECKER
LEOLIESTCOMICSLIEBERALSBÜCHER

Gesucht und gefunden!

2–3 Minuten

Ein Buchstabe ist zu viel.

HIMBEERLIMONRADE
FAHRRADPFANNE
SCHLAUERMÄRCHEN
HUNDEHÜTTTE
BRUCHHANDLUNG
BRUCHLANDRUNG

Silbenbögen richtig setzen

2–3 Minuten

Wie viele Silben hat jedes Wort?

Himbeerpfannkuchenrezepte
Him-beer-pfann-ku-chen-re-zep-te

Dinosaurierei
Tennisnetz
Schnürsenkel
Fahrradständer
Roller
Pflaumenmus

Wortversteck – 15 Nomen

2–3 Minuten

Wie heißen die einzelnen Nomen?

Straßenbahnfahrer
Blumentopferde
Tannenzapfenhonig
Schülerlotse
Testpilot
Katzenklo

Markierübung

Ein Buchstabe ist jeweils anders.

2–3 Minuten

HOSEN – DOSEN
LAUFEN – KAUFEN
TINTE – TANTE
FILTER – FALTER
RICHTER – DICHTER
NONNE – TONNE
KATZE – TATZE
GOLD – GELD

Sachtexte Schritt für Schritt lesen

15–20 Minuten

Freitage für die Zukunft – Gemeinsam für den Klimaschutz

1. „Es ist zu einfach, nicht an morgen zu denken", sagt die 16-jährige Greta Thunberg aus Schweden. Die Umweltschützerin demonstriert für eine bessere Klimapolitik.

2. Greta streikt direkt vor dem schwedischen Parlament. Sie möchte erreichen, dass die Politiker schneller handeln und dem Klimawandel den Kampf ansagen. Dafür schwänzt die Schülerin seit Sommer 2018 jeden Freitag den Unterricht.

3. Der Klimaschutz ist auf der ganzen Welt für viele junge Menschen zum Thema Nummer eins geworden. Immer mehr Kinder und Jugendliche nehmen ihr Recht zu demonstrieren wahr und gehen für eine klimafreundlichere Politik auf die Straße.

4. Seit Anfang 2019 streiken freitags auch immer mehr Schüler in Deutschland. Das sorgt nicht nur bei Politikern für Aufregung und Ärger. Denn: In Deutschland gibt es die allgemeine Schulpflicht. Inzwischen findet die Fridays-for-Future-Bewegung auch viele Unterstützer unter den Erwachsenen.

5. „Wir sind hier, wir sind laut, weil ihr uns die Zukunft klaut!", rufen die Schüler. Sie fordern von den Politikern, gegen die Erderwärmung noch viel aktiver und vor allem schneller vorzugehen.

Mögliche Fragen zum Text:

Was sagt die Überschrift über den Sachtext aus?
Was fällt beim Überfliegen des Textes auf?
Welche Schlüsselwörter hast du unterstrichen oder markiert?
Gibt es Wörter, die du nicht verstehst?
Wie heißt das Thema?
Wie lautet das Zitat?
Worum geht es in dem Text?
Welche Fragen hast du dir notiert?
Was weißt du schon über den Klimawandel?

Mit Sachtexten üben

SIEHE AUCH

- **❮64–65** Auditive Wahrnehmung
- **❮86–87** Sprechen und Zuhören
- **❮94–95** Das Verb
- **❮96–97** Das Adjektiv
- **❮98–99** Die Präposition
- **❮108–109** Die Rechtschreibung – Regeln und Strategien

15–20 Minuten

Pflanzen für den Planeten – „Wir sind genauso bedroht wie der Eisbär!"

1. Die Kinder- und Jugendstiftung „Plant-for-Planet" ist bereits seit 2007 für den Klimaschutz aktiv. Begonnen hat alles mit einem Schulreferat. Der Viertklässler Felix Finkbeiner erklärte damals seinen Mitschülern, wie er die Eisbären retten wollte. Sein Ziel, dass alle Kinder in jedem Land einen Baum pflanzen sollen, um die Klimakrise zu bekämpfen, fand weltweite Unterstützung.

2. Felix war erst 13 Jahre alt, als er vor der UN-Vollversammlung in New York (USA) sprach. Seine Botschaft hinterließ bei den Teilnehmern aus vielen Nationen großen Eindruck. Er sagte: „Für die meisten Erwachsenen scheint ‚Zukunft' nur die nächsten 20, 30 oder 40 Jahre zu bedeuten. Aber für uns Kinder ist das Jahr 2100 noch innerhalb unserer Lebenszeit."

3. Mittlerweile haben viele junge Mitglieder der Organisation etliche Kinder als Botschafter für Klimagerechtigkeit ausgebildet. Und der Erfolg kann sich sehen lassen: Etwa 70.000 Kinder und Jugendliche arbeiten an der Aufforstung unseres Planeten mit, haben weltweit ihren ganz persönlichen Klimabeitrag geleistet und bereits über 15 Milliarden Bäume gepflanzt.

Mögliche Fragen zum Text und für eine gemeinsame Recherche:

Was sagt die Überschrift über den Text aus?
Welche Schlüsselwörter sind dir aufgefallen? Schreibe sie auf!
Warum sind wir Menschen genauso bedroht wie der Eisbär?
Was ist das Besondere an Bäumen? Was können sie speichern?
Was fällt beim Überfliegen des Textes auf? Gibt es Wörter, die du nicht verstehst?
Wie lautet das Thema?
Wer ist Felix Finkbeiner?
Was macht ein Botschafter für Klimagerechtigkeit?
Wie viele Bäume haben die jungen Klimaaktivisten bereits gepflanzt?

15–20 Minuten

Kleine Tiger im neuen Zuhause – Was Katzenkinder brauchen

1. Katzenkinder, die in eine neue Umgebung kommen, sind meistens sehr scheu.
Und darauf solltest du unbedingt Rücksicht nehmen!
Wenn die Transport-Box offen steht und der Katzenkopf vorsichtig herausschaut, tu erst mal so, als ob dich das gar nicht interessiert. So gibst du dem Kätzchen die Möglichkeit, von sich aus Kontakt zu dir aufzunehmen. Du wirst sehen, deine Geduld wird sich auszahlen!

2. Sobald das Kätzchen sich neugierig umschaut, setze dich zu ihm auf den Boden. Jetzt kannst du langsam eine Schnur über den Teppich schlängeln oder einen kleinen Ball rollen lassen. Meistens dauert es nicht lange, bis das Kätzchen mitspielen will.

3. Natürlich kannst du auch mit deinem Kätzchen sprechen. Aber: Katzen lieben leise Töne!

4. Sobald das Kätzchen Vertrauen zu dir gefasst hat, kannst du es vorsichtig streicheln.

5. Wenn du es auf den Schoß nehmen willst, solltest du es richtig anfassen. Mit einer Hand umfasst du den Brustkorb und mit der anderen das Hinterteil. Dafür wirst du bestimmt mit einem lauten Schnurren belohnt!

Mögliche Fragen zum Text:

Fällt dir noch eine andere Überschrift ein?
Welche Schlüsselwörter sind dir aufgefallen? Schreibe sie auf!
Warum sollte ein Kätzchen von sich aus Kontakt zu dir aufnehmen?
Was kannst du tun, um zu einem Kätzchen Kontakt aufzunehmen?
Wie sollte man mit Katzen sprechen?
Wie nimmt man ein Kätzchen am besten auf den Schoß?
Was fällt dir noch zum Thema Katzenkinder ein?

Sich eine eigene Meinung bilden

Fordern Sie Ihr Kind auf, über die Texte nachzudenken.
Folgende Fragen können als Anregung dienen:

Wie gefallen mir die Texte?
Habe ich auch schon etwas ähnliches erlebt?
Was weiß ich über Umweltschutz oder über Haustiere?

Erzählende Texte

Geschichten lesen und verstehen

Das sinnerfassende Lesen und Verstehen von Texten gehört in der 4. Klasse mit zu den wichtigsten Grundlagen für den weiteren Bildungserwerb. Am Ende der Grundschulzeit sollte ein Kind unterschiedliche Textarten erkennen, wesentliche Informationen von nebensächlichen trennen und Inhalte bewerten können.

SIEHE AUCH
❮ 64–65 Auditive Wahrnehmung
❮ 72–73 Mindmaps
❮ 84–85 Die Bedeutung des Faches Deutsch
❮ 86–87 Sprechen und Zuhören
❮ 114–115 Lesen üben

Die Lesekompetenz fördern

Kurze Texte fördern die Leselust. Doch Erzählformen benennen und Handlungsverläufe oder Figuren beschreiben zu können, verlangt viel Übung.

Verloren im dunklen Wald

„Hört ihr das Wispern?", fragte Leni.

Emma blickte ihre Schwester scharf an und schüttelte energisch den Kopf. Ihr war so schon unheimlich genug. Überall um sie herum raschelte es. Und die schlechte Sicht machte es nicht wirklich besser. Seltsame Schatten durchzogen den Wald und sie fühlte sich alles andere als wohl.

Oscar und Henri schien es nicht viel anders zu gehen. Sie blieben dicht zusammen und gaben keinen Mucks von sich. Leni war die Einzige, die sich pudelwohl fühlte. Aufgeregt plapperte sie von einer Lichtung, auf der es bei Vollmond angeblich besonders schön war.

„Wo sind wir?"
Keine Antwort. Das Rauschen des Windes war einfach zu laut. Immer wieder stolperte Henri über die Wurzeln im Unterholz. Doch die Angst, Leni, Emma und Oscar aus den Augen zu verlieren, spornte ihn an, durchzuhalten.

Als sie den Waldrand erreichten, lichtete sich der Nebel. Vor ihnen lag eine Wiese, an deren Ende die Umrisse eines Klosters standen. Und in einem der vielen Fenster brannte ein schwaches Licht.

„Wusste ich's doch", murmelte Leni mehr zu sich selbst. Bevor einer der Jungs protestieren konnte, lief sie bereits auf den Bohlenweg zu, der direkt auf das Gebäude zuführte. „Jetzt kommt schon!"

Kennzeichen einer Erlebniserzählung:

- Überschrift, die neugierig macht
- glaubhafte Darstellung und Beschreibung eines Erlebnisses
- Einleitung: informiert über Personen, Ort, Zeit
- Hauptteil: schrittweise Steigerung der Spannung
- Schluss: Auflösung der Spannung und Geschichte
- Gliederung in Abschnitte
- eine Erzählzeit (Präteritum)

Training: Texterschließung

Ihr Kind liest den Text ein- oder mehrmals laut vor.

Mögliche Übungsschritte:

- Personen und Namen notieren
- Schlüsselwörter suchen und notieren
- Fragen zum Text in Sprechblasen aufschreiben
- Rückfragen: Wie hat dir der Text gefallen? Wie findest du die Überschrift?

Kinder trainieren Kinder – Lesefertigkeiten reflektieren

jeweils 20 Minuten

Sie brauchen: Geschwisterkinder oder Freunde, ein Aufnahmegerät

Die Kinder suchen ein paar kurze Texte aus Zeitschriften oder eigenen Büchern aus. Dann werden die Rollen oder Abschnitte verteilt. Die Kinder lesen sich nacheinander gegenseitig laut vor. Dabei wird der jeweilige Text aufgenommen. Im Anschluss hören die Kinder gemeinsam die Aufnahmen ab. Jetzt beginnt die Reflexionsphase.

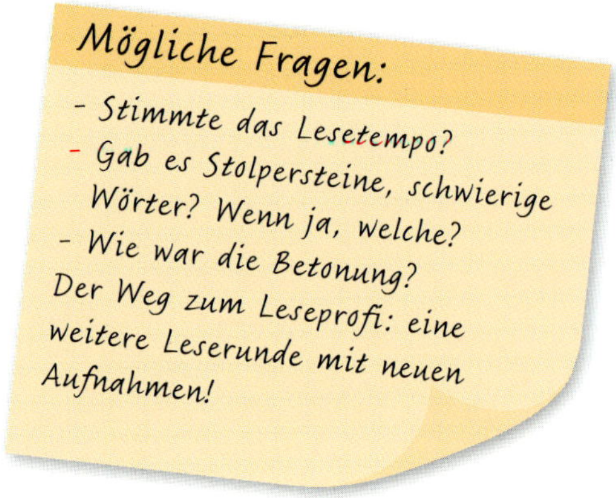

Treffpunkt Bibliothek – Rückseitentexte lesen und beurteilen

Besuchen Sie mit Ihrem Kind (und seinen Freunden) eine Stadtbibliothek oder Buchhandlung. Die Kinder suchen sich ein paar Bücher aus. Sie ziehen sich gemeinsam in eine der Leseecken zurück. Anschließend lesen die Kinder nacheinander die Rückseitentexte vor. Dann wird in der Gruppe besprochen, welcher Text am besten über die Geschichte Auskunft gibt.

Mögliche Fragen für die Diskussion:

Worum geht es in dem Buch?
Ist die Inhaltsbeschreibung auf der Rückseite spannend?
Kommt der Titel des Buches im Rückseitentext vor?
Ist das Buch Teil einer Serie, die das Kind / eines der Kinder bereits kennt?
Welches Buch im Stapel scheint das Spannendste zu sein?
Welcher Rückseitentext ist am besten geschrieben?
Passt der Buchtitel zur Zeichnung / zum Foto auf dem Umschlag?

Genaues Zuhören – Signalwörter erkennen

Sie lesen den folgenden Erzähltext vor. Die Kinder notieren sich die wichtigsten Signalwörter. Danach vergleichen sie im Tandem ihre Notizen. Sie lesen noch ein zweites Mal vor. Die Kinder ergänzen die Signalwörter mit weiteren Informationen, vergleichen erneut ihre Notizen und prüfen sie im Text nach.

Hochzeit auf Burg Löwenherz

Der Winter auf Burg Löwenherz war lang gewesen. Und die Essensvorräte waren fast aufgebraucht. Jetzt war es Frühling und an der Zeit, die Speisekammern wieder aufzufüllen. Während der Burgherr mit seinem Sohn auf die Jagd ging, sammelten seine Töchter in den umliegenden Wäldern Beeren und Kräuter.

Ritter Gisilott von Löwenherz war schon seit Kindertagen einem Mädchen versprochen, das er gar nicht kannte. Nun sollte in diesem Sommer die Hochzeit sein.

Doch dann traf Gisilott bei einem seiner Ausritte auf einer Anhöhe das Edelfräulein Camilla. Die beiden verliebten sich unsterblich ineinander. Aber das durfte niemand wissen. Denn auch Camilla war längst mit einem anderen verlobt. Schließlich wurden sie entdeckt und das Entsetzen ihrer Eltern war groß. Erst nach langen und teuren Verhandlungen konnten sie ihre Kinder aus ihren Heiratsversprechen lösen. Das junge Paar konnte sein Glück kaum fassen.

Nach wenigen Wochen war es so weit: Endlich läuteten auf Burg Löwenherz die Hochzeitsglocken. So ein großes Fest hatte es dort schon lange nicht mehr gegeben.

Die Feierlichkeiten dauerten eine ganze Woche. Sänger, Dichter und Gaukler kamen und ein großes Turnier wurde veranstaltet. Es wurde getanzt, gesungen und musiziert. Und abends wurden Geschichten erzählt.

Gisilott und Camilla von Löwenherz lebten viele Jahre glücklich zusammen. Sie bekamen sechs Kinder und sechsunddreißig Enkel.

Wer ist der Zuhörprofi?

In welcher Zeit spielt die Geschichte? Wo spielt die Geschichte?
Wie heißen die beiden Hauptfiguren? Wo haben sie sich kennengelernt?
Wie wurden damals Hochzeiten gefeiert? Was sind Gaukler?
Was sind Dichter? Wie sah ein Ritterturnier aus?

Fabeln erkennen und verstehen

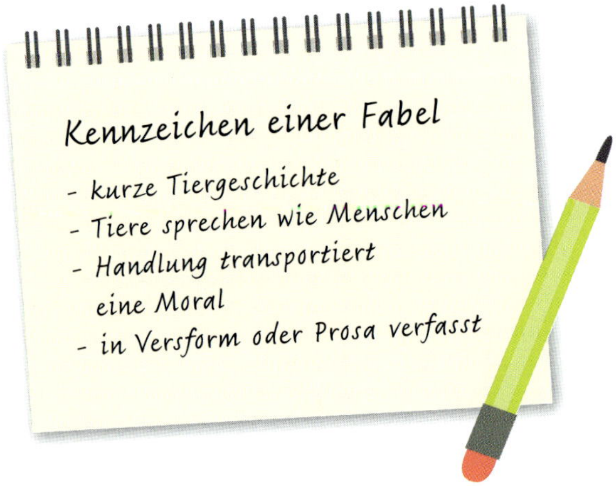

Abschied vom Bibersee

„Wegziehen?"

Rocco war sauer. Die Neuigkeiten hörten sich weder für ihn noch für seine Schwester Kiki besonders gut an. „Warum denn?", legte er nach und stellte sich auf die Hinterfüße.

Biber Buchholz warf seiner Frau Gitti einen verzweifelten Blick zu. Er hatte schon befürchtet, dass der geplante Umzug bei den Biberkindern auf wenig Begeisterung stoßen würde. „Junge, du weißt doch, die Gegend hier ist abgenagt. Außerdem …"

„Wieso?", kam es bockig zurück.

„Wieso, wieso? Das liegt doch auf der Hand", rief Buchholz empört. „Gitti, jetzt sag du doch auch mal was!"

Die Biberin setzte dem Streit geschickt ein Ende. „Euer Vater hat für uns ein neues Revier gefunden, in dem es leckere Gräser, Kräuter und saftige Blätter gibt."

„Auch Wasserpflanzen?", erkundigte sich Kiki. Sie liebte die zarten und feuchten Blätter der Wasserpflanzen. Es brauchte nicht viel, damit Kiki zufrieden war. Hauptsache, sie alle blieben zusammen.

„Wo?", fragte Rocco und riss die Augen auf. Man konnte ihm ansehen, wie hungrig er war. Das nagende Gefühl in seinem Magen brachte ihn schon seit Tagen fast um den Verstand.

„Flussabwärts", grummelte der Bibervater. „Ungefähr drei Tagesreisen von hier. Ich habe das Revier schon klargemacht. Dort sind wir sicher. Noch Fragen?"

„Warum sind wir dort sicher, Papi?“, wollte jetzt Kiki wissen, die genau zugehört hatte.

Rocco sah Kiki an und schwieg. Er wusste natürlich, was das hieß. Seitdem die Zweibeiner in ihrem alten Revier Fallen aufgestellt hatten, waren sie ernsthaft in Gefahr.

Der Bibervater, der sich für wichtige Fragen gerne Zeit nahm, wandte sich Kiki zu und blickte sie zärtlich an. „Die Zweibeiner wollen uns hier nicht mehr, meine Kleine.“

Er wollte gerade ausholen und das oft schwierige Zusammenleben zwischen Bibern und Menschen erklären, als die Biberin mit einem knappen „Buchholz, wir müssen!“ zum Aufbruch mahnte.

Mit schnellen Schwimmzügen führte er seine Familie vom Seeufer weg und aufs offene Wasser hinaus. Rocco und Kiki schwammen in der Mitte und Gitti bildete das Schlusslicht. Damit den Biberkindern der Abschied nicht allzu schwerfiel, stimmte die Bibermutter ihr Lied an:

Weiden, Pappeln, Birken fein,
nagen wir ganz gern allein,
fließt das Wasser wunderbar,
bauen wir Dämme hier und da,
graben Röhren für die Höhle,
schleppen Äste durch die Au,
türmen Hölzer in die Höhe,
fertig ist der Biberbau.

Mögliche Fragen zum Text:

Was passiert am Bibersee?
Warum verlassen die Biber ihr Revier?
Was sagt Rocco?
Was fragt Kiki?
Wie findest du die Bibereltern?
Wer sind in der Fabel die Zweibeiner?
Warum ist das Verhältnis zwischen Mensch und Biber oft schwierig?
Wer beschützt die Biber?
Was weißt du über den Biber?

Mehr zum Thema

https://www.blinde-kuh.de/catalog/natur-nagetiere.html

https://www.nabu.de/natur-und-landschaft/aktionen-und-projekte/naturschaetze/19013.html

Wort für Wort – Die Textwerkstatt

SIEHE AUCH
❮ 88–89 Meinungsbildung und Dialogfertigkeit
❮ 104–105 Satzbildung – Die Satzarten
❮ 106–107 Satzbildung – Satzgefüge und Konjunktionen
❮ 108–109 Die Rechtschreibung – Regeln und Strategien
❮ 110–111 Die Rechtschreibung – Komma & Co.

Nach klaren Regeln eigenständig Texte schreiben

Das Verfassen eigener Texte bildet bereits in der Grundschule einen festen Bestandteil des Deutschunterrichts. Die Kinder trainieren anhand verschiedener Schreibprozesse, ihre Fantasie- und Ausdrucksfähigkeit einzusetzen. Sie beginnen analytisch zu denken, werden dadurch kritikfähig und lernen so zu argumentieren.

Textsorten und Schreibfertigkeiten

Bis zur vierten Klasse lernen Grundschulkinder bereits in vielen unterschiedlichen Textarten zu schreiben. Dazu gehören:

- Berichte, Beschreibungen (Bild-, Vorgangsbeschreibung, Gebrauchsanweisung), Notizen, Interviews, Zeitungsartikel
- Briefe, Einladungen, Erlebnisberichte, Erzählungen (Abenteuer, Märchen, Detektivgeschichten), Nacherzählungen und Aufsätze (z. B. Bildergeschichten)

Schreibkriterien entwickeln – Worauf kommt es an?

Jede Textart verlangt eine gute Vorbereitung. Das Wichtigste zuerst:

- Wozu wird der Text geschrieben?
- Wer soll ihn lesen?
- Welche Wirkung soll der Text erzielen?

Wenn das geklärt ist, stehen der Ideen- und Themenfindung nichts mehr im Wege!

Der Schreibplan – Die 6 wichtigsten Arbeitsschritte

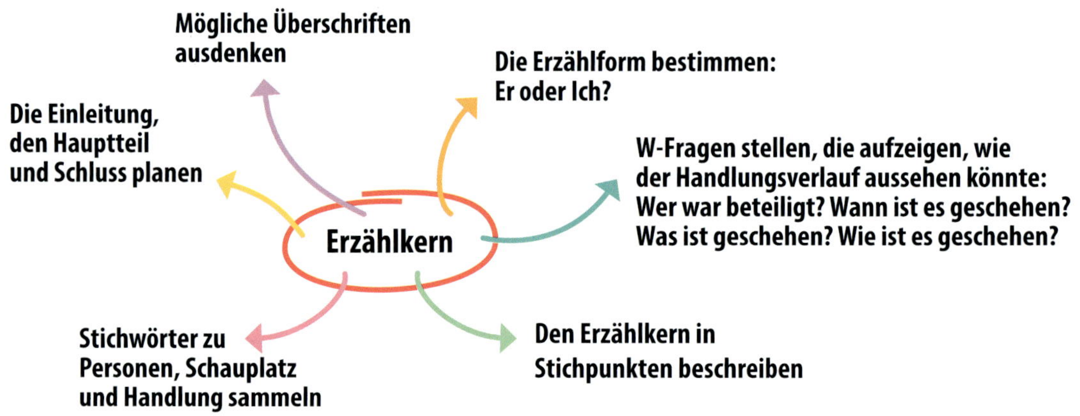

Der Schreibprozess – Die Umsetzung

Die Überschrift macht neugierig. Der Spannungsbogen steht, der grobe Handlungsplan ist festgelegt. Erst danach fängt die eigentliche Schreibarbeit an. Den eigenen Schreibstil zu entwickeln, das passende Wort zu finden, gute Satzanfänge zu formulieren, die richtige Erzählform aber auch Erzählzeit zu wählen und einzuhalten, erfordert sehr viel Durchhaltevermögen und Übung.

Den geeigneten Schreibort finden

Lesen kann man lernen. Mit dem Schreiben verhält es sich nicht viel anders. Ob in der Hängematte, im Baumhaus, auf dem Sofa oder im Bett: Schreibideen entstehen fast überall. Mit einem Klemmbrett als Unterlage kann auch Ihr Kind an den unterschiedlichsten Orten einfach losschreiben, denn: kommen die Ideen, macht das Schreiben auch Spaß!

Das Brett vor dem Kopf – wenn nichts geht

Der Schreibplan steht, das Blatt bleibt leer und der Frustpegel steigt. Wenn das eintritt, gönnen Sie Ihrem Kind eine kurze Pause. Ein gemeinsamer zweiter Blick in den Schreibplan wird sich lohnen.

- **Passt die Überschrift zur Schreibidee, zum Thema?**
- **Stimmt der Erzählkern?**
- **Braucht es vielleicht einen ganz anderen Handlungsplan?**
- **Stimmt die Aufgabenverteilung in der Geschichte?**
- **Soll eine der Personen vielleicht durch eine andere Figur ersetzt werden?**
- **Ist die geplante Geschichte erzählenswert, originell genug?**
- **Müssen noch mehr Informationen gesammelt werden?**
- **Gibt es Störfaktoren am Schreibort?**

Die Pflicht nach der Kür – Texte überarbeiten

Wir alle kennen es: Die Arbeit ist getan, das Projekt oder Produkt fertig und man atmet erleichtert auf. Ihrem Kind wird es da nicht viel anders gehen. Selbst wenn der Text optisch noch Wünsche offenlässt, verdient die Schreibleistung erstmal ein großes Lob. Unerlässlich ist jedoch der kritische Blick auf den Textinhalt, den Schreibstil und nicht zuletzt die Rechtschreibung. Diese Korrekturarbeiten machen selten Spaß, gehören aber mit zum Handwerkszeug eines Schreibers und sollten daher immer wieder geübt werden. Und zu guter Letzt gehört auch das erneute Abschreiben des Textes in einer leserlichen Handschrift mit zur Überarbeitung.

„**Schreiben** ist **leicht**. Man muss nur die **falschen Wörter weglassen**." Mark Twain

Erzähltexte

Geschichten richtig schreiben.

Wer täglich liest, steigert sein Wortschatzvolumen. Auch das Sammeln von Wortfeldern, Wortfamilien, treffenden Verben und Anlegen von Wortlisten ist ein gutes Training. Je mehr Wörter einem Kind zur Verfügung stehen, desto treffender und vielseitiger lernt es, sich ausdrücken.

SIEHE AUCH
❮ 72–73 Mindmaps
❮ 114–115 Lesen üben
❮ 120–121 Erzählende Texte

„Wer **aufhört, Fehler** zu machen, **lernt nichts** mehr dazu." Theodor Fontane

Zur Gattung „Erzählung" gehören:

- Reizwort-,
- Bilder-,
- Erlebnis-,
- Traum-,
- Fantasiegeschichten

Alle Erzählungen bestehen aus:

- einer guten Überschrift.
- einem Spannungsbogen: der 3-Akte-Struktur.
- dazu gehören: die Einleitung – Einführung von Personen, Ort und zentralem Thema bzw. Konflikt
- der Hauptteil – Aufbau der Spannung bis zum Höhepunkt
- der Schluss – Abbau der Spannung, Auflösung des Themas oder Konflikts
- Erzählzeit: Präsens, Perfekt

Die volle Punktzahl erreichen

Zu einer stimmigen Geschichte gehört, dass:

- sie eine innere Logik hat
- etwas Unerwartetes, Witziges passiert
- ein Höhe- und Wendepunkt eintritt
- die wörtliche Rede verwendet wird
- Personen mit Namen vorkommen
- verschiedene Satzanfänge ausprobiert werden
- die Wortwahl stimmt
- eine einheitliche Erzählperspektive eingehalten wird
- eine Erzählzeit gewählt und durchgehalten wird

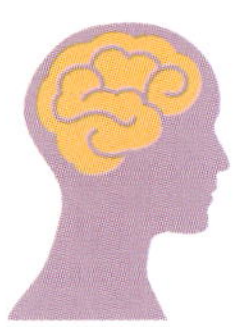

Was macht ein Schreibprofi? Lesen, lesen, lesen und darüber nachdenken, wie es andere machen!

Teamtraining – In 5 Schritten zur eigenen Geschichte

1 Das richtige Thema finden

Welches Thema passt zu mir? Welche Geschichte erzähle ich am liebsten? Wo kenne ich mich am besten aus?

2 Den Spannungsbogen aufbauen

Sobald Einleitung, Hauptteil und Schluss überlegt sind, stehen Gliederung und der rote Faden (das Handlungsgerüst) der Geschichte. Jetzt kann der Text aufgeschrieben werden.

3 Die passende Überschrift finden

Ist die Überschrift gut, wird der Leser neugierig. Die Überschrift spiegelt den Inhalt der Geschichte wider und erzeugt beim Leser ein bestimmtes Bild im Kopf.

4 Die lebendige Erzählweise

Eine gute Textsprache zu verwenden heißt, treffende Adjektive, Nomen und Verben, sowie abwechslungsreiche, kurze und verständliche Sätze zu schreiben. Dazu gehört auch die Verwendung der wörtlichen Rede sowie die richtige Zeitform.

5 Rechtschreibung trainieren

Das Beherrschen einer guten Rechtschreibung ist für den Wechsel an eine weiterführende Schule unerlässlich. Eine Geschichte ist erst dann fertig, wenn die Großschreibung von Satzanfängen und Nomen stimmt, Satzzeichen und Kommas an der richtigen Stelle stehen, Wörter richtig getrennt und Anredepronomen korrekt angewendet werden.

Textideen und Themen finden

Gute Vorbereitung zahlt sich aus.

SIEHE AUCH
❮ **56–57** Heftführung
❮ **72–73** Mindmaps
❮ **86–87** Sprechen und Zuhören
❮ **114–115** Lesen üben

Ideen fallen nicht einfach vom Himmel. Sie entwickeln sich vielmehr aus Eindrücken, Erfahrungen und Recherchen.

Sieben Trainingstipps zur Ideen- und Themenfindung

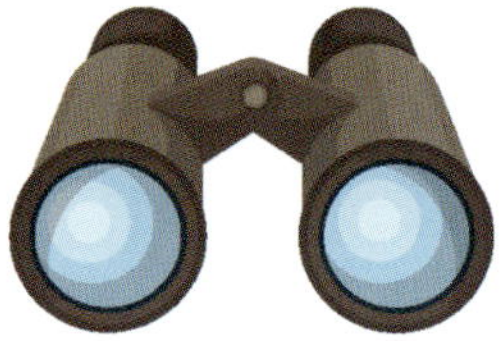

1. Menschen beobachten!
Wohin sind die Leute unterwegs? Was haben sie dabei? Wie sehen sie aus? Was haben sie an? Worüber unterhalten sie sich? Wirken sie gehetzt? Oder sind sie fröhlich?

2. Traumgeschichten aufschreiben!
Woran kann ich mich erinnern? An Personen? Tiere? Dinge? Worum ging es in dem Traum? Gab es einen Anfang? Ein Ende? War der Traum schön oder eher gruselig?

3. Wörter zu einem Thema sammeln
Manche Wörter sind besonders schön, komisch oder treffend. Sie aufzuschreiben, lohnt sich fast immer.

4. Überschriften überlegen
Die Überschrift verrät, ob eine Geschichte wahr oder ausgedacht ist, und soll den Leser neugierig machen.
„Die eifersüchtigen Biberkinder“ – „Für immer zerstritten!“
„Verliebt in ein Einhorn“ – „Schokotörtchen selbstgemacht“

5. Das Ende der Handlung ausdenken
Wie die Geschichte enden soll, bringt oft zündende Ideen für den gesamten Handlungsverlauf.

6. Sortieren üben – Fragen zu Ideen und Informationen stellen
Wer spielt in der Geschichte mit? Wann spielt die Geschichte? Wo? Was könnte passieren? Warum?

Tipp: Hier hilft eine Ideensammlung weiter!

7. Themen würfeln
Fordern Sie Ihr Kind auf, sechs Gegenstände seiner Wahl in einer Reihe aufzustellen. Dann wird gewürfelt! Über den Gegenstand, den die Würfelaugen festlegen, soll das Kind erst erzählen und dann schriftlich berichten.

Teamtraining: Wie wird eine Geschichte lebendig?

15 Minuten

Lassen Sie ihr Kind den Text „Verloren im dunklen Wald“ (s. S. 120) laut vorlesen. Danach lesen Sie die Geschichte ein zweites Mal vor. Fordern Sie Ihr Kind auf, zu überlegen und aufzuschreiben, was die einzelnen Personen

a. im Wald gesehen,
b. gehört,
c. gefühlt,
d. gespürt oder
e. möglicherweise gerochen haben.

Teamtraining: Synonyme – Ersatzwörter suchen

Schlagen Sie gemeinsam in einem Wörterbuch nach.
Ihr Kind sucht nach passenden Synonymen für folgende Wörter.

machen, gut, reden, rennen, schön, kalt, fragen, schlecht

Teamtraining: Sätze umstellen – Sätze kürzen

Diktieren Sie Ihrem Kind den folgenden Satz:

Bei Brausewetters dürfen die Kinder bestimmen, was am Samstag gemacht wird, und deshalb gibt es schon zum Frühstück Pfannkuchen und sie müssen auch nicht den Tisch decken.

Übung 1: Bilde mehrere kurze Sätze.
Übung 2: Stelle die Satzglieder um.

Familientraining: Geschichtensammelsurium

Sie brauchen: 1 Blatt Papier, Stifte, mindestens 3 Familienmitglieder (über 6 Jahre)

Die erste Person schreibt einen Satz. Die zweite Person liest den Satz, knickt das Papier unterhalb der Zeile und dreht das Blatt um. Dann schreibt sie einen weiteren, zum Inhalt passenden Satz darunter. Die dritte Person liest den Satz der zweiten, knickt das Papier wieder, dreht es um und schreibt einen weiteren passenden Satz darunter. Nach drei Runden lesen Sie gemeinsam das Ergebnis.

Briefe, Reizwortgeschichten und Märchen

SIEHE AUCH
❮ 108–109 Die Rechtschreibung – Regeln und Strategien
❮ 116–117 Sach- und Gebrauchstexte
❮ 120–121 Erzählende Texte

Einleitung, Hauptteil, Schluss trainieren

Briefe, Postkarten, Reizwortgeschichten oder Märchen haben unterschiedliche Textmerkmale und dennoch eines gemeinsam: Ohne Einleitung, Hauptteil und Schluss ergeben die Texte keinen Sinn.

Schreibtraining im Team – Briefe und Antwortbriefe

15 Minuten

Lesen Sie mit Ihrem Kind beide Briefe. Dann besprechen Sie, was in Pauls Antwortbrief an seinen Opa fehlt. Fordern Sie Ihr Kind auf, einen besseren Antwortbrief zu schreiben. Dabei helfen die unten genannten Kriterien.

Berlin, 10.04.2019

Lieber Paul,

wie geht es dir? Freust du dich schon auf die Ferien? Oma und ich können es kaum abwarten, dich bald bei uns zu haben.

Wie wäre es, wenn wir eine Fahrt auf der Spree machen? Oder wir besuchen das Museum für Naturkunde. Oma würde gerne mit dir in den Zoo gehen. Dort gibt es ein neues Eisbärmädchen. Es heißt Hertha, so wie der Fußballverein. Hättest du dazu Lust?

Hast du denn schon Ideen, was du machen möchtest?

Viele Grüße
Dein Opa

Hallo Opa,

ich würde gern ins Technikmuseum oder ins Aquarium gehen.

Grüße an Oma
Dein Paul

In einen Brieftext gehören:

- Ort und Datum
- die persönliche Anrede und Begrüßung des Briefempfängers
- der Brieftext: ein einleitender Satz, eigene Erzählungen oder Fragen, Antworten auf Fragen, ein Schlusssatz
- der Abschiedsgruß
- die Unterschrift

- Falls Oma oder Opa „online" sind, kann Ihr Kind natürlich auch eine E-Mail schreiben.

Schreibtraining: die Reizwortgeschichte

15 Minuten

Ihr Kind sucht sich drei handlungstragende Wörter aus und schreibt eine Reizwortgeschichte.

a. Nacht – Biber – Bach

b. Hund – Baum – Katze

c. Streit – Freund – Brief

Merkmale einer Reizwortgeschichte:

- Die Überschrift macht neugierig, verrät aber nicht zu viel.
- Einleitung, Hauptteil, Schluss
- Benutzung der wörtlichen Rede
- verschiedene Satzanfänge
- eine Zeitform

Schreibtraining: das Märchen – Es war einmal …

Fordern Sie Ihr Kind auf, eins der folgenden Themen auszuwählen und dazu ein Märchen zu schreiben.

„Das verzauberte Klassenzimmer"

„Der goldene Schlüssel"

„Der hungrige Wolf"

Gute Satzanfänge erleichtern das Schreiben.

Wählen Sie gemeinsam aus.

Einige Stunden später …

Plötzlich …

Endlich …

Am letzten Abend …

Es war einmal …

So ging sie/er …

Ein hungriger Wolf …

In einem großen Wald …

Da ging es hinaus …

In einem großen und prächtigen Schloss lebte …

Da fielen auf einmal …

Merkmale eines Märchens:

- eine gute und eine böse Märchenfigur oder mehrere wählen
- einen Helden, eine Heldin ausdenken
- den Märchenort bestimmen: Wald, Klassenzimmer, Schloss …
- eine Aufgabe, ein Abenteuer, das bestanden werden muss
- Einleitung, Hauptteil, Schluss
- ein typischer Anfangssatz: Es war einmal …
- ein typischer Schlusssatz: Und sie lebten lange und glücklich …
- eine passende Überschrift
- Erzählzeit: 1. Vergangenheit

Textarten bestimmen

SIEHE AUCH
❮ 86–87 Sprechen und Zuhören
❮ 114–115 Lesen üben
❮ 116–117 Sach- und Gebrauchstexte
❮ 120–121 Erzählende Texte

Was ist was?

Die Kenntniss verschiedener Textarten und der Umgang mit ihnen sind zentrale Grundlagen für schulisches Lernen. Insbesondere literarische Texte fördern die Sprachvielfalt des Kindes und setzen wichtige Impulse für das eigene, kreative Schreiben.

Textverständnis trainieren

Überlegen Sie gemeinsam:

- **Um welche Textarten handelt es sich?**
- **Welche Überschriften könnten passen?**
- **Welche der Texte eignen sich zum Weitererzählen?**

„Ich schwör es bei der
Honigbiene und allem,
was mir wichtig ist,
ich bleibe still,
mit ernster Miene,
erzähle nichts,
dass du zufrieden bist."

„Gleich geht's los", nuschelte Buchholz mit vollen Backen.

„Erst runterschlucken, dann reden", mahnte ihn Rocco frech. Dann grinste er seine Mutter an, doch die schenkte ihm weiter keine Beachtung. Die Bibermutter bearbeitete Kikis Pelz mit den Vorderpfoten und erklärte ihr leise und eindringlich den Tagesplan.

„Buchholz und ich ziehen heute die großen Weideäste bis zur Rutsche vor. Du und dein Bruder schafft in der Zwischenzeit schon mal den Stöckchenverhau ans Wasser."

Texte zur Auswahl:

- eine Beschreibung
- eine Buchbesprechung
- ein Rückseitentext
- eine Erzählung (Auszug)
- ein Gedicht

Der Haubentaucher: Der Haubentaucher gehört zur Familie der Lappentaucher und ist ein Seevogel. Er baut sein Schwimmnest aus Wasserpflanzen am Rand des Schilfs. Mit seinem nach hinten abgeflachten Körperbau, dem kurzen Schwanz und den schräg am Körper angebrachten Ruderbeinen ist er als Unterwasserjäger bestens ausgestattet. Auf dem Kopf tragen Haubentaucher ein auffälliges Federbüschel und eine bartähnliche Halskrause. Männchen und Weibchen sehen exakt gleich aus. Das Balzritual der Haubentaucher gilt als eines der schönsten Naturschauspiele.

Seit Onkel Gustav ihnen den Hof überschrieben hat, steht es fest: Josie muss ihr altes Zuhause, den Saxofonunterricht und ihren Kletterfreund Robert zurücklassen – die Familie zieht in die bayerische Provinz. Kaum am Ziel angekommen, staunt sie über das schöne alte Bauernhaus, das ihnen nun gehört. Da könnte man glatt eine Kletterwand anbringen! Und Josie ist perplex, wie freundlich die Leute zu ihr sind. In den ungleichen Zwillingen Kati und Kilian findet sie schnell neue Freunde. Mit ihnen spielt Josie schon bald im Jugendorchester. Doch ausgerechnet Lene, Chefin der ortsansässigen Mädchenclique, ist die Neue, die scheinbar alles kann, ein Dorn im Auge.

„Eine gute Geschichte, die sich super liest, weil alles so echt klingt. Hoffentlich wird daraus auch ein Film gemacht. Der wird sicher spannend, lustig und toll. Josie finde ich klasse. Ich finde, die ist so ein bisschen wie ich. Also, ihre Art, wie sie mit allem umgeht, ist cool, lässig und sie ist auch gerne mal allein. Kilian ist interessant und cool. Opa Lorenz klingt bayrisch-sympathisch. Das Bayerische finde ich manchmal ein bisschen anstrengend, aber das gehört ja auch irgendwie mit dazu."

(Julietta, 10 Jahre)

3

Mathematik

Mathematik – worum geht es?

SIEHE AUCH
❮ 14–17 Was Eltern unbedingt beachten sollten
❮ 28–29 So speichert das Gehirn
❮ 86–87 Sprechen und Zuhören

Das Fach Mathematik gehört in den meisten Bundesländern zu den drei Fächern, die über die weitere Schullaufbahn nach der Grundschule entscheiden.

Auf der Kultusministerkonferenz im Jahr 2014 wurden für ganz Deutschland gemeinsame Bildungsstandards für die Grundschule festgelegt.

Fachliche Inhalte

In Mathematik werden im Laufe eines Schuljahres zahlreiche unterschiedliche Themen behandelt. Das ist einer der Gründe, warum einige Kinder vor dem Fach Mathematik besonderen Respekt haben.

▷ **Viel auf einmal**
Auf den ersten Blick erscheint die Stofffülle immens und zugleich verwirrend. Doch sowohl die Lehrpläne als auch die Mathematikbücher bringen Struktur in diese Vielzahl von Lerninhalten.

Das Fach **Mathematik baut** wie kein anderes Fach immer **auf dem Vorwissen** vorangegangener Schuljahre **auf**.

Die fünf Lernbereiche im Fach Mathematik

Im schulischen Unterricht geht es im Wesentlichen um fünf Hauptthemen, wobei ein Thema – Muster und Strukturen – in allen anderen Themen vorkommt. In jedem dieser Bereiche geht es um spezielle Inhalte.

Inhalte der Lernbereiche

Die folgenden Inhalte bearbeiten Kinder in den einzelnen Lernbereichen im Lauf des vierten Schuljahrs.

▷ **Lehrplaninhalte**
Auch wenn der Lernstoff für das Fach Mathematik sehr umfangreich erscheint, so ist es dennoch gut zu wissen, dass sehr viele der hier dargestellten Inhalte nicht völliges Neuland für die Kinder sind, sondern lediglich eine Erweiterung bisherigen Wissens. Die Art zu rechnen ist beispielsweise im Zahlenraum bis 20 die gleiche wie im Zahlenraum bis zur Million.

Zahlen und Operationen

- Zahlenraum bis zur Million
- Zahlen vergleichen (>, =, <)
- Zahlenverständnis
- Stellenwertsystem
- Die vier Grundrechenarten (+, -, ·, :)
- Einmaleins
- Kopfrechenaufgaben
- Halbschriftliche und schriftliche Rechenverfahren
- Vorteilhaftes Rechnen
- Tausch- und Umkehraufgaben
- Runden
- Sachaufgaben

Raum und Form

- Sicherer Umgang mit Lineal, Geodreieck, Zirkel
- Geometrische Flächen und Körper
- Würfelgebilde
- Bandornamente
- Symmetrie
- Rechter Winkel
- Maßstab
- Lagepläne
- Wegbeschreibungen
- Fachbegriffe

Daten und Zufall

- Sammeln und Vergleichen von Daten
- Diagramme erstellen und lesen
- Informationen aus Bildern, Tabellen, Fahrplänen entnehmen
- Einfache Zufallsexperimente durchführen
- Verständnis für Wahrscheinlichkeiten entwickeln
- Fachbegriffe (sicher, möglich, unmöglich) unterscheiden

Größen und Messen

- Sicherer Umgang mit Messinstrumenten (z. B. Maßband, Messbecher, Stoppuhr))
- Grundvorstellung von Größen (z. B. Wie lang ist 1 m?)
- Umgang mit Größen (Längen, Gewichte, Geld, Zeit und Volumen)
- Kommaschreibweise bei Längen und Geld
- Einheiten umwandeln
- Gemischte Schreibweise bei Größen (z. B. 1 h 25 min)

Mathematikbücher

Alle Mathematikbücher beginnen mit einer kurzen Wiederholung des Lernstoffes des vergangenen Schuljahres. Dies ist der Tatsache geschuldet, dass nach den langen Sommerferien das ein oder andere Thema etwas in Vergessenheit geraten ist. Diese Wiederholung ist enorm wichtig, da alles Weitere darauf aufbaut.

▷ **Reihenfolge in Buch und Unterricht**
Würden alle Lernbereiche einfach nacheinander abgehandelt werden, hätte das zur Folge, dass Kinder den Unterrichtsinhalt, der am Anfang des Schuljahres behandelt wurde, bis zum Ende wieder vergessen hätten. Darum liegt es im Ermessen jeder Lehrkraft, wie der Lernstoff über das Schuljahr verteilt wird. Daher kommt es häufig dazu, dass zuerst einzelne Seiten bzw. Themen übersprungen werden, auf die dann später zurückgegriffen wird.

Mathematik ist mehr als nur Rechnen

SIEHE AUCH
❮ 28–29 So speichert das Gehirn
Wie können Eltern helfen? 150–151 ❯

In unserem alltäglichen Leben begegnen wir ständig der Mathematik, ohne dass wir uns darüber im Klaren sind.

Vielen Kindern ist gar nicht bewusst, dass sie nahezu ständig mit mathematischen Gegebenheiten konfrontiert sind, die sie trotz einer möglichen Abneigung gegen dieses Schulfach problemlos meistern.

Mathematik im täglichen Leben

Diesen Umstand sollten Eltern nutzen, um ihren Kindern mehr und mehr die Angst vor diesem Fach zu nehmen. Denn trotz Rechenschwierigkeiten oder sogar Rechenstörungen sind Kinder in der Lage, bestimmte mathematische Gegebenheiten zu erkennen.

▷ **Rechnen, ohne es zu merken**
Eine der häufigsten Äußerungen von Kindern, die Schwierigkeiten mit Mathematik haben, lautet: „Ich kann Mathe nicht." Das stimmt so nicht. Sie können eventuell eine bestimmte Rechnung in der Schule nicht lösen, aber spätestens beim „Mensch-ärgere-dich-nicht-Spiel wissen sie genau, wie hoch die Augenzahl beim Würfel sein muss, um einen Mitspieler hinauszuwerfen.

Beispiele aus der Lebenswelt der Kinder

Lässt man das Kind einmal selbstständig einen kleinen Einkauf im Supermarkt erledigen, lernt es oft mehr über das Thema Geld, als durch Arbeitsblätter in der Schule. Beim gemeinsamen Kuchenbacken erkennt das Kind schnell, dass es einen entscheidenden Unterschied zwischen 100 g und 1000g Mehl gibt. Diese Liste könnte beliebig weitergeführt werden. Je selbstverständlicher den Kindern der Umgang mit Mathematik ist, desto leichter fällt ihnen dieses Fach.

Das Kind rechnet problemlos die unterschiedlichen Werte der einzelnen Mikadostäbe zusammen, ohne sich dabei etwas zu denken. Würde man hier die passende Rechenaufgabe stellen, müsste häufig länger überlegt werden.

Hat ein Kind beispielsweise am 27. März Geburtstag, weiß es am 15. März genau, wie viele Tage es bis dahin noch sind. Stellt man jedoch die passende Rechnung dazu, z. B.: 15 + ? = 27, kann es diese Aufgabe vielleicht nicht auf Anhieb lösen.

Prozessbezogene Kompetenzen

Im Fach Mathematik geht es um viel mehr, als darum, Rechnungen richtig lösen zu können. Neben den Inhalten sind sogenannte prozessbezogenen Kompetenzen wichtig, die die Kinder im Lauf der Grundschulzeit erlangen sollten.

Kommunizieren

- Mathematische Fachbegriffe richtig anwenden
- Alle Rechenzeichen entsprechend einsetzen
- Gemeinsam Aufgaben rechnen
- Lösungswege erklären

Probleme lösen

- Geeignete Rechenstrategien finden und anwenden
- Mathematische Kenntnisse, Fertigkeiten und Fähigkeiten nutzen
- Lösungen darstellen können

Darstellungen verwenden

- Problemstellungen anhand von Skizzen oder einfachen Tabellen lösen
- Zwischen verschiedenen Darstellungsformen wechseln können (z. B. eine Tabelle in eine Skizze umwandeln)
- Unterschiedliche Darstellungsformen miteinander vergleichen

Modellieren

- Aus Sachtexten Aufgaben herauslösen
- Passende Rechenwege erkennen
- Durch Rechnen, Schätzen und Messen mathematische Lösungen finden
- Lösungen interpretieren
- Ergebnisse prüfen und erklären können

Argumentieren

- Mathematische Aussagen hinterfragen (z. B.: Kann das stimmen?)
- Mathematische Zusammenhänge erkennen
- Über ungewöhnliche Rechenwege nachdenken
- Verschiedene Lösungswege in der Gruppe diskutieren

△ **Mathematik und Sprache ergänzen sich.**
In der Schule kommt es nicht nur darauf an, Aufgaben nach bestimmten Schemata lösen zu können, sondern ein zentraler Punkt ist das Verstehen der erforderlichen Rechenschritte.

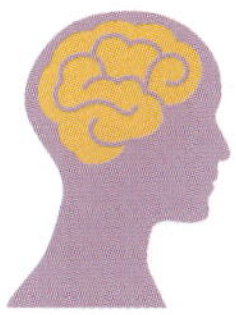

Ein Kind, das seinen Rechenweg nicht erklären kann, hat die Rechnung nicht verstanden!

Grundlagen und Vorwissen

SIEHE AUCH
❮ 28–29 So speichert das Gehirn
❮ 52–53 Lernmotivation
❮ 60–61 Konzentration

Viele Kinder empfinden Mathematik als große Herausforderung. Entscheidend für den Erfolg sind gute Grundlagen und automatisiertes Vorwissen.

Mathematik – ein Angstfach?

Manche Kinder haben gerade vor Mathematiktests regelrecht Angst. Sie sind entweder noch unsicher, was bestimmte Lerninhalte angeht, oder sie vertrauen zu wenig auf ihr Können. Mathematik wird in der Regel am stärksten emotional bewertet.

▽ **Mathematik kann gelingen**
Die Rechenleistung ist keine Frage der Intelligenz, sondern setzt sich zusammen aus Gedächtnisleistung, Konzentrationsvermögen, der emotionalen Bewertung und dem automatisierten Vorwissen. Dabei können Vorwissen und eine positive emotionale Bewertung des Fachs sogar Begabungsschwächen bis zu einem gewissen Maße ausgleichen.

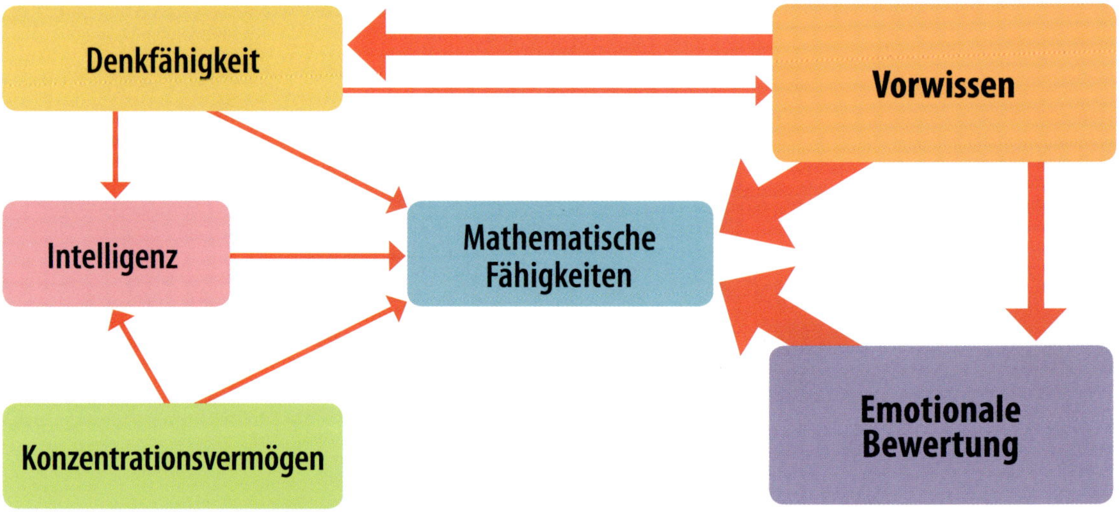

Die Bedeutung des Vorwissens

Der Lernstoff im Fach Mathematik baut von der ersten Klasse an bis hin zu den Abschlussklassen aller weiterführenden Schulen aufeinander auf. Versteht ein Kind bestimmte Lerninhalte nicht, kann das gravierende Folgen für alle weiteren Schuljahre haben.

Wir **lernen** durch **Anknüpfen an Bekanntes**. Daher ist automatisiertes **mathematisches Vorwissen** so **wichtig für die Kinder**!

Um im Zahlenraum bis zur Million rechnen zu können, muss der Zahlenraum bis 20 beherrscht werden.

△ **Fehlende Grundlagen rechtzeitig nachholen**
Fehlt einem Kind in bestimmten Bereichen der Mathematik das Vorwissen, so sollten diese Grundlagen zügig nachgearbeitet werden.

Wesentliche Bausteine des Vorwissens

Zahlen als Mengenangabe/ Anzahl verstehen

$8 + 7 = ?$

◁ Kinder, die nur mit den Fingern abzählen, haben keine Vorstellung von der Zahl und können somit auch ihre Rechenergebnisse nicht überprüfen. Die Frage „Kann das stimmen?" würde immer mit „Ja" beantwortet werden.

$1008 + 7 = 1014$

Wird wohl stimmen …

Die Zahlzerlegung

$17 = 7 + 10$

◁ Kann ein Kind Zahlen nicht in Zehner und Einer zerlegen, ist es bereits bei halbschriftlichen Rechnungen überfordert.

$57 + 14 = ?$

$57 + 10 = 67$

$67 + 7 = 74$

Die Addition und Subtraktion im Zahlenraum bis 20 mit Überschreitung des Zehners

$9 + 3 = ?$

◁ Ohne diese Grundkenntnisse wird das Kind auch die schriftlichen Rechenverfahren nicht verstehen.

$$\begin{array}{r} 159 \\ +\ 263 \\ \hline ??? \end{array}$$

Was soll ich hier rechnen?
$4 + 5 = ?$

Das Prinzip der Multiplikation

$5 + 5 + 5 + 5 = ?$

◁ Bevor Kinder nicht verstanden haben, was Multiplikation eigentlich bedeutet, brauchen Einmaleinsreihen nicht gelernt zu werden, da sie zum Beispiel in Sachaufgaben nicht angewendet werden können.

„Es sind 4 Kinder. Jedes Kind bekommt 5 Kirschen. Wie viele Kirschen brauchst du?"

Das Beherrschen bisher bekannter Einmaleinsreihen

$6 \cdot 4 = 24$

◁ Neue Einmaleinsreihen werden wesentlich leichter gelernt, wenn bekannte Reihen bereits automatisiert sind.

$6 \cdot 8 = 48$

Das Doppelte!

Fachbegriffe und Rechenzeichen sicher anwenden.

◁ In vielen Aufgabenstellungen werden mathematische Fachbegriffe verwendet. Kennt ein Kind z. B. den Unterschied zwischen $>$ und $<$ nicht, sind Fehler vorprogrammiert.

Arbeitsmaterialien und ihr richtiger Gebrauch

SIEHE AUCH

Der Zahlenstrahl	**154–155 ❯**
Geometrie	**194–201 ❯**
Diagramme	**202–203 ❯**

In einigen Bereichen des Mathematikunterrichts steht das Rechnen gar nicht im Mittelpunkt, sondern die genaue Arbeitsweise.

Beim Blick auf die Arbeitsutensilien mancher Kinder wundert es wenig, dass geometrische Zeichnungen oder Messungen falsch ausgeführt werden. Diese Fehler sind leicht vermeidbar.

Was braucht mein Kind?

Beim Messen und Zeichnen von geometrischen Figuren kommt es immer auf die Genauigkeit an. Daher sind entsprechende Arbeitsmaterialien und deren richtiger Gebrauch enorm wichtig!

Geodreieck

Ein Geodreieck ist ein universell einsetzbares Arbeitsgerät, das Kinder während ihrer gesamten Schulzeit begleiten wird.

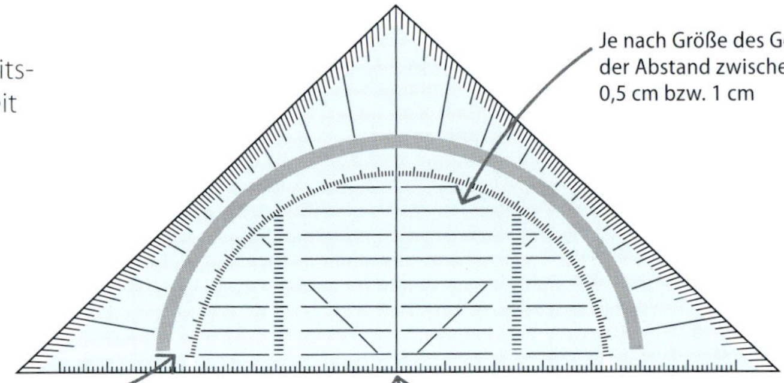

Je nach Größe des Geodreiecks beträgt der Abstand zwischen den Querlinien 0,5 cm bzw. 1 cm

Ein sinnvoller Einsatz ist jedoch nur dann möglich, wenn alle Ecken vorhanden und die jeweiligen Einteilungen noch zu lesen sind. In der Grundschule spielen lediglich die Gradeinteilungen keine Rolle.

Bei manchen Geodreiecken befindet sich über der durchgezogenen Linie der Markenname. Die Linie, die für das Einzeichnen eines rechten Winkels sehr hilfreich ist, ist dann nur etwa 1 cm lang. Dies erschwert den Kindern das Arbeiten sehr.

Das Lineal

Stabile Lineale in zwei verschiedenen Größen mit lesbarer Skala sind die Grundvoraussetzung zum ordentlichen Unterstreichen und Zeichnen. Die bei Kindern so beliebten „Biegelineale“ sind für den Mathematikunterricht ebenso ungeeignet wie Lineale aus Holz, auf denen die Linien nur noch teilweise sichtbar sind.

Um Strecken zu messen, müssen die Kinder bei der „0“ beginnen und nicht am Anfang des Lineals. Dieser Fehler kommt auch in der 4. Klasse noch vor.

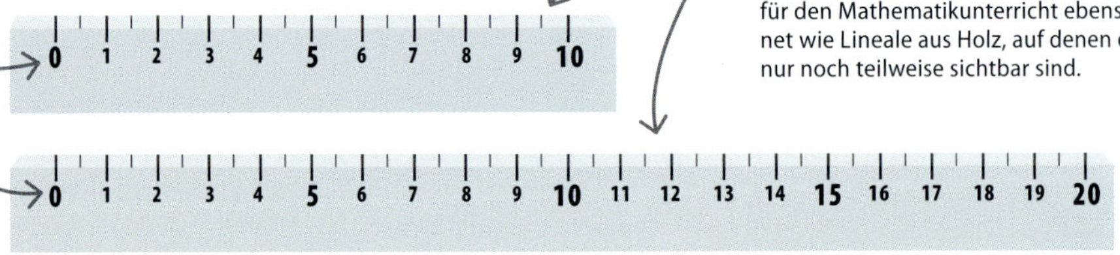

Der Zirkel

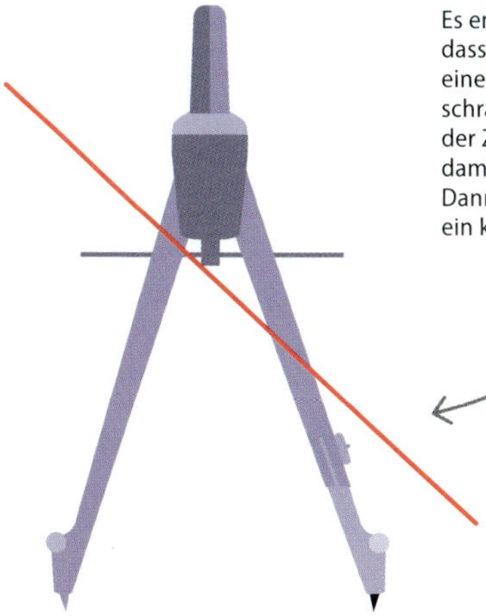

Es empfiehlt sich, darauf zu achten, dass die Bleistiftspitze nicht an einem beweglichen Fuß angeschraubt ist, da sich dieser im Laufe der Zeit lockert und den Zirkel damit häufig unbrauchbar macht. Dann wird aus einem Kreis schnell ein krummes Ei.

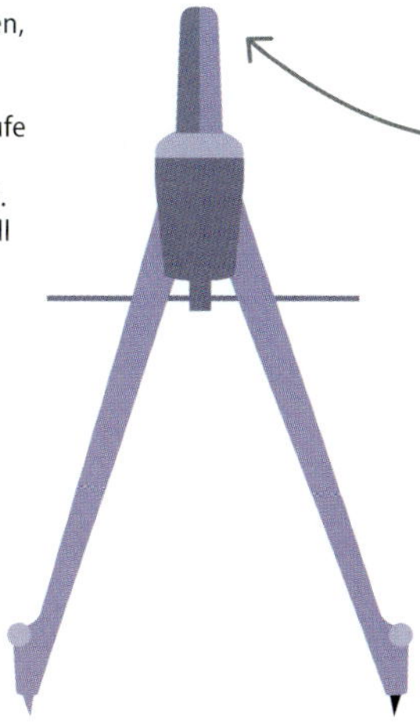

Der richtige Gebrauch eines Zirkels kann zu Hause sehr gut geübt werden. Dabei ist es wichtig, dass der Zirkel mit Daumen und Zeigefinger nur ganz oben – nicht an den beiden Schenkeln – angefasst wird. Druck wird vor allem auf die Metallspitze ausgeübt.

Ein Zirkel hat nur dann einen Sinn, wenn er auch vollständig – also mit Metallspitze und Bleistiftmine – ausgestattet ist.

Mit dem Zirkel zeichnen

Es gibt zahlreiche Übungsmöglichkeiten mit dem Zirkel. Dabei sind der Fantasie keine Grenzen gesetzt. Tiere, Blumen oder einfache Muster allein mit dem Zirkel zu zeichnen ist sehr motivierend. Zum einen gibt es dabei kein Richtig oder Falsch und zum anderen kommen die Kinder schnell zu schönen Ergebnissen.

Wenn Ihr Kind dieses Muster noch farblich gestaltet, ausschneidet und auf buntes Papier klebt, ist auf die Schnelle eine schöne Briefkarte hergestellt.

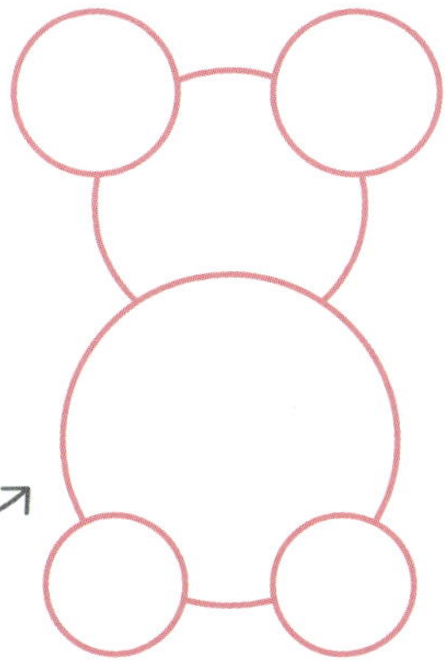

Bleistift und Buntstifte

Gespitzte Stifte sind unerlässlich, wenn es darum geht, bestimmte Strecken oder geometrische Figuren exakt zu zeichnen. Mit einem stumpfen oder gar abgebrochenen Stift wird schnell aus einer Strecke von 2,5 cm eine gezeichnete Linie mit 2,8 cm. Solche Fehler sind vermeidbar.

Zahlen und Ziffern schreiben

SIEHE AUCH
❮ 56–57 Heftführung
Wie können Eltern helfen? 150–151 ❯

Die richtige Schreibweise der Ziffern 0 bis 9 ist die Grundvoraussetzung für jede mathematische Operation.

Leider kommt es häufig vor, dass Kinder ihre Zahlen bzw. die einzelnen Ziffern kaum lesbar schreiben und zudem auf die Einhaltung der Kästchen wenig Wert legen.

Benotet wird das, was dasteht. Nicht das, was das Kind gemeint hat.

Genaue Schreibweise der Ziffern

Auch wenn auf die genaue Schreibweise der Zahlen bereits vom ersten Schultag an geachtet werden sollte, so ist es spätestens in der vierten Klasse an der Zeit, die Kinder auf eine exakte Schreibweise hinzuweisen.

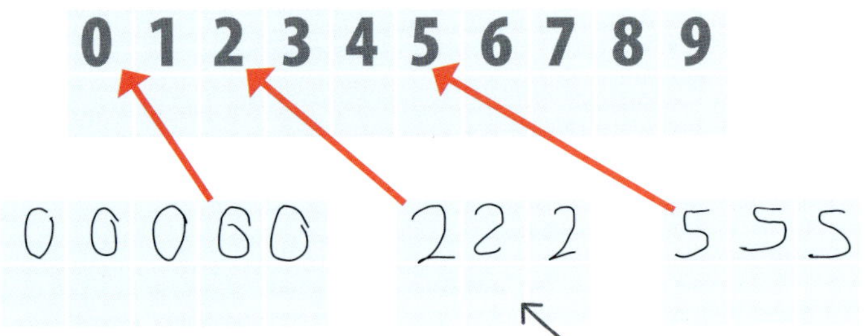

Werden die Ziffern wie in diesem Beispiel geschrieben, sind Fehler vorprogrammiert.

△ **Vermeidbare Fehler**
Sobald sich eine Lehrkraft bei der Korrektur eines Tests die Frage stellen muss, um welche Zahl es sich handelt, wird es in aller Regel zu einem Punktabzug kommen, auch wenn das Kind richtig gerechnet hat.

Ziffern und die Kästchen

Einer der häufigsten Fehler ist, dass die Kinder ihre Ziffern nicht genau, sondern nur ungefähr in die einzelnen Kästchen schreiben. Dies stellt sie spätestens bei allen schriftlichen Rechenverfahren vor große Schwierigkeiten.

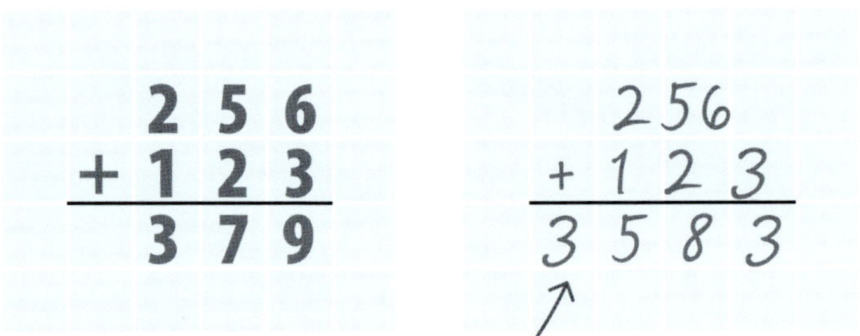

Dies ist ein sehr häufiger – unnötiger – Fehler!

▷ **Die Bedeutung der Kästchen**
Kommt zu dieser falschen Schreibweise noch hinzu, dass das Ergebnis nicht überprüft wird, entstehen Fehler, obwohl das Kind die schriftliche Addition eigentlich beherrscht.

Der Unterschied zwischen Zahlen lesen und schreiben

Eine der Besonderheiten der deutschen Sprache wird deutlich, wenn es um die Schreibweise der Zahlen geht. Wir schreiben die Zahlen anders auf, als wir sie sprechen.

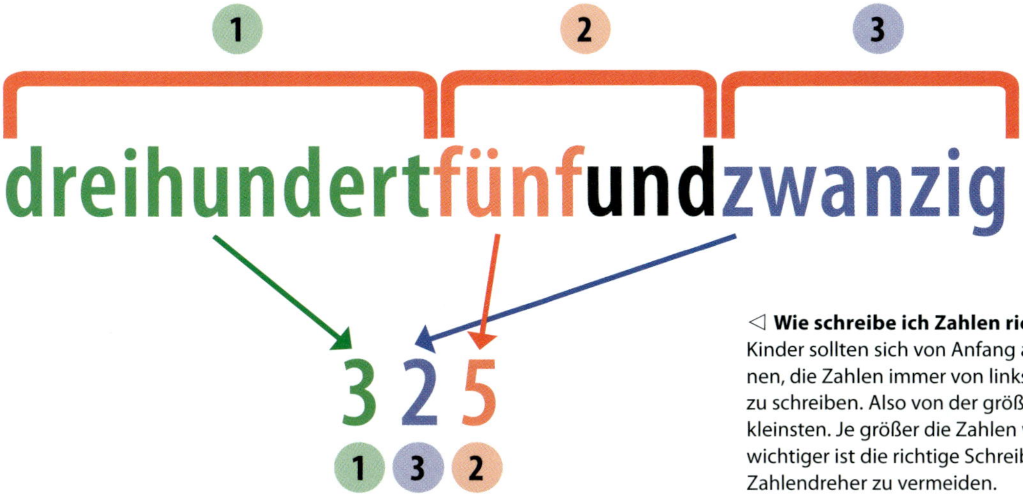

◁ **Wie schreibe ich Zahlen richtig?**
Kinder sollten sich von Anfang an angewöhnen, die Zahlen immer von links nach rechts zu schreiben. Also von der größten Stelle zur kleinsten. Je größer die Zahlen werden, desto wichtiger ist die richtige Schreibweise, um Zahlendreher zu vermeiden.

Übungen zum Zahlenschreiben

Da es beim Schreiben der einzelnen Ziffern auf die Form und die Einhaltung der Kästchen ankommt, ist es ratsam, dies bei Bedarf in kurzen Einheiten zu üben. Auflockern kann man diese sicherlich wenig geliebte Schreibübung anhand von Rätseln.

0	1	2	3	4	5	6	7	8	9
☺	■	◆	☼	□	☹	★	⊙	●	○

▷ **Zahlenübungen selbst herstellen**
Entweder Sie haben auf Ihrem Computer besondere Schriftzeichen zur Verfügung oder sie überlegen sich einfache Symbole für die Ziffern 0 bis 9. Solche Ziffernrätsel können Sie auch zusammen mit Ihrem Kind entwickeln und sogar um die Wette spielen. Wer erkennt mehr Zahlen? Wichtigstes Kriterium dabei ist: Die gefundene Zahl muss ordentlich geschrieben werden.

a) ■ ★ ⊙ =

b) □ ★ ○ =

c) ☹ ☺ ◆ =

Auflösung: a) 167, b) 469, c) 502

Wie können Eltern helfen?

SIEHE AUCH
❮ 14–17 Was Eltern unbedingt beachten sollten
❮ 28–29 So speichert das Gehirn
❮ 52–53 Lernmotivation
❮ 148–149 Zahlen und Ziffern schreiben
Die schriftliche Subtraktion 168–171 ❯

Viele Eltern fragen sich, wie sie ihrem Kind am besten in Mathematik helfen können.

Um Auseinandersetzungen mit dem Kind zu vermeiden, sollten Eltern bestimmte allgemeine Grundsätze beachten.

Einstellung der Eltern zur Mathematik

Nicht nur die Kinder, sondern auch die Eltern haben einen sehr unterschiedlichen Zugang zur Mathematik. Dies kann sich positiv auf das Kind auswirken, aber natürlich auch negativ.

▷ Vorbildfunktion
Selbst wenn Sie als Eltern Mathematik nicht zu ihren Lieblingsfächern zählten, sollten sie das Ihr Kind nicht wissen lassen. Denn das wirkt auf Ihr Kind zum einen demotivierend und zum anderen kann Ihr Kind auf folgenden Gedanken kommen: „Oje! Mathe ist so schwer, dass es meine Eltern auch nicht können!“

Wie rechnet mein Kind?

In einigen Fällen hat sich die Art und Weise, wie Rechenoperationen durchgeführt werden, seit der Schulzeit der Eltern deutlich verändert. Bestes Beispiel hierfür ist die schriftliche Subtraktion. Während früher nach dem Ergänzungsverfahren subtrahiert wurde, gilt heute in einigen Bundesländern das Abziehverfahren als verbindliches Verfahren. Allein die Begrifflichkeit sorgt in vielen Fällen schon für Unsicherheit.

▷ Abziehverfahren kontra Ergänzungsverfahren
In vielen Mathematikbüchern oder auch auf entsprechenden Internetseiten (z. B. www. Lehrplanplus.bayern.de) wird das geforderte Verfahren zur schriftlichen Subtraktion genau erklärt. Sollte Ihr Kind nicht in der Lage sein, Ihnen die einzelnen Schritte zu erklären, informieren Sie sich am besten dort oder bei der Lehrkraft, wie gerechnet wird.

Wie diese Verfahren zur schriftlichen Subtraktion Schritt für Schritt gerechnet werden, erfahren Sie im Kapitel „Die schriftliche Subtraktion“.

```
   3 4 5
   I I
 - 2 6 7
 -------
     7 8
```

Die Schreibweise dieses **Abziehverfahrens** ist derzeit in einigen Bundesländern (u. a. in Bayern) gefordert.

```
   2 3
   3̸ 4̸ 5
 - 2 6 7
 -------
     7 8
```

Das ist ebenfalls das **Abziehverfahren**, jedoch in „alter“ Schreibweise.

```
   3 4 5
 - 2 6 7
   1 1
 -------
     7 8
```

Das ist die schriftliche Subtraktion mithilfe des **Ergänzungsverfahrens**.

Fragen Sie Ihr Kind immer: **„Wie kommst du auf dieses Ergebnis?"** – auch wenn es richtig ist!

Ein paar konkrete Tipps

Es gibt viele Möglichkeiten Ihrem Kind in Mathematik zu helfen.
Die folgenden Tipps bieten dazu eine wichtige Grundlage.

Wichtig zu wissen

Kinder sind nicht allgemein in Mathematik schlecht. So können sie beispielsweise die Grundrechenarten sicher und fehlerfrei rechnen, haben aber große Probleme, Sachaufgaben zu verstehen. Oder sie beherrschen zwar das Einmaleins, haben aber das Subtrahieren nicht verstanden. Überlegen Sie daher, in welchen Bereichen sich erste Lücken zeigen, und helfen Sie Ihrem Kind bei diesen Themen.

Aufwärmen

Bevor Sie mit Ihrem Kind spezielle Aufgaben üben, empfiehlt es sich – wie im Sport –, Aufwärmübungen, z. B. leichte Kopfrechenaufgaben, voranzustellen. Hat Ihr Kind beispielsweise Schwierigkeiten im Zahlenraum bis zur Million, üben Sie ruhig Rechenaufgaben im Zahlenraum bis 20! Diese Aufgaben werden in der 4. Klasse in den meisten Fällen sicher gerechnet. Und schon haben Sie dafür gesorgt, dass Ihr Kind mit einem Erfolgserlebnis beginnt.

Üben in kleinen Portionen

Matheaufgaben gehören nicht unbedingt zu den beliebtesten Übungsstunden zu Hause. Mehrere kurze Übungseinheiten sind für Ihr Kind motivierender als eine lange.

Abwechslung

Stundenlang das Einmaleins oder die schriftliche Subtraktion zu üben, hat wenig Sinn. Ein Wechsel zwischen Aufgaben, die Ihr Kind gut beherrscht, und einzelnen Aufgaben, bei denen Schwierigkeiten auftreten, verkürzen nachweislich die gefühlte Lernzeit. Abwechslung können auch verschiedenste Spiele bringen, die etwas mit Mathematik zu tun haben.

Mathespiele

Es gibt zahlreiche spielerische Übungsmöglichkeiten in der Mathematik, die zwar auf den ersten Blick nicht helfen, das Einmaleins besser zu beherrschen, aber dafür Spaß machen. Und darauf kommt es oft an!

Gemeinsam üben

Es bringt wenig, dem Kind Rechenaufgaben vorzusetzen, die es alleine rechnen soll. Dabei kann es durchaus vorkommen, dass richtige Ergebnisse herauskommen, aber Sie wissen nie, *wie* Ihr Kind gerechnet hat.

Automatisierungsprozess

Um Kindern das Gefühl eines sicheren mathematischen Fundamentes zu geben, ist automatisiertes Vorwissen unbedingt notwendig. Kann sich also Ihr Kind das Einmaleins mit 7 nicht merken, fragen Sie einfach Einmaleinsreihen ab, die Ihr Kind gut kann, und streuen nach und nach einzelne Aufgaben aus dem 7er-Einmaleins ein.

Das Zahlenfeld

SIEHE AUCH
Der Zahlenstrahl 154–155 ❯

Viele Probleme von Kindern mit dem Fach Mathematik sind die Folge eines mangelnden Zahlenverständnisses.

Solange der Zahlenraum noch übersichtlich ist, treten seltener Probleme auf. Doch spätestens ab der 3. Klasse haben Kinder immer wieder Schwierigkeiten, sich im geforderten Zahlenraum zu orientieren.

Die Zahlen im Zahlenfeld

Der Zahlenraum steigert sich von den Zahlen 0 bis 20 in der 1. Klasse bis zur Zahl 1 Million in der 4. Klasse. Je größer die Zahlen werden, desto schwieriger fällt es manchen Kindern, mit den Zahlen zu hantieren. Zahlenfelder sind ein bewährtes Hilfsmittel, um sich im Zahlenraum besser zurechtzufinden.

▽ **Regeln des Zahlenfeldes**
Von einer Zeile zur nächsten sind es immer von oben nach unten 10 mehr bzw. von unten nach oben 10 weniger. Von Spalte zu Spalte sind es von links nach rechts eins mehr und von rechts nach links eins weniger. Das trifft auf alle Zahlenfelder zu.

+1

+10

2201	2202	2203	2204	2205	2206	2207	2208	2209	2210
2211	2212	2213	2214	2215	2216	2217	2218	2219	2220
2221	2222	2223	2224	2225	2226	2227	2228	2229	2220
2231	2232	2233	2234	2235	2236	2237	2238	2239	2230
2241	2242	2243	2244	2245	2246	2247	2248	2249	2240
2251	2252	2253	2254	2255	2256	2257	2258	2259	2250
2261	2262	2263	2264	2265	2266	2267	2268	2269	2260
2271	2272	2273	2274	2275	2276	2277	2278	2279	2270
2281	2282	2283	2284	2285	2286	2287	2288	2289	2280
2291	2292	2293	2294	2295	2296	2297	2298	2299	2300

−10

−1

Aus Gründen der Übersichtlichkeit wurde hier ein Ausschnitt aus dem Zahlenraum bis 10.000 gewählt.

Gerade Zahlen

Ungerade Zahlen

Übungen mit vollständiger Zahlentafel

Um mit den Kindern zu Hause zu üben, empfiehlt es sich, am Computer einmalig einen Ausschnitt aus dem Zahlenraum bis 10.000 zu erstellen und als Vorlage abzuspeichern. Das ist in wenigen Minuten erledigt. Damit lassen sich nun verschiedenste Übungen durchführen.

Alle Zahlen, die auf 5 oder 0 enden, kann ich durch 5 teilen.

Von links oben nach rechts unten sind es immer 11 mehr.

Wenn ich die Quersumme der Zahlen von oben nach unten bilde, ist es immer +1.

▷ **Zahlreiche Gesetzmäßigkeiten**
Damit Kinder sich gut im Zahlenfeld orientieren können, lassen Sie Ihr Kind einfach bestimmte Gesetzmäßigkeiten erkennen. Das können Sie natürlich auch gemeinsam angehen. Sie werden überrascht sein, wie viele Fakten anhand eines einzigen Zahlenfeldes zusammengetragen werden können.

Vergleich der Zahlenfelder

Manchen Kindern fällt es schwer, sich im Zahlenfeld zu orientieren. Dann bietet ein Vergleich zwischen einem Feld mit bekanntem Zahlenraum und einem mit dem neu zu entdeckenden eine hilfreiche Unterstützung.

▷ **Ein Vergleich bietet Sicherheit.**
Gerade bei Kindern, die sich schwertun, sobald der Zahlenraum erweitert wird, ist es ein sehr effektives Mittel, wieder auf bekannte Zahlenfelder zurückzugreifen. Stellt man beide Zahlenfelder einander gegenüber, kann das Kind feststellen, dass die Zahlen zwar größer geworden sind, sich die Gesetzmäßigkeiten aber nicht geändert haben.

1	2	3	4	5	6	7	8	9	10
11	12	13	14	15	16	17	18	19	20
21	22	23	24	25	26	27	28	29	20
31	32	33	34	35	36	37	38	39	30
41	42	43	44	45	46	47	48	49	40
51	52	53	54	55	56	57	58	59	50
61	62	63	64	65	66	67	68	69	60
71	72	73	74	75	76	77	78	79	70
81	82	83	84	85	86	87	88	89	80
91	92	93	94	95	96	97	98	99	100

23 + 5 = 28
28 + 40 = 68
68 – 5 = 63
63 – 40 = 23

Werden die gleichen Zahlen im Zahlenraum bis 100 oder im Zahlenraum bis 10.000 addiert und subtrahiert ergibt sich immer das gleiche Muster.

2201	2202	2203	2204	2205	2206	2207	2208	2209	2210
2211	2212	2213	2214	2215	2216	2217	2218	2219	2220
2221	2222	2223	2224	2225	2226	2227	2228	2229	2220
2231	2232	2233	2234	2235	2236	2237	2238	2239	2230
2241	2242	2243	2244	2245	2246	2247	2248	2249	2240
2251	2252	2253	2254	2255	2256	2257	2258	2259	2250
2261	2262	2263	2264	2265	2266	2267	2268	2269	2260
2271	2272	2273	2274	2275	2276	2277	2278	2279	2270
2281	2282	2283	2284	2285	2286	2287	2288	2289	2280
2291	2292	2293	2294	2295	2296	2297	2298	2299	2300

2223 + 5 = 2228
2228 + 40 = 2268
2268 – 5 = 2263
2263 – 40 = 2223

Der Zahlenstrahl

Zu den grundlegenden Fähigkeiten, die in der Grundschule gelernt werden müssen, gehört es, sich auf einem Zahlenstrahl zu orientieren.

SIEHE AUCH
❮ 146–147 Arbeitsmaterialien und ihr richtiger Gebrauch
Zahlen runden 174–175 ❯

Dabei handelt es sich einfach um eine gerade Linie, auf der die Zahlen der Größe nach geordnet sind.

Zahlenstrahl oder Zahlengerade?

Da in der Grundschule nur mit Zahlen größer als Null gerechnet wird, also mit positiven Zahlen, spricht man von einem Zahlenstrahl. Bei einer Zahlengeraden werden auch Zahlen links von der Null, also negative Zahlen, betrachtet.

▷ **Regeln am Zahlenstrahl**
Jeder Zahlenstrahl hat immer die gleichen Abstände (die gleiche Skala) zur nachfolgenden Zahl. D. h. innerhalb eines Zahlenstrahles darf man die Einheit zwischen den einzelnen Abständen nicht ändern.

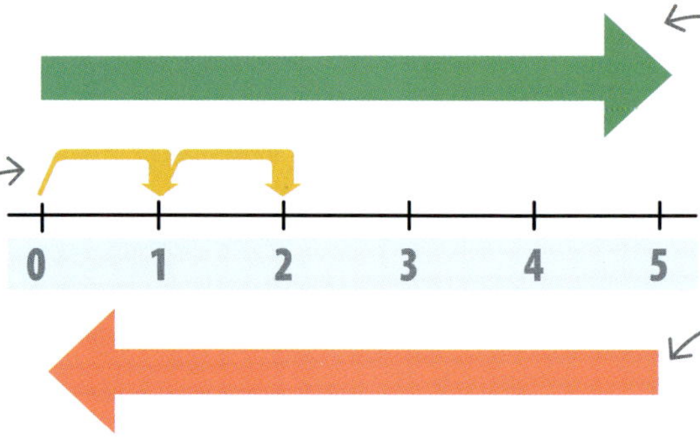

In dieser Richtung werden die Zahlen immer größer. Sollen die Kinder von einer Zahl zur nächsten „springen", müssen sie addieren.

Der Abstand zwischen beiden Zahlen ist pro Zahlenstrahl immer der gleiche. Es ist immer eine einheitliche Skala pro Zahlenstrahl.

In dieser Richtung werden die Zahlen immer kleiner. Sofern der Zahlenstrahl als Rechenhilfe verwendet wird, müssen die Kinder subtrahieren.

Die Tücken des Zahlenstrahls

Gäbe es nur einen Zahlenstrahl mit der Einteilung 0, 1, 2, 3 usw., hätten Kinder weniger Probleme. Da der Zahlenraum sich jedoch in jedem Grundschuljahr erweitert, gibt es unterschiedliche Einteilungen, je nachdem, welche Zahlen gerade im Mittelpunkt stehen und wie der Zahlenstrahl beschriftet wird.

▷ **Auf die richtige Einheit kommt es an**
Kinder müssen in der Lage sein, zu erkennen, um welche Einheit es sich beim jeweiligen Zahlenstrahl handelt. Das gelingt nur, wenn sie sich zwei angegebene Zahlen anschauen und den Abstand erkennen.

Der am **meisten eingesetzte Zahlenstrahl ist das Lineal**, das jedes Kind dabeihaben sollte.

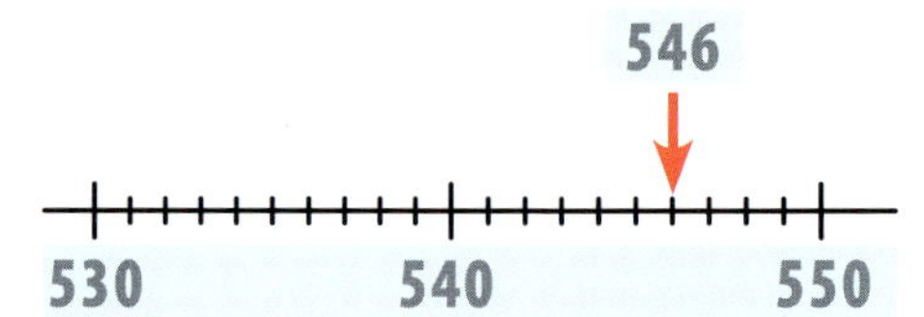

Hier beträgt der Abstand zwischen zwei „kleinen" Strichen 1.

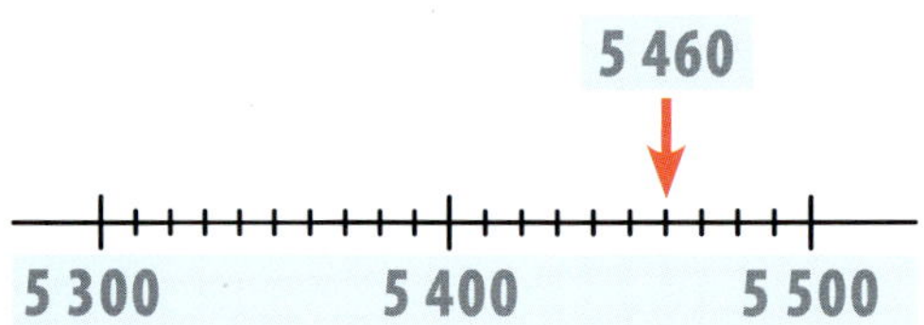

Hier beträgt der Abstand zwischen zwei „kleinen" Strichen 10!

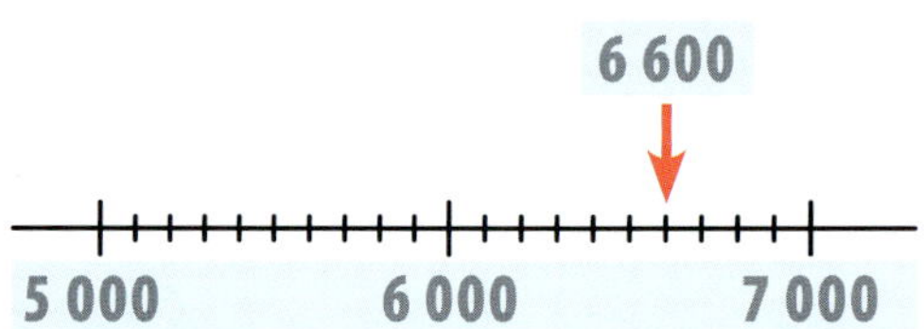

Hier beträgt der Abstand zwischen zwei „kleinen" Strichen 100!

Übungen zum Zahlenstrahl

Damit Kinder sinnvoll mit dem Zahlenstrahl üben können, ist es von großer Bedeutung, dass sie zunächst genau hinschauen, um welche Größenabstände es sich handelt. Viele Kinder sehen auf den ersten Blick nur viele Striche und das verunsichert sie häufig.

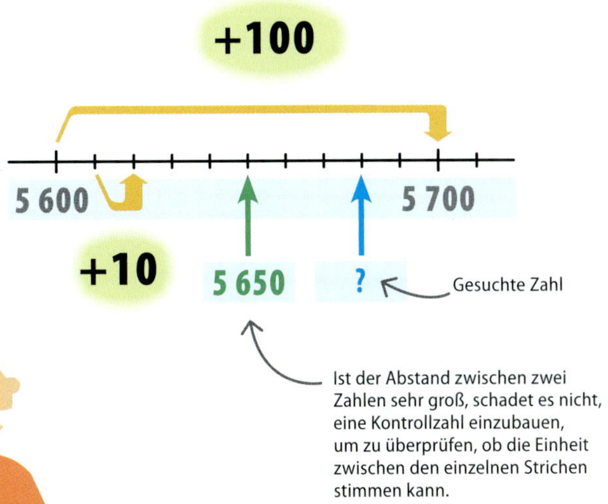

▷ **Vorgehensweise beim Auffinden von Zahlen**
Der erste Schritt muss immer sein: genau hinsehen! Welche Zahlen sehe ich? Wie groß ist der Abstand zwischen den Zahlen, die dastehen? Wie groß ist der Abstand zwischen zwei Strichen: +1, +10, +100 …? Erst dann kann ich die gesuchte Zahl finden.

Zahlen schätzen am Zahlenstrahl

Einige Aufgaben am Zahlenstrahl sind dazu gedacht, dass das Kind eine ungefähre Vorstellung davon bekommt, wo sich bestimmte Zahlen auf einem vorgegebenen Zahlenstahl befinden. Auch hier wird die Orientierung im Zahlenraum trainiert.

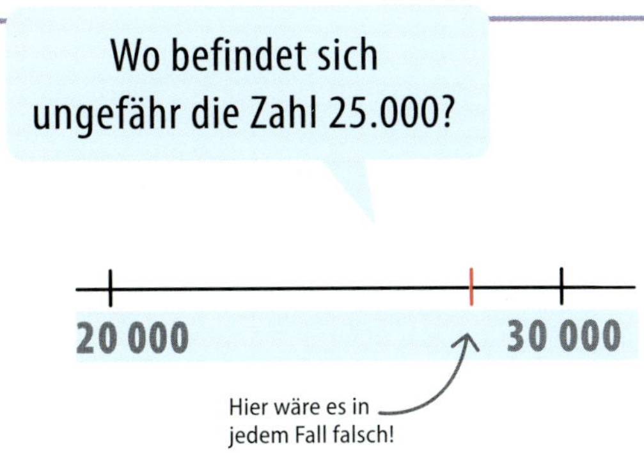

▷ **Sinnvolle Orientierung am Zahlenstrahl**
Zeichnet das Kind den erforderlichen Strich zu weit nach links oder nach rechts, wird sofort klar, dass es das Verhältnis der beiden vorgegebenen Zahlen zueinander nicht erkannt hat.

Abstände erkennen

Neben der Orientierung am Zahlenstrahl ist es wichtig, dass Kinder Strategien zum Auffinden bestimmter Zahlen entwickeln. Bei manchen Aufgaben scheitern Kinder, weil sie keine Vorstellung davon haben, wie sie vorgehen sollen.

▷ **Mit der richtigen Strategie ans Ziel**
Um bei dieser Form von Aufgaben zu einer richtigen Lösung zu kommen, müssen die Kinder auf bestimmte Lösungsstrategien zurückgreifen. Alle vier Schritte müssen durchlaufen werden, um zum richtigen Ergebnis zu kommen.

Wie heißt die Zahl genau in der Mitte?

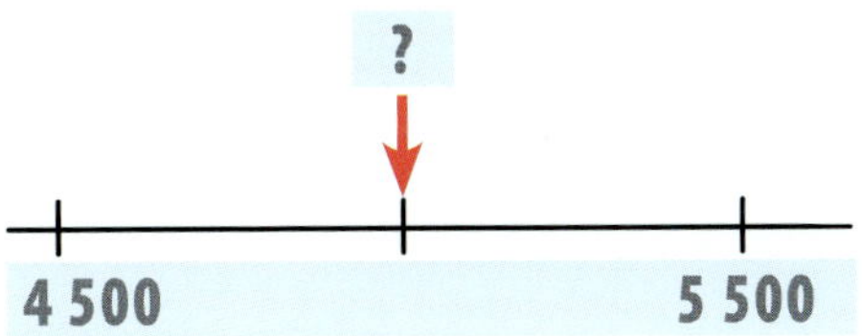

Lösungsstrategie:
1. **Schritt: 5500 – 4500 = 1000**
2. **Schritt: 1000 : 2 = 500**
3. **Schritt: 4500 + 500 = 5000**

4. **Lösung: Die Zahl genau in der Mitte heißt 5000.**

Das Stellenwertsystem

Das Stellenwertsystem ist das System, in dem die Zahlen aufgeschrieben werden.

SIEHE AUCH
❮ 74–75 Karteikarten
Stellenwertsystem mit römischen Ziffern 160–161 ❯
Zahlen vergleichen 162–163 ❯

Mit der Position der Zahl im Stellenwertsystem wird der Wert der Zahl bestimmt. Steht die Zahl 1 nicht mehr an der ersten Stelle von rechts, sondern an der dritten Stelle, wird aus dem Einer ein Hunderter.

Ein kurzer Blick in die Geschichte der Stellenwerttafel

Arabische Händler brachten aus Indien diese entscheidende Errungenschaft nach Europa. Die Hindus hatten ein System entwickelt, bei dem jede Ziffer durch ihre Position in der Zahl bestimmt wurde. Das älteste erhaltene Dokument ist eine Kupfertafel, auf der in Sanskrit die Zahl 346 steht. Sie stammt aus dem Jahr 596 v. Chr. Mit diesem System konnte man, im Gegensatz zu den römischen Zahlen, tatsächlich rechnen.

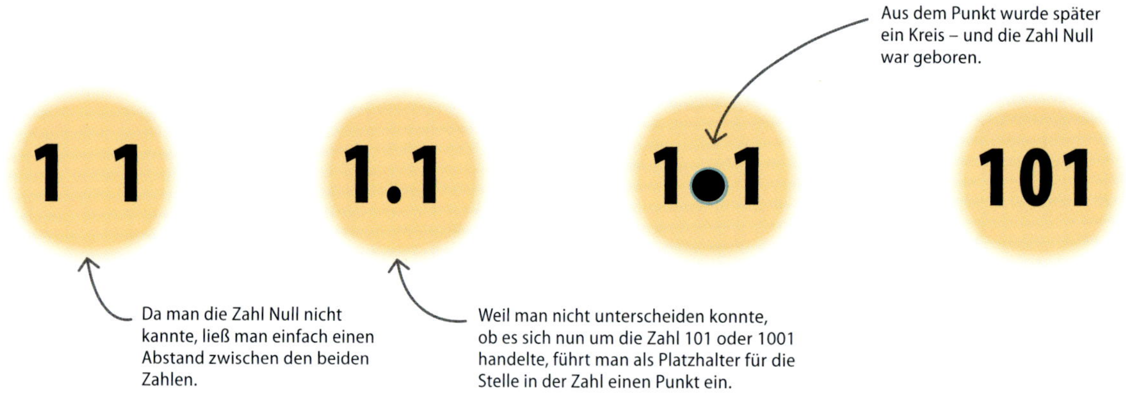

△ **Die arabischen Zahlen**
Bis es das indisch-arabische Zahlensystem inklusive der Null nach Europa schaffte, dauerte es allerdings sehr lange. Die arabischen Zahlen wurden als heidnische Zahlen gebrandmarkt, während die römischen Zahlen als christlich galten. In Florenz gab es im Jahr 1299 sogar einen Erlass, der den Kaufleuten verbot, mit der „Null“ zu rechnen. Erst 1522 verhalf Adam Riese unserem heutigen Stellenwertsystem zum Durchbruch.

INTERESSANT

Der Unterschied zwischen Ziffer und Zahl

Aus den Ziffern 0–9 können Zahlen mit einem bestimmten Wert gebildet werden. Z. B.: Aus den Ziffern 1, 2, 3 können unterschiedliche Zahlen mit unterschiedlichem Wert gebildet werden. (123, 321, …)

Der Aufbau der Stellenwerttafel

Die Stelle, an der die Ziffer steht, bestimmt ihren Wert. Daher auch der Name Stellenwerttafel.

Diese große Zahl wird in drei „Schritten" gelesen

Eine Million fünfhundertvierundachzigtausend-sechshunderteinundzwanzig

Million	Hunderttausend	Zehntausend	Tausend	Hundert	Zehner	Einer
M	HT	ZT	T	H	Z	E
1	5	8	4	6	2	1

Die Ziffer 6 steht an 3. Stelle als Hunderter und hat somit den Wert 600.

△ **Einfaches Prinzip – große Wirkung**
Schreibt man die Zahlen in Worte, wird schnell klar, wie unübersichtlich das auf Dauer wäre. Mit der Stellenwerttafel können selbst sehr große Zahlen eindeutig dargestellt werden.

Funktionsweise der Stellenwerttafel

Die Stellenwerttafel basiert auf dem „Zehnersystem". Das hat damit zu tun, dass wir 10 Ziffern von 0 bis 9 zur Verfügung haben, mit denen wir jede beliebige Zahl schreiben können.

▷ **Gleiche Ziffer – unterschiedlicher Wert**
Beginnend bei den Einern (E) erhöht sich bei jeder Position nach links der Wert um den Faktor 10. Selbst gleiche Ziffern erhalten damit einen höheren Wert. Pro „Stellenwert" darf nur eine Ziffer stehen. Damit kann höchstens die Ziffer 9 in einer Spalte stehen.

T	H	Z	E
1	1	1	1

Immer das Zehnfache

1 0 0 0 + 1 0 0 + 1 0 + 1

Was bedeuten Würfel, Stange, Platte und Block?

In den meisten Mathematikbüchern wird das Stellenwertsystem anhand von Würfeln, Stangen, Platten und Blöcken bildlich dargestellt, damit die Kinder den Umgang mit der Stellenwerttafel im wahrsten Sinne des Wortes „begreifen" können.

		Er repräsentiert die Zahl 1	1 E
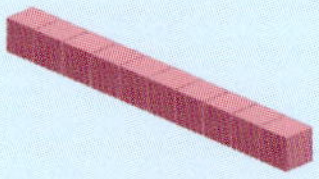	1 Stange besteht aus 10 Würfeln	Sie repräsentiert die Zahl 10	1 Z
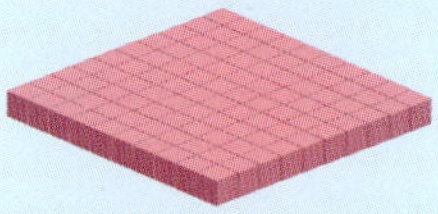	1 Platte besteht aus 10 Stangen	Sie repräsentiert die Zahl 100	1 H
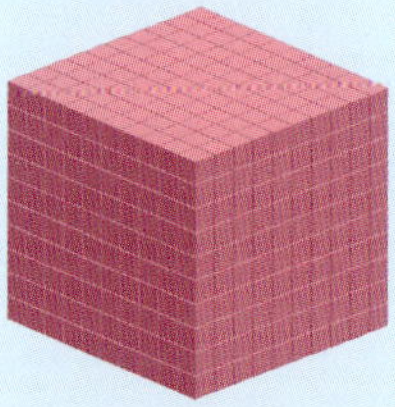	1 Block besteht aus 10 Platten	Er repräsentiert die Zahl 1000	1 T

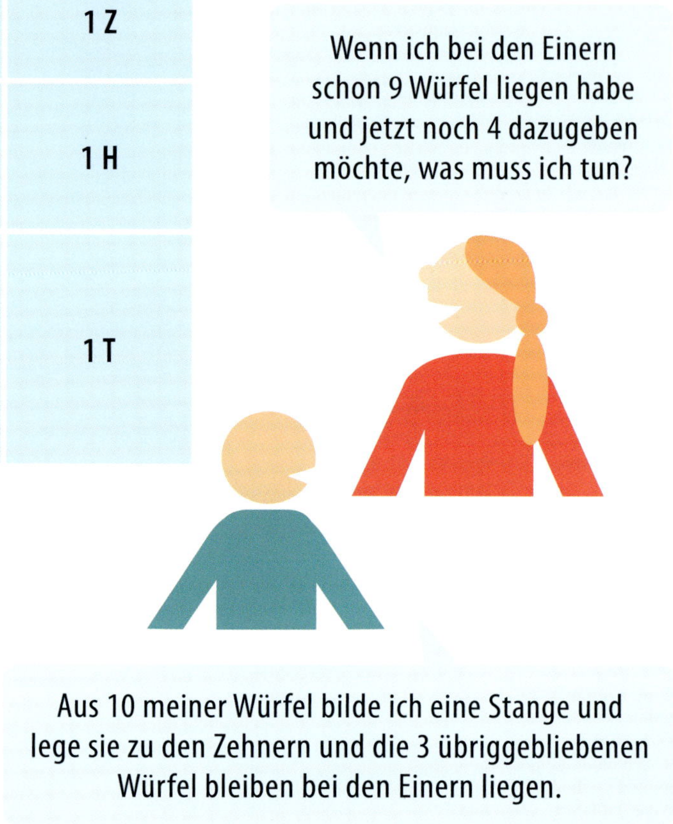

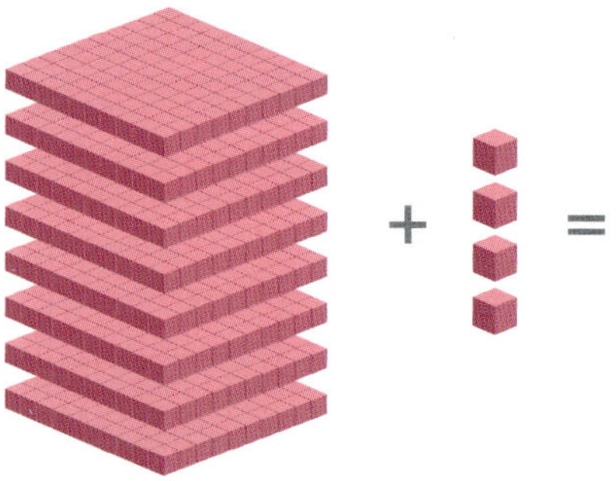

= 8 H + 0 Z + 4 E = 804

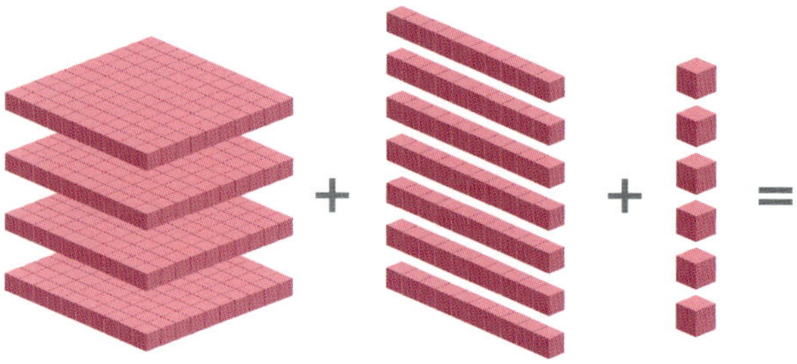

= 4 H + 7 Z + 6 E = 400 + 70 + 6 = 476

◁ **Einsatzmöglichkeit zu Hause**
Diese schulischen Übungen können auch zu Hause entweder mit Steckwürfeln oder einfach mit Legosteinen wiederholt werden. Dazu benötigen Sie natürlich nicht 1000 Legosteine. Um das Prinzip zu verstehen, reichen 100 Steine auch aus. Wenn Sie auf einem DIN-A4-Blatt die Stellenwerttafel einzeichnen, können Sie mit Ihrem Kind das „Umtauschen" von Einern zu Zehnern leicht üben.

Übungen zur Stellenwerttafel

Um sicherzugehen, dass Ihr Kind die Stellenwerttafel verstanden hat, bieten sich die folgenden Übungen gut an. Alles, was Sie dazu benötigen, sind kleine Karteikarten und drei verschiedenfarbige Würfel.

1 Schreiben Sie auf kleine Karteikarten mehrere Stellenwerte, also z. B. 2 E, 7 T, 8 Z unsortiert auf. Dazu benötigen Sie noch eine Stellenwerttafel. Nun ist es Aufgabe Ihres Kindes, die einzelnen Stellenwerte in die richtige Spalte der Tafel zu schreiben. Dabei können sie den Schwierigkeitsgrad laufend erhöhen.

2 Schreiben Sie Zahlen in eine Stellenwerttafel und Ihr Kind muss diese Zahl entsprechend zerlegen. Also zum Beispiel: 30.975: 30.000 + 900 + 70 + 5

3 Neben den gängigen Würfeln mit den Augen 1 bis 6 gibt es auch 10er-Würfel inklusive einer „Krone". Nun wird gewürfelt. Jeder hat so viele Versuche, wie die Stellenwerttafel Stellen hat. Bei jedem Versuch muss sich jeder Spieler entscheiden, an welche Stelle er die gewürfelte Zahl schreibt. Gewonnen hat der Spieler mit der größten oder auch kleinsten Zahl, je nachdem, was vorher vereinbart wurde.

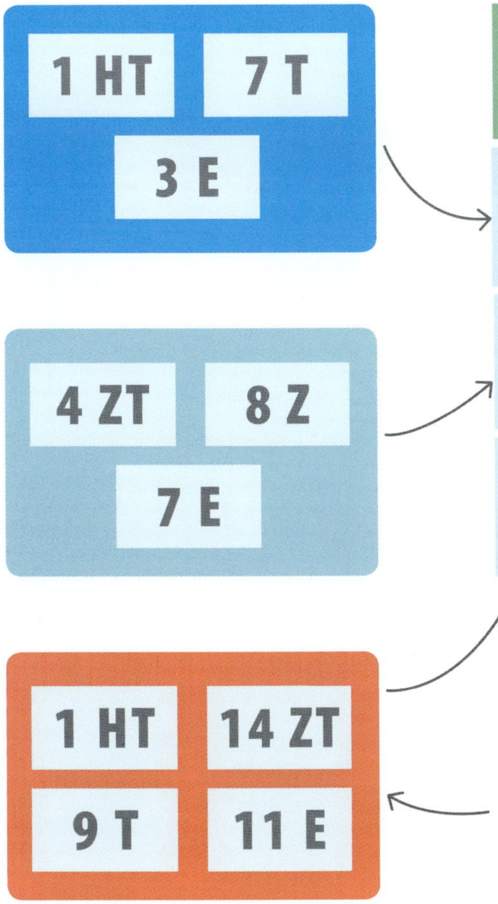

HT	ZT	T	H	Z	E
1	0	7	0	0	3
	4	0	0	8	7
2	4	9	0	1	1

Hat Ihr Kind die Stellenwerttafel verstanden, wird es wissen, dass es 11 E in 1Z und 1 E und 14 ZT in 1 HT und 4 ZT umwandeln muss.

Stellenwertsystem mit römischen Ziffern

SIEHE AUCH
❮ **74–75** Karteikarten
❮ **148–149** Zahlen und Ziffern schreiben
❮ **156–159** Das Stellenwertsystem

Bis ins 16. Jahrhundert hinein wurden in Europa römische Zahlzeichen in Form von Buchstaben verwendet.

Römische Zahlen

Sie eigneten sich zwar dazu, bestimmte Zahlen darzustellen, richtig rechnen konnte man mit ihnen nicht.

Die wenigsten Menschen kennen übrigens die römischen Zahlen jenseits der 12.

Kleinere Symbole hinter einem größeren werden zu dem größeren addiert.

Einer	I 1	II 2	III 3	IV 4	V 5	VI 6	VII 7	VIII 8	IX 9
Zehner	X 10	XX 20	XXX 30	XL 40	L 50	LX 60	LXX 70	LXXX 80	XC 90
Hunderter	C 100	CC 200	CCC 300	CD 400	D 500	DC 600	DCC 700	DCCC 800	CM 900
Tausender	M 1000	MM 2000	MMM 3000	$\overline{\text{IV}}$ 4000	$\overline{\text{V}}$ 5000	$\overline{\text{VI}}$ 6000	$\overline{\text{VII}}$ 7000	$\overline{\text{VIII}}$ 8000	$\overline{\text{MX}}$ 9000

Kleinere Symbole vor einem größeren werden vom größeren Wert subtrahiert.

So werden römische Zahlen gelesen

Um römische Zahlen in arabische zu übersetzen, müssen die einzelnen Abschnitte zunächst zerlegt werden

$\overline{\text{IV}}$	CM	LX	VI
1	2	3	4

▷ IV mit dem Balken über den Buchstaben bedeutet , dass 1000 von 5000 abgezogen werden: 5000 – 1000 = 4000

▷ C (100) vor M(1000) bedeutet, dass das kleinere Symbol vom größeren abgesogen werden muss: 1000 – 100 = 900

▷ L (50) vor X (10) bedeutet, dass das kleinere Symbol zum größeren dazugezählt werden muss: 50 + 10 = 60

▷ V (5) vor I (1) bedeutet wieder, dass das kleinere Symbol zum größeren dazugezählt werden muss: 5 + 1 = 6

▷ Zum Schluss werden alle 4 Abschnitte wieder miteinander addiert und man erhält die Zahl:

4	0	0	0
	9	0	0
		6	0
			6
4	9	6	6

◁ **Worauf sollte man achten?**
Bevor man längere römische Zahlen in unsere Zahlen „übersetzt", sollten die einzelnen Zahlsymbole vorab geübt und bekannt sein.

Römische Zahlen im Alltag

Armbanduhren

Namen der Päpste
z. B. Johannes XXIII

Inschriften von Denkmälern

Kirchturmuhren

Namen von gekrönten Häuptern

◁ Römische Zahlen finden auch heute noch ihre Anwendung. Selbst modernste Uhren haben auf ihrem Ziffernblatt immer wieder römische Zahlen. Ebenso zeugen viele öffentliche Uhren, wie zum Beispiel an Kirchtürmen, noch von einer Zeit, als es unsere heutigen Ziffern nicht gab. Es schadet nicht, Kinder auch auf diese Form der Zahlschreibung hinzuweisen.

Übungsmöglichkeiten für Kinder

Für Kinder ist es oft spannend, sich auch einmal mit römischen Zahlen zu beschäftigen. Dies kann eine willkommene Abwechslung zu üblichen Matheübungen sein. Dabei beschäftigen sich die Kinder ganz nebenbei intensiv mit Zahlen, Zahlenwerten, der Zerlegung von Zahlen und dem Stellenwertsystem.

▷ **Der richtige Einstieg**
Wichtig ist dabei jedoch der richtige Einstieg. „Wir üben jetzt die römischen Zahlen" wäre bestimmt der falsche Ansatz. „Ich kenne übrigens noch eine ganz andere Art und Weise, wie man Zahlen schreiben kann. Du hast sie bestimmt auch schon mal irgendwo gesehen", kommt einem motivierenden Einstieg schon näher.

Karteikarten mit römischen Ziffern

Mithilfe von Karteikarten können sich Kinder die Zahlen in kurzer Zeit einprägen. Dabei ist es empfehlenswert Einer, Zehner, Hunderter und Tausender auf verschiedenfarbige Karteikarten zu schreiben. Das erleichtert das Lernen.

V	5	Einer
XL	40	Zehner
DC	600	Hunderter
$\overline{\text{IV}}$	4000	Tausender

△ **Richtiges Beschriften**
Damit die römischen Ziffern richtig geschrieben werden, sollten Eltern die Vorderseite der Karteikarten beschriften. V. a. bei den Tausenderzahlen ab 4000 ist der obere Strich entscheidend. Ohne diesen Strich heißt z. B. die Zahl nicht 6000 sondern 6.

Kartenspiel für Anspruchsvolle

Ein Kartenspiel mit 36 Karten mit römischen Zahlen in vier verschiedenen Farben herstellen (Einer – rot, Zehner – blau, Hunderter – grün und Tausender – gelb). Auf der Vorderseite stehen die römischen Zahlsymbole, die Rückseite bleibt frei. Anschließend werden alle Karten umgedreht auf den Tisch gelegt. Jeder Spieler zieht nun von jeder Farbe eine Karte. Wer die höchste Zahl gezogen hat, erhält einen Punkt. Wer jedoch die Zahl falsch „übersetzt", bekommt wieder einen Punkt abgezogen.

Zahlen vergleichen

Beim Vergleichen und Ordnen von Zahlen wird darauf geachtet, wie diese Zahlen im Verhältnis zueinander stehen.

SIEHE AUCH
❮ 148–149 Zahlen und Ziffern schreiben
Zahlenfolgen 164–165 ❯
Diagramme 202–203 ❯

Kinder sollen in die Lage sein, Zahlen miteinander zu vergleichen und nach bestimmten Kriterien zu ordnen. Das festigt ihr Verständnis für Zahlen und ermöglicht ihnen später, eigene Ergebnisse schneller auf ihre Korrektheit hin zu überprüfen.

Kleiner, größer, gleich

Im Gegensatz zur Mathematik haben wir im Alltag verschiedene Wörter zur Verfügung, um etwas miteinander zu vergleichen: „weniger", „etwas mehr", „viel mehr", „genauso viel". In der Mathematik gibt es dafür nur genau drei Aussagen, die verwendet werden müssen.

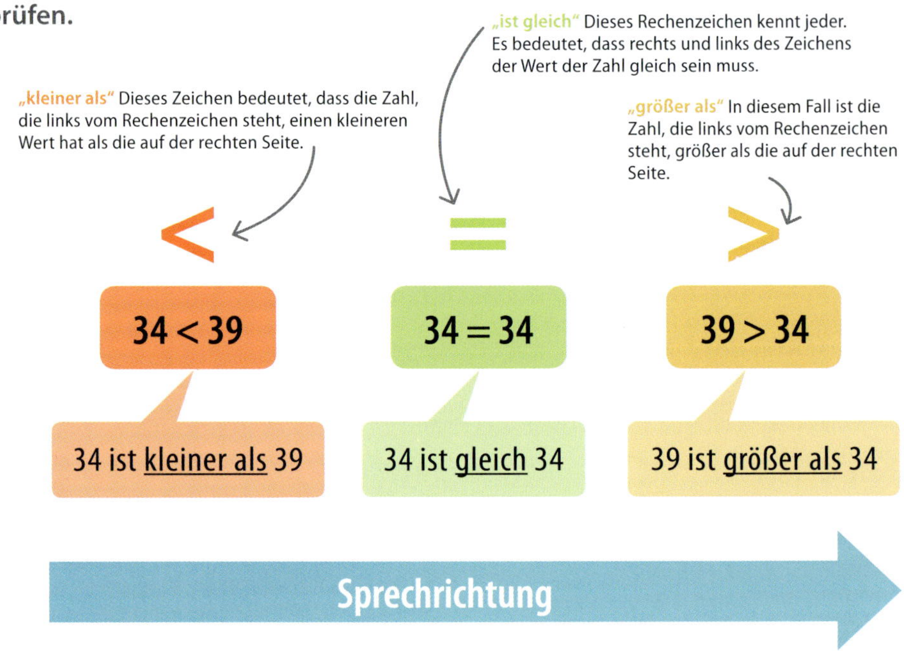

▷ **Auf die Richtung kommt es an**
Da wir in unserem Kulturkreis von links nach rechts lesen, werden diese Rechenzeichen ebenfalls von links nach rechts gelesen. Da Kinder dazu neigen, zuerst die größere Zahl zu nennen, sollten sie auf die richtige Sprechweise hingewiesen werden. Das vermeidet Fehler!

Merkhilfe für Kinder

In vielen Büchern wird das Beispiel eines Krokodils, das immer nach der größeren Zahl schnappt, als Merkhilfe herangezogen, doch es geht auch weniger dramatisch.

△ **Einprägen anhand kindlicher Darstellung**
Auch wenn es gerade für Viertklässler etwas kindisch wirken mag, so prägen sich auf diese Art und Weise die Bedeutungen der Rechenzeichen <, =, > besser ein, wie die Erfahrung gezeigt hat. Sofern Kinder dennoch vor allem < und > verwechseln, empfiehlt es sich, diese Rechenzeichen auf kleine Karteikarten zu schreiben – am besten in zwei verschiedenen Farben – und die Kinder mithilfe dieser Karten Alltagsgegenstände (große Tasse – kleine Tasse, Esslöffel – Teelöffel, Gabel – Kuchengabel usw.) vergleichen zu lassen.

Wo werden <, =, > angewendet?

In vielen Lernbereichen der Mathematik werden Kindern in der Einführungsphase zu einem neuen Themenbereich Aufgaben zum Vergleichen gestellt. Daher ist es wichtig, dass diese Rechenzeichen sicher und richtig angewendet werden.

Zahlen			
Zahlenraum	123 345	> „… ist größer als"	113 999
Stellenwerte	4 ZT 5 T 8 H 1 E	= „… ist gleich"	45 801
Einmaleins	56 : 8	< „… ist kleiner als"	48 : 6

Größen			
Längen	0,25 cm	= „… ist gleich"	25 mm
Geld	1 € 30 ct	> „… ist größer als"	120 ct
Hohlmaße	$\frac{1}{4}$ l	< „… ist kleiner als"	$\frac{1}{2}$ l
Gewichte	0,5 kg	> „… ist größer als"	400 g

Vermeidbare Fehlerquellen

Die Ursache vieler Fehler ist nicht, dass die Kinder die Zahlen nicht ordnen können, sondern, dass sie die Rechenzeichen verwechseln, die Aufgabe nicht genau lesen oder die Zeichen sehr undeutlich schreiben. Da wird aus einem „größer als" gerne einmal ein „ist gleich".

Fehlerquelle 1: Undeutliche Schreibweise

Fehlerquelle 2: Ungenaues Lesen der Aufgabenstellung

Ordne die Zahlen der Größe nach. Beginne mit der **kleinsten** Zahl.

877 887 876 899 897

Übersieht das Kind das Wort „kleinste" und liest nur „Ordne der Größe nach", wird es vielleicht mit der Zahl 899 beginnen – ein vermeidbarer Fehler.

△ **Genau lesen und schreiben**

Es ist sehr ärgerlich, wenn ein Kind Zahlen eigentlich sehr sicher in Beziehung zueinander setzen kann, aber aufgrund von mangelnder Konzentration und unsauberer Schreibweise Punktabzüge in Kauf nehmen muss.

Rechenzeichen, die **nicht eindeutig erkennbar** sind, werden als **Fehler** gewertet!

Die schriftliche Addition

SIEHE AUCH
❮ 148–149 Zahlen und Ziffern schreiben
❮ 156–159 Das Stellenwertsystem

Sowohl die schriftliche Addition als auch die schriftliche Subtraktion werden meist in der 3. Klasse eingeführt. Da sie in den folgenden Jahren immer wieder benötigt werden, ist es wichtig, dass die Kinder sie sehr gut beherrschen.

Mathematische Begriffe zur Addition

Die schriftliche Addition bereitet den Kindern in der Regel weniger Schwierigkeiten, da sie an das Abzählen erinnert. Genauso fällt es den meisten Menschen leichter, Zahlen vorwärts aufzusagen als rückwärts (das Gleiche gilt übrigens auch für das Alphabet). Als Vorwissen für die schriftliche Addition sollen die Kinder vor allem den Zahlenraum bis 20 inklusive des Rechnens über den Zehner beherrschen. Die folgenden Begriffe sollten bekannt sein:

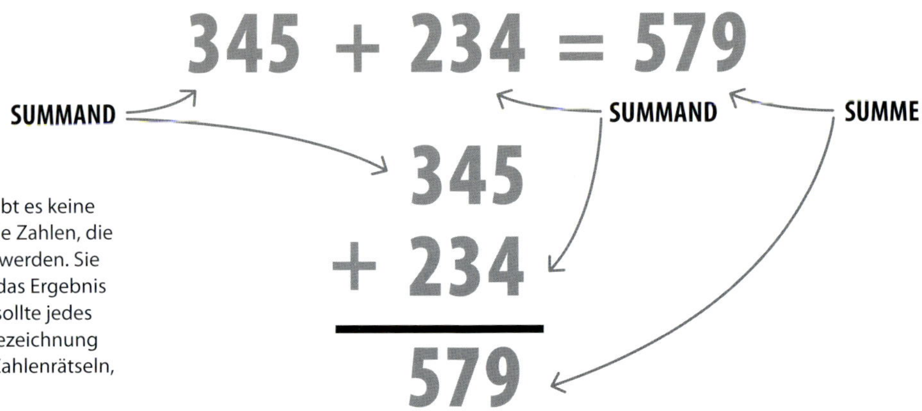

▷ **Summand und Summe**
Im Gegensatz zur Subtraktion gibt es keine unterschiedlichen Begriffe für die Zahlen, die addiert, d. h. zusammengezählt werden. Sie heißen jeweils Summand. Dass das Ergebnis einer Addition eine Summe ist, sollte jedes Kind unbedingt wissen. Diese Bezeichnung ist bei späteren Aufgaben, z. B. Zahlenrätseln, von großer Bedeutung.

Rechnungen vollständig aufschreiben

Dass Zahlen eindeutig lesbar in die Kästchen und nicht dazwischen geschrieben werden sollen, wurde bereits erwähnt. Bei der schriftlichen Addition – das Gleiche gilt übrigens auch für die schriftliche Subtraktion – kommt mit dem „Strich" am Ende einer Rechnung ein weiteres Element dazu, das gewissenhaft verwendet werden muss.

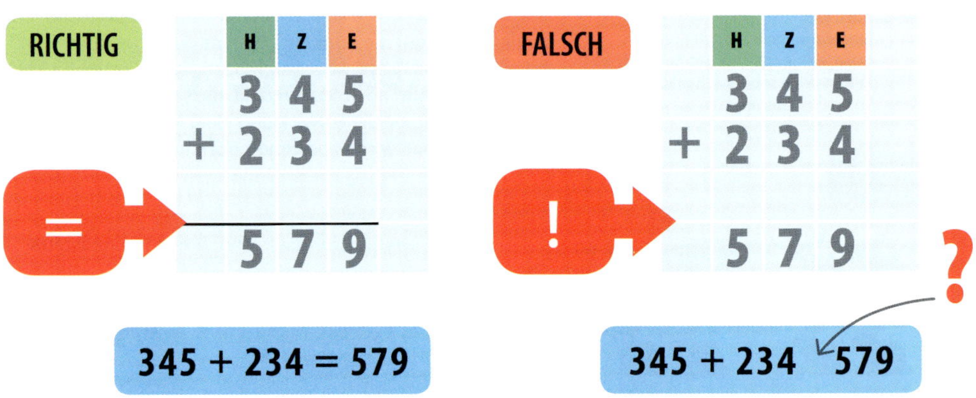

◁ **Das „="- Zeichen**
Es kommt häufig vor, dass Kinder sowohl bei der schriftlichen Addition als auch bei der schriftlichen Subtraktion diesen „Strich" am Ende der Rechnung weglassen. Doch damit ist die Aufgabe falsch und bei Tests verliert das Kind so unnötigerweise wichtige Punkte. Denn auch wenn das Ergebnis richtig ausgerechnet wurde, so steht ohne den Summenstrich keine vollständige Rechenaufgabe da.

Was bedeutet die Stellenwerttafel für das schriftliche Rechnen?

Wie bereits bekannt, hat jede Ziffer einen bestimmten Wert, der durch ihre Position im Stellenwertsystem definiert ist. Alle Additionen und Subtraktionen, die schriftlich zu rechnen sind, werden so untereinandergeschrieben, dass alle Einer unter Einern, alle Zehner unter Zehnern, alle Hunderter unter Hundertern usw. notiert werden. Jede Stelle darf dabei nur mit einer Ziffer besetzt sein. Das gilt natürlich auch für das Ergebnis. Würde bei der Addition zweier Einer als Ergebnis eine zweistellige Zahl herauskommen, muss diese Zahl „umgetauscht" werden.

39 = 30 + 9 = 3Z + 9E

△ **Entbündeln**
Das Entbündeln ist die mathematische Bezeichnung für das „Umwechseln" einer zweistelligen Zahl in ihre einzelnen Werte. Dies zählt zum grundlegenden Vorwissen, das Kinder beherrschen müssen, bevor sie Aufgaben zur schriftlichen Addition oder Subtraktion rechnen.

Bei der **schriftlichen Addition und Subtraktion** wird immer **von rechts nach links** gerechnet!

So wird gerechnet

Zunächst werden die Summanden so aufgeschrieben, dass alle Einer, Zehner, Hunderter usw. genau untereinanderstehen. Jede Spalte wird einzeln gerechnet und das Ergebnis wird unter den Summenstrich geschrieben. Wie aus dem Stellenwertsystem bereits bekannt ist, dürfen keine zwei Zahlen gleichzeitig in einer Spalte stehen. D. h., wenn bei der Addition ein zweistelliger Wert herauskommt, muss die größere Zahl (der größere Stellenwert) in die nächste Spalte übertragen werden. In unserem Beispiel bedeutet das, dass 11 Einer in 1 Zehner und 1 Einer umgewandelt werden. Der Einer wird unter die Einer geschrieben, der Zehner in die Spalte der Zehner übertragen und als „kleine" Zahl über dem Summenstrich notiert. So wird mit jeder weiteren Spalte von rechts nach links weitergerechnet. Dabei muss der jeweilige „Übertrag" natürlich mitgerechnet werden.

Diese Aufgabe muss zunächst nach den Regeln des Stellenwertsystems untereinandergeschrieben werden. D. h.: Einer unter Einer, Zehner unter Zehner und Hunderter unter Hunderter.

345 + 176 =

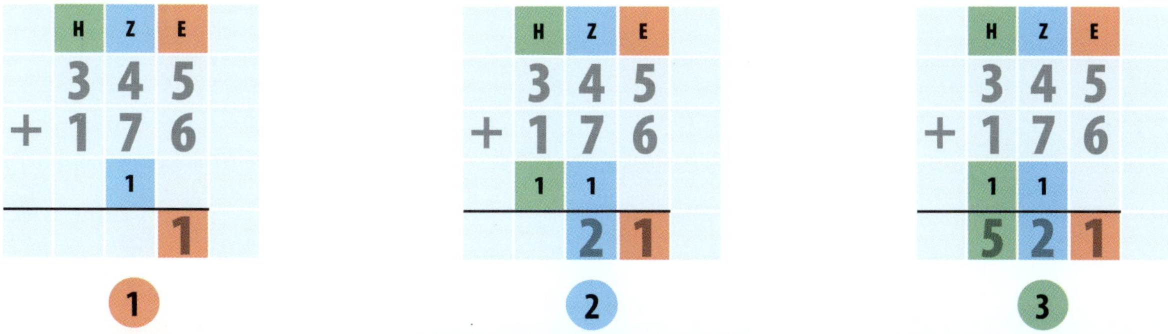

5E + 6E = 11E
11E = 1Z + 1E
„5 + 6 = 11 ➡ 1 an, 1 gemerkt"

1Z + 7Z + 4Z = 12Z
12Z = 1H + 2Z
„1 + 7 + 4 = 12 ➡ 2 an, 1 gemerkt"

1H + 1H + 3H = 5H
„1 + 1 + 3 = 5 ➡ 5 an"

Die schriftliche Subtraktion

SIEHE AUCH
❮ 14–17 Was Eltern unbedingt beachten sollten
❮ 148–149 Zahlen und Ziffern schreiben
❮ 150–151 Wie können Eltern helfen?
❮ 156–159 Das Stellenwertsystem

Gerade die schriftliche Subtraktion, das Abziehen, bereitet häufig Probleme. Daher soll sie auf den folgenden Seiten ausführlich behandelt werden.

Es gibt mehrere Versionen, wie Aufgaben zur schriftlichen Subtraktion gerechnet werden können.

Mathematische Begriffe zur Subtraktion

Das schriftliche Abziehen bereitet Kindern häufig mehr Probleme als das schriftliche Zusammenzählen. Der Grund dafür liegt wohl darin, dass hier das Umwandeln von Zahlen im Stellenwertsystem auf den ersten Blick komplizierter erscheint. Vor allem, wenn im Minuend (der oberen Zahl) eine Null ist. Die Fachbegriffe bei der Subtraktion lauten:

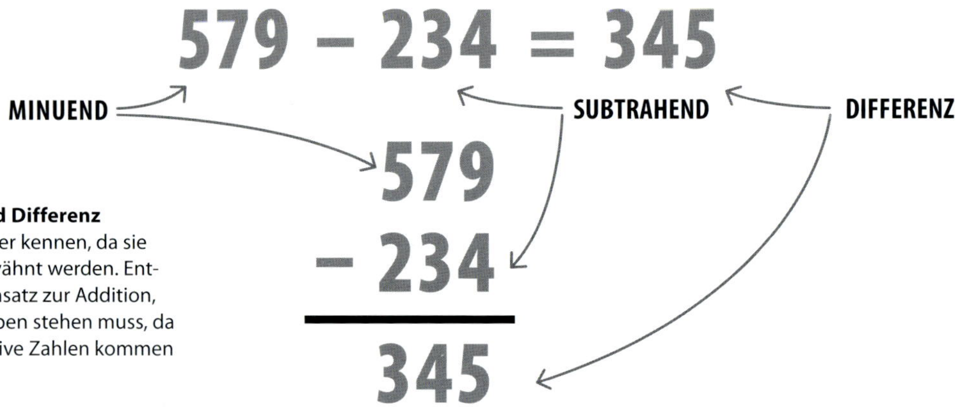

▷ **Minuend, Subtrahend und Differenz**
Auch diese Begriffe sollen Kinder kennen, da sie in vielen Aufgabenstellung erwähnt werden. Entscheidend dabei ist – im Gegensatz zur Addition, dass immer die größere Zahl oben stehen muss, da von ihr abgezogen wird. Negative Zahlen kommen in der Grundschule nicht vor.

Das Abziehverfahren früher und heute

Viele Eltern haben in der Schule Aufgaben zur schriftlichen Subtraktion nach dem Ergänzungsverfahren gerechnet. Heutzutage wird jedoch das Abziehverfahren verwendet. Wenn Sie Ihrem Kind das Abziehen nach der von Ihnen gelernten Methode erklären, kann es sein, dass es beide Arten mischt und zu sehr eigenartigen Ergebnissen kommt. Zumal auch die Rechenrichtung unterschiedlich ist. Um Ihnen den Unterschied zu verdeutlichen, werden beide Abziehverfahren erklärt.

▷ **Unterschiede zwischen den Abziehverfahren**
Ein entscheidender Unterschied ist, dass beim sogenannten Ergänzungsverfahren, obwohl es sich um eine Subtraktion handelt, eigentlich addiert – d. h. auf eine Zahl ergänzt – wird. Daher auch der Name. Die Rechenrichtung geht von unten nach oben. Beim Abziehverfahren hingegen wird abgezogen, also subtrahiert, und die Rechenrichtung geht von oben nach unten.

Früher Das Ergänzungsverfahren

Heute Das Abziehverfahren

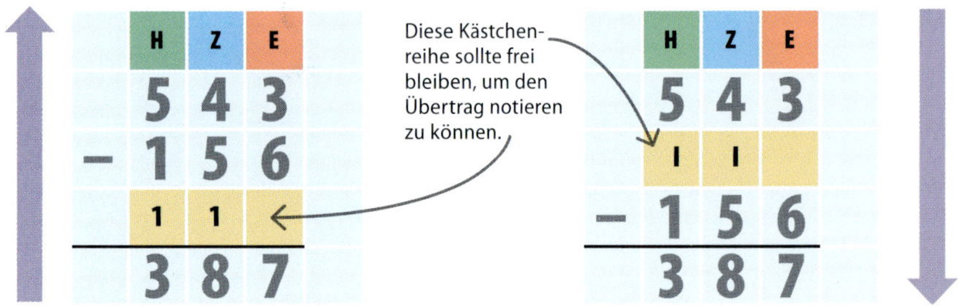

Obwohl es eine Minusaufgabe ist, wird hier plus (+) gerechnet!

Hier wird tatsächlich minus (–) gerechnet.

Das Ergänzungsverfahren

In einigen Bundesländern darf nach diesem Verfahren in der Grundschule nicht mehr gerechnet werden.

Subtraktion nach dem Ergänzungsverfahren

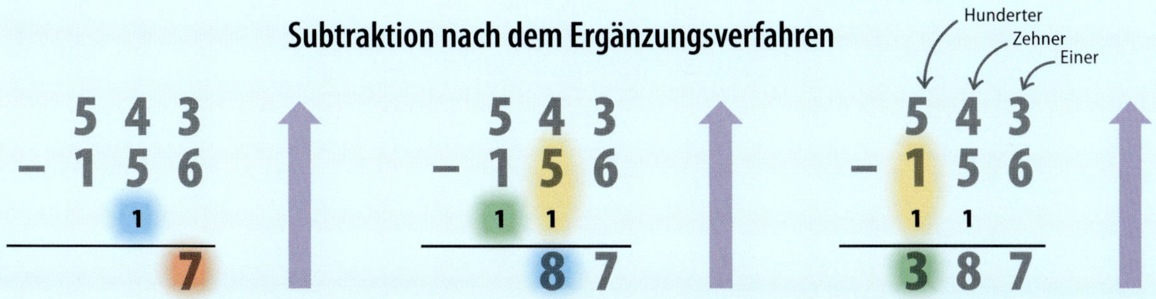

Das ist die mathematisch korrekte Formulierung

Einer

1. 6 E + ? E = 3 E : Das geht nicht! Aber: 6 E + ? E = 13 E geht.
2. 6 E + 7 E = 13 E
3. Ich entbündle 13 E in 3 E und 1 Z.
4. 7 E schreibe ich als Ergebnis in die Spalte der Einer.
5. Den 1 zusätzlichen Zehner schreibe ich als kleine Zahl über den Strich in die Spalte der Zehner.

Zehner

1. 1 Z + 5 Z = 6 Z
2. 6 Z + ? Z = 4 Z : Das geht nicht! Aber: 6 Z + ? Z = 14 Z geht.
3. 6 Z + 8 Z = 14 Z
4. Ich entbündle 14 Z in 4 Z und 1 H.
5. 8 Z schreibe ich als Ergebnis in die Spalte der Zehner.
6. Den 1 zusätzlichen Hunderter schreibe ich als kleine Zahl über den Strich in die Spalte der Hunderter.

Hunderter

1. 1 H + 1 H = 2 H
2. 2 H + ? H = 5 H Das geht!
3. 2 H + 3 H = 5 H
4. Die 3 H schreibe ich als Ergebnis unter den Strich.

So wurden die Rechnungen tatsächlich gerechnet.

Einer

1. 6 + 7 = 13
2. 7 an, 1 gemerkt (beim Zehner)

Zehner

1. 6 + 8 = 14
2. 8 an, 1 gemerkt (beim Hunderter)

Hunderter

1. 2 + 3 = 5
2. 3 an

Auch wenn es mathematisch nicht korrekt ausgedrückt ist, **sollten Eltern ihren Kindern die Subtraktion so einfach wie möglich erklären.**

Das Abziehverfahren

Selbst das Abziehverfahren hat sich in einigen Bundesländern, zumindest, was die Schreibweise angeht, in den letzten Jahren noch mal geändert. So gilt in Bayern nun die Variante mit „Strich", während in einigen anderen Bundesländern die Variante „Durchstreichen" gelehrt wird.

Subtraktion mit „Durchstreichen"

		3	10
	5	~~4~~	3
–	1	5	6
			7

	4	3	10
	~~5~~	~~4~~	3
–	1	5	6
		8	7

	4	13	
	~~5~~	~~4~~	3
–	1	5	6
	3	8	7

Einer

1. 3 E – 6 E geht nicht.
   Aber: 13 E – 6 E geht.
2. Ich benötige einen zusätzlichen Zehner.
3. Ich entbündle 4 Z in 3 Z + 10 E.
4. 13 E – 6 E = 7 E
5. 7 E schreibe ich als Ergebnis in die Spalte der Einer.

Zehner

1. Nun habe ich noch 3 Z.
2. 3 Z – 5 Z geht nicht.
   Aber: 13 Z – 5 Z geht.
3. Ich entbündle 5 H in 4 H + 10 Z.
4. Ich entbündle 14 Z in 4 Z und 1 H.
5. 13 Z – 5 Z = 8 Z
6. Ich schreibe 8 Z in die Spalte der Zehner.

Hunderter

1. Nun habe ich noch 4 H.
2. 4 H – 1 H geht.
3. 4 H – 1 H = 3 H
4. Ich schreibe 3 H in die Spalte der Hunderter.

△ **Subtraktion mit „Durchstreichen"**
Bei dieser Version der schriftlichen Subtraktion müssen einige Ziffern beim Minuend bei Bedarf durchgestrichen und die geänderte Zahl über der ursprünglichen dazugeschrieben werden. Es besteht die Gefahr, dass die Rechnungen dadurch unübersichtlich werden.

Das Problem mit der Null

Sobald im Minuend eine Null steht, wird es für Kinder manchmal schwierig, auf das richtige Ergebnis zu kommen. Hier zeigt sich, ob die Stellenwerttafel und das Entbündeln richtig verstanden wurden und sicher angewendet werden können.

▷ **Es sieht komplizierter aus, als es ist**
Wenn die Rechnung mathematisch korrekt aufgeschrieben wird, benötigt man dafür in diesem Fall elf Schritte. Etwas weniger mathematisch korrekt bedeutet das nichts anderes, als: Wenn ich mir vom nächsten Stellenwert keinen Wert „holen" kann, gehe ich zum übernächsten weiter. Ich darf nur nicht vergessen, den „Strich" zu machen, sobald ich zum nächstfolgenden Stellenwert gehe.

	T	H	Z	E
	4	0	0	3
	I	I	I	
–		9	8	7
	3	0	1	6

So gehe ich vor

- 3 – 7 geht nicht.
- Strich beim Zehner
- 13 – 7 = 6, 6 an
- 0 – 1 – 8 geht nicht.
- Strich beim Hunderter
- 10 – 1 – 8 = 1, 1 an
- 0 – 1 – 9 geht nicht.
- Strich beim Tausender
- 10 – 1 – 9 = 0, 0 an
- 4 – 1 = 3, 3 an

Subtraktion mit „Strich"

```
  5 4 3
    ı
– 1 5 6
———————
      7
```

```
  5 4 3
  ı ı
– 1 5 6
———————
    8 7
```

```
  5 4 3
  ı ı
– 1 5 6
———————
  3 8 7
```

Das ist die mathematisch korrekte Formulierung

Einer

1. 3 E – 6 E geht nicht.
   Aber: 13 E – 6 E geht.
2. Ich benötige einen zusätzlichen Zehner.
3. Ich entbündle 4 Z in 3 Z + 10 E.
4. Jetzt habe ich einen Zehner weniger und markiere dies mit einem Strich unter der 4.
5. 13 E – 6 E = 7 E
6. 7 E schreibe ich als Ergebnis in die Spalte der Einer.

Zehner

1. Nun habe ich noch 3 Z, denn 4 Z – 1Z (das ist der Strich) = 3 Z.
2. 3 Z – 5 Z geht nicht.
   Aber: 13 Z – 5 Z geht.
3. Ich entbündle 5 H in 4 H + 10 Z.
4. Jetzt habe ich einen Hunderter weniger und markiere dies mit einem Strich unter der 5.
5. 13 Z – 5 Z = 8 Z
6. Ich schreibe 8 Z in die Spalte der Zehner.

Hunderter

1. Nun habe ich noch 4 H, denn 5 H – 1H = 4 H.
2. 4 H – 1H geht.
3. 4 H – 1H = 3 H.
4. Ich schreibe 3 H in die Spalte der Hunderter.

△ **Subtraktion mit „Strich"**
Diese Form der schriftlichen Subtraktion ist die derzeit gültige in vielen Bundesländern. Hier wird auf das „Durchstreichen" einzelner Ziffern verzichtet. Dafür wird das Entbündeln anhand eines Striches gekennzeichnet. Natürlich sollten Kinder die mathematisch korrekte Sprechweise einmal gehört haben, damit sie wissen, was sie eigentlich rechnen. Aber Sie als Eltern sollten es Ihrem Kind so einfach wie möglich erklären.

So versteht Ihr Kind es wesentlich besser!

Einer

1. 3 – 6 geht nicht.
2. Strich beim Zehner.
3. 13 – 6 = 7
4. 7 schreibe ich als Ergebnis in die Spalte der Einer.

Zehner

1. 4 – 1– 5 geht nicht.
2. Strich beim Hunderter.
3. 14 – 1 – 5 = 8
4. Ich schreibe 8 in die Spalte der Zehner.

Hunderter

1. 5 – 1 –1 = 3
2. Ich schreibe 3 in die Spalte der Hunderter.

Tausch- und Umkehraufgaben

SIEHE AUCH
❮ 166–167 Die schriftliche Addition
❮ 168–171 Die schriftliche Subtraktion
Die schriftliche Multiplikation 178–181 ❯
Die schriftliche Division 182–185 ❯

Umkehr- und Tauschaufgaben sind ein wirksames Mittel, um die Ergebnisse von Rechnungen zu überprüfen.

Während bei Tauschaufgaben das Rechenzeichen gleich bleibt, ändert es sich bei Umkehraufgaben

Tauschaufgaben

Tauschaufgaben sind vielen Eltern auch bekannt unter dem Namen Kommutativgesetz. Beherrschen Kinder die Tauschaufgaben, können sie damit nicht nur ihre Ergebnisse kontrollieren. Tauschaufgaben dienen auch oft dazu, Rechenvorteile zu erkennen und zu nutzen. So mancher kann sich zum Beispiel bei Einmaleinsaufgaben 7 x 8 besser merken als 8 x 7.

▷ **Regeln der Tauschaufgaben**
Bei Tauschaufgaben ist es wichtig zu beachten, dass das Rechenzeichen beibehalten wird. Also beispielsweise: „plus" bleibt" „plus". Es werden bei der Addition lediglich die Summanden oder bei der Multiplikation die Faktoren getauscht. Aufpassen müssen die Kinder bei Tauschaufgaben zur Subtraktion und Division. Denn hier ändert sich zwar das Ergebnis, aber der Minuend bzw. der Dividend bleiben gleich.

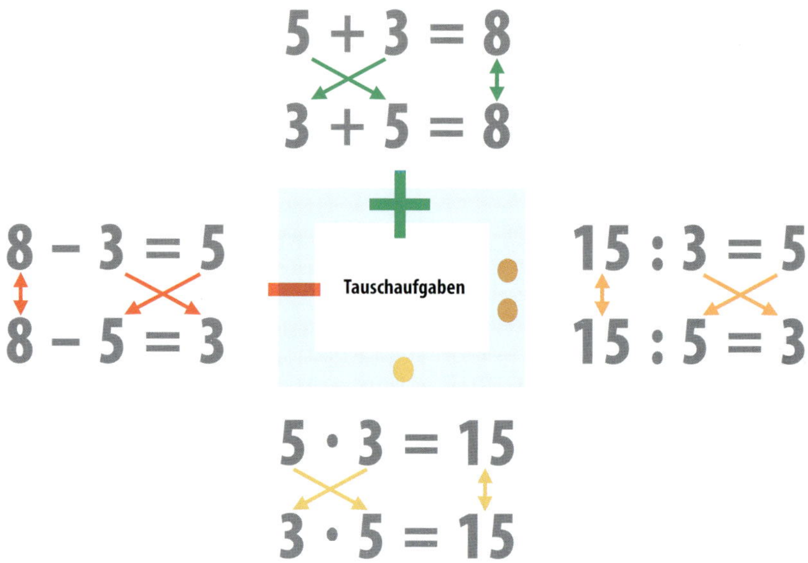

Sinnvoller Einsatz von Tauschaufgaben

In der Schule sollten gerade auch in Leistungskontrollen zusätzlich Tauschaufgaben gerechnet werden, um zu überprüfen, ob die Kinder die Regeln dieser Aufgaben verstanden haben. Sie zählen zum wichtigen Grundwissen im Fach Mathematik. Denn durch Tauschaufgaben können manche Aufgaben leichter oder überhaupt erst gelöst werden.

▷ **Tauschaufgaben bei Platzhalteraufgaben**
Platzhalteraufgaben sind Rechnungen, bei denen eine unbekannte Größe berechnet werden soll. Wird wie hier bei der Subtraktion die Zahl gesucht, die abgezogen werden soll, so kann man die unbekannte Zahl mithilfe der Tauschaufgabe leicht ermitteln.

Platzhalteraufgabe

	H	Z	E
	6	9	7
−	?	?	?
	5	4	1

Hier wird der Subtrahend gesucht.

Lösung mithilfe der Tauschaufgabe

	H	Z	E
	6	9	7
−	5	4	1
	1	5	6

Umkehraufgaben

Oft stöhnen die Kinder, wenn es heißt, sie sollen zu einer Rechnung auch die Umkehraufgabe rechnen. Dabei sind diese Aufgaben hilfreich, um eigene Rechnungen zu überprüfen. Außerdem lassen sich bestimmte Aufgaben sehr leicht anhand von Umkehraufgaben lösen. Die Kunst ist es, zu erkennen, wann man Umkehraufgaben wie einsetzt. Dazu müssen die Regeln, nach denen diese Aufgaben gerechnet werden, fest verankert sein.

▷ **Regeln der Umkehraufgaben**
Im Gegensatz zu Tauschaufgaben ändert sich das Rechenzeichen bei Umkehraufgaben. Aus „plus" wird „minus" und aus „mal" wird „geteilt". Eingeführt werden die Umkehraufgaben bereits in der ersten Klasse. Doch auch, wenn sich die Regeln nicht ändern, so empfinden manche Kinder diese Aufgaben als sehr schwierig. Gelingt es ihnen jedoch, die Gesetzmäßigkeiten, nach denen gerechnet wird, zu verinnerlichen, weicht auch die Abneigung gegen solche Aufgaben. Nach dem Motto: „Was das Gehirn kennt, stuft es nicht als Bedrohung ein."

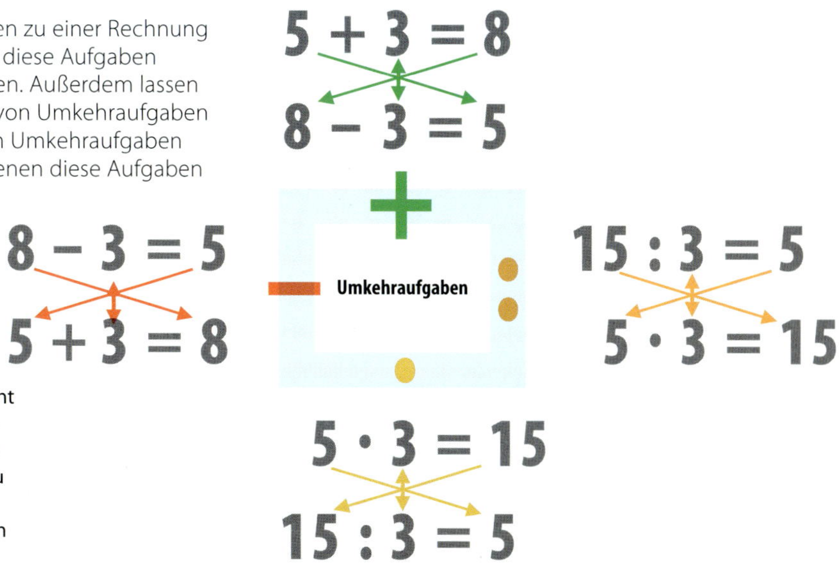

Sinnvoller Einsatz von Umkehraufgaben

Umkehraufgaben sind ein wirksames Mittel, um eigene Rechnungen zu überprüfen. Allerdings nur, wenn sie auch gerechnet werden. Sollen Kinder zu einer Rechnung auch die Umkehraufgabe schreiben, „schreiben" sie sie leider auch nur dazu und „rechnen" sie nicht. Damit überprüfen sie die Aufgabe nicht und verlieren in Tests womöglich Punkte, wenn die Rechnung der Umkehraufgabe dann auch noch falsch ist.

▷ **Fehler erkennen**
Rechnet man eine Aufgabe auf die gleiche Weise zweimal hintereinander, kann es passieren, dass man genau den gleichen Fehler wieder macht. So mancher Erwachsener kennt das vielleicht, wenn er seine eigenen Texte korrekturlesen soll. Hier spielt uns das Gehirn gerne einen „Streich". Es meldet: „Kenne ich schon, brauch ich nicht noch mal zu durchdenken."

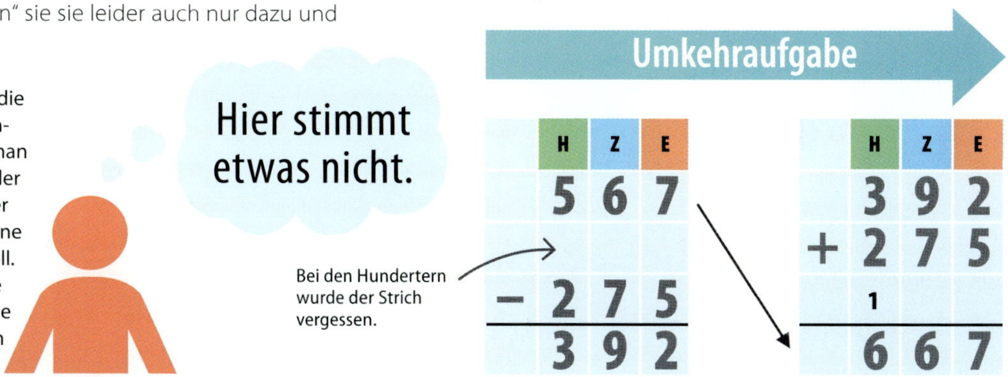

Konkrete Anwendung von Umkehraufgaben

Manche Platzhalteraufgaben stellen Kinder vor Probleme, da sie nicht wissen, wie sie an eine solche Aufgabe herangehen sollen. Dabei können Eltern unterstützend eingreifen, indem sie bestimmte Aufgabentypen mit ihrem Kind üben.

▷ **„Klecksaufgaben"**
„Klecksaufgaben" sind nichts anderes als Platzhalteraufgaben. Wird bei einer Subtraktion der Subtrahend (also die Zahl, die abgezogen werden soll) gesucht, verwendet man die Tauschaufgabe. Wird der Minuend (also die Zahl, von der abgezogen wird) gesucht, verwendet man die Umkehraufgabe.

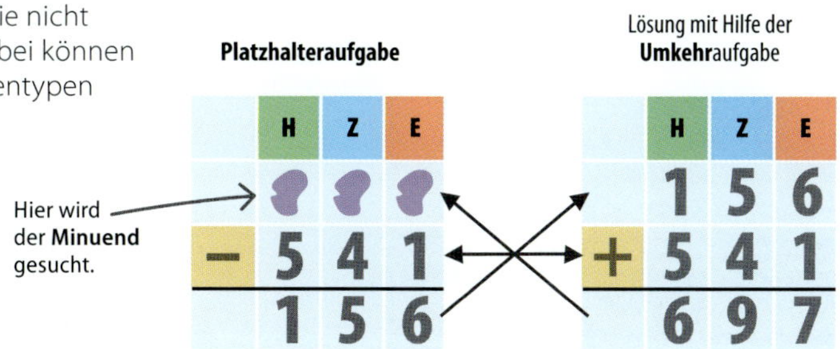

Zahlen runden

SIEHE AUCH
❮ 154–155 Der Zahlenstrahl
❮ 162–163 Zahlen vergleichen

Zahlen runden bedeutet statt dem exakten Wert der Zahl einen ungefähren anzugeben. Im täglichen Leben ist es oft sinnvoll zu runden.

Mit gerundeten Zahlen werden wir laufend konfrontiert. Dadurch können wir uns große Zahlen wesentlich besser vorstellen.

Runden im Alltag

Ist in den Medien beispielweise von der Einwohnerzahl Münchens die Rede, wird nie die exakte Zahl (1 539 298 – Stand 2018) genannt, sondern natürlich nur die ungefähre: 1,5 Millionen. Auf diese Weise kann man die Einwohnerzahl Münchens mit der Berlins, 3,7 Millionen, wesentlich besser vergleichen. Die exakten Zahlen sind hier weder sinnvoll noch notwendig.

INTERESSANT

Runden und Schätzen

Diese beiden Begriffe werden im täglichen Sprachgebrauch gerne identisch verwendet. Doch sie sind in ihrer Bedeutung unterschiedlich. Einer gerundeten Zahl liegt immer ein exakter Wert zugrunde, während man sich bei einer Schätzung auf Erfahrungswerte oder Vergleichsgrößen stützt. Daher ist es wichtig, beim Thema „Zahlen runden" auch immer die richtigen Begriffe – auf- oder abrunden – zu verwenden.

△ **Nützliche Anwendungen**
Beim Einkaufen begegnen uns in den allermeisten Fällen exakte Preise, wie zum Beispiel 2,99 € für bestimmte Lebensmittel. Doch wir speichern diesen Betrag mit 3 € in unserem Gehirn ab. Will man sich merken, wie weit es von München nach Berlin ist, kann man sich den gerundeten Wert (600 km) wesentlich leichter merken als den – je nach Ausgangs- und Zielpunkt – exakten Wert 584,1 km. Selbst bei der Frage nach der Uhrzeit, erhält man in aller Regel einen gerundeten Wert. Zum Beispiel statt 13.23 Uhr 13.30 Uhr. Wohingegen man jedoch die Abfahrtzeiten eines Zuges nicht gerundet abspeichern sollte! Wollen Sie das Gewicht eines Afrikanischen Elefanten wissen, erhalten Sie auch hier immer einen gerundeten Wert – 6 Tonnen.

Wozu sollten Kinder runden können?

Das Runden von Zahlen bereitet Kindern erfahrungsgemäß immer wieder Probleme. Der Grund liegt häufig darin, dass ihr Zahlenverständnis noch zu wenig ausgeprägt ist. Wenn ich nicht weiß, wie ich sinnvoll runden kann, wird die positive Eigenschaft dieser Technik zur Last statt zur Hilfe.

▷ **Aufgaben überschlagen**
Das Runden von Zahlen ist eine schnelle Methode, um bereits im Vorfeld zu überlegen, wie das Ergebnis ungefähr sein muss. Gerade bei großen Zahlen ist das ein geeignetes Mittel. Es gibt auch Aufgabenstellungen, bei denen bestimmte Größen miteinander verglichen werden sollen. In diesem Fall ist ein exaktes Ausrechnen nicht notwendig, um zu einer passenden Antwort zu kommen. Vorausgesetzt, man ist in der Lage, Zahlen richtig zu runden.

Rundungsregeln

Da das Runden von Zahlen immer nach den gleichen zwei Regeln geschieht, ist es für Kinder sehr wichtig, sich diese sicher einzuprägen. Diese Regeln gelten für alle Zahlen jeder Größe.

▷ **Abrunden und Aufrunden**
Grundsätzlich soll beim Auf- und Abrunden die Abweichung von der exakten Zahl so gering wie möglich gehalten werden. Daher gilt grundsätzlich: Von 0 bis 4 wird abgerundet und von 5 bis 9 aufgerundet. Da die Zahl 5 genau in der Mitte liegt, wurde allgemein festgelegt, dass auf die höhere Zahl gerundet wird.

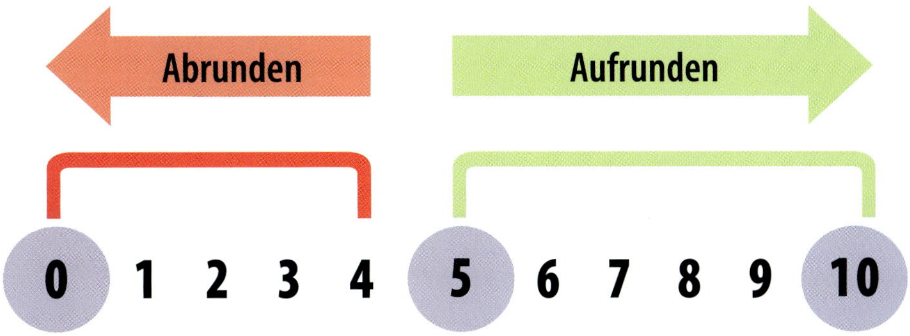

▷ **Auf welche Zahl muss geachtet werden?**
Wenn auf eine bestimmte Größe der Zahl gerundet werden soll, zum Beispiel auf den Tausender, so muss man immer auf die Zahl, die rechts von der entsprechenden Zahl steht, achten. In diesem Fall wäre es der Hunderter. Ist diese Zahl kleiner als 5, wird abgerundet, ist sie größer oder gleich 5, muss aufgerundet werden.

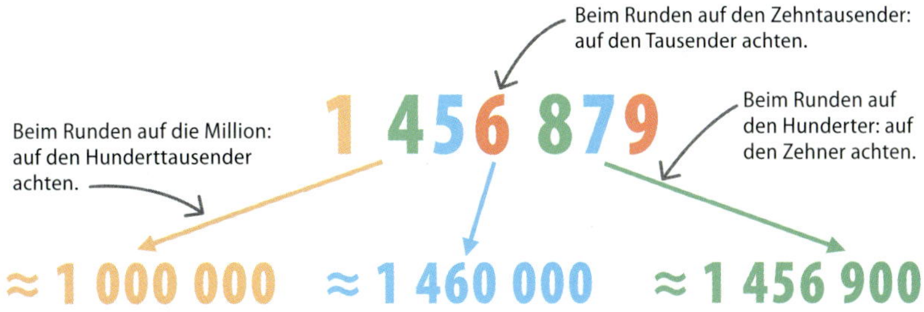

Unterschied zwischen = und ≈

Während das Gleichheitszeichen = das Symbol für zwei gleiche Werte ist, gibt es ein eigenes Rechenzeichen für zwei Werte, die ungefähr gleich sind.

Übungsmöglichkeiten mit Kindern

Es gibt zahlreiche Gelegenheiten, mit Kindern das Runden und Vergleichen von Zahlen zu üben. Schon der Einkauf bietet dazu einige Gelegenheiten. Wie teuer der Einkauf sein wird, lässt sich schon vor dem Bezahlen an der Kasse überschlagen, wenn man sich zuvor merkt, wie viel die einzelnen Produkte kosten.

▷ **Farbige Hilfen**
Wenn Kinder Schwierigkeiten mit dem Runden von Zahlen haben, sollten natürlich die Rundungsregeln wiederholt und gesichert werden. Als hilfreich hat es sich erwiesen, wenn die Kinder die Zahlen in eine farbige Stellenwerttafel eintragen. So sehen sie auf einen Blick, auf welche Zahl sie achten müssen. Diese Stellenwerttafel ist auch schnell auf ein zusätzliches Blockblatt gezeichnet.

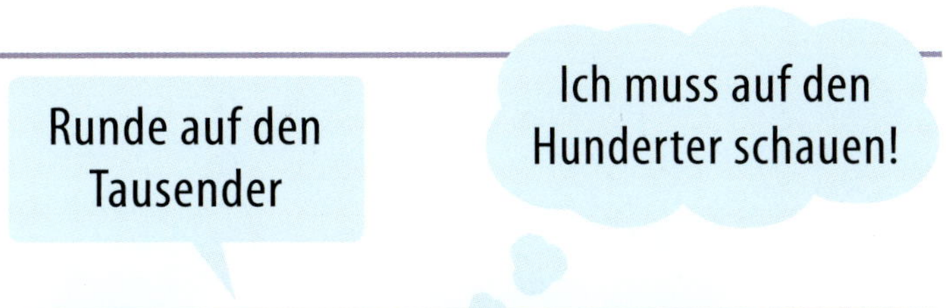

ZT	T	H	Z	E
9	4	4	2	1

Das Einmaleins

Das kleine Einmaleins, das sind die Einmaleinsreihen bis 10, zählt zu den wichtigsten Grundlagen im Fach Mathematik, die ein Kind beherrschen sollte.

SIEHE AUCH
❮ 78–81 Weitere Lernstrategien
❮ 152–153 Das Zahlenfeld
Die schriftliche Multiplikation 178–181 ❯
Die schriftliche Division 182–185 ❯

Auch wenn man einzelne Einmaleinsaufgaben schnell ausrechnen oder sich das Ergebnis erschließen kann, sollten doch alle Reihen stets abrufbar sein.

Die Einmaleinsreihen

Wenn Kinder das kleine Einmaleins nicht auswendig können, brauchen sie zu lange, um bestimmte Aufgaben zu lösen. Denn die Einmaleinsreihen sind die Grundlage zur schriftlichen Multiplikation und Division. Hier sind Eltern besonders gefordert, ihre Kinder beim Lernen der einzelnen Reihen zu unterstützen.

•	1	2	3	4	5	6	7	8	9	10
1	1	2	3	4	5	6	7	8	9	10
2	2	4	6	8	10	12	14	16	18	20
3	3	6	9	12	15	18	21	24	27	30
4	4	8	12	16	20	24	28	32	36	40
5	5	10	15	20	25	30	35	40	45	50
6	6	12	18	24	30	36	42	48	54	60
7	7	14	21	28	35	42	49	56	63	70
8	8	16	24	32	40	48	56	64	72	80
9	9	18	27	36	45	54	63	72	81	90
10	10	20	30	40	50	60	70	80	90	100

▷ **Die Einmaleinstafel**
Auf dieser Einmaleinstafel findet man alle Einmaleinsreihen, die in der Grundschule beherrscht werden sollen. Gelesen wird sie ganz einfach: Man sucht sich in der oberen Linie eine Zahl (z. B. 6) und in der linken Spalte eine andere Zahl (z. B. 3). An dem Punkt, an dem sich beide Linien treffen, steht das Ergebnis, wie in diesem Beispiel: 18.

Das Einmaleins mit 7

70 : 7 = 10
63 : 7 = 9
56 : 7 = 8
49 : 7 = 7
42 : 7 = 6
35 : 7 = 5
28 : 7 = 4
21 : 7 = 3
14 : 7 = 2
7 : 7 = 1

Das Einmaleins mit 9

90 : 9 = 10
81 : 9 = 9
72 : 9 = 8
63 : 9 = 7
54 : 9 = 6
45 : 9 = 5
36 : 9 = 4
27 : 9 = 3
18 : 9 = 2
9 : 9 = 1

Umkehraufgaben zum Einmaleins

Neben den Malaufgaben zum Einmaleins müssen auch die passenden Geteiltaufgaben, die Umkehraufgaben, beherrscht werden. Sobald die Kinder schriftlich dividieren sollen, müssen sie möglichst sofort erkennen, zu welchem Einmaleins die entsprechenden Zahlen gehören. Auch das ist übrigens mit der Einmaleinstafel gut zu üben.

◁ **Geteiltaufgaben**
Die Umkehrung zu den Malaufgaben sind die Geteiltaufgaben. Diese Rechnungen fallen Kindern erfahrungsgemäß dann schwer, wenn sie das Einmaleins – also die Malaufgaben – nicht sicher beherrschen.

Das **Einmaleins** muss **automatisiert als Vorwissen** zur Verfügung stehen.

Nutzen der Einmaleinstafel

Eine Einmaleinstafel kann man am Computer schnell selbst erstellen. Zuerst zeichnet man eine Tabelle mit elf Spalten und elf Zeilen. Anschließend vergrößert man die Felder auf die gewünschte Größe (Höhe und Breite sollte gleich sein), schreibt in die oberste Linie und die linke Spalte die Zahlen von 1–10 und ergänzt schließlich alle Zahlen. Das erledigen Kinder übrigens sehr gerne selbst. Ein Erwachsener kann die Zahlen dann noch einmal überprüfen

▷ **Viele Einsatzmöglichkeiten**
Damit diese Einmaleinstafel nicht nur fleißige Schreibarbeit bleibt, können zahlreiche Übungen damit durchgeführt werden. Je mehr sich die Kinder damit beschäftigen, desto mehr prägen sich die Einmaleinsreihen auf Dauer ein. Das ist für die Kinder in jedem Fall motivierender als sich nur immer wieder das Einmaleins aufzusagen. Durch die ständige Beschäftigung mit dieser Tafel wird das Wissensnetz „Einmaleins" immer dichter gesponnen.

Wie oft kommt die Zahl 12 vor? → Auf diese Weise werden die Einmaleinsreihen 2, 3, 4 und 6 gleichzeitig geübt.

Welche Zahlen kommen vier Mal vor? → Auf diese Weise werden auch die Tauschaufgaben wiederholt.

Was ist an den Zahlen diagonal von links oben nach rechts unten besonders? → Dabei werden die Quadratzahlen wiederholt.

Quadratzahlen werden gebildet, in dem man eine Zahl mit sich selbst multipliziert, z. B. 8 · 8 = 64

Welche Einmaleinsreihen haben 0 oder 5 an der Einerstelle? → Hier werden alle Einmaleinsreihen mit 5 und 10 geübt.

Übungen zum Einmaleins

Damit das Einmaleins den Weg ins Langzeitgedächtnis schafft und ab dann immer sofort verfügbar ist, muss es laufend geübt werden – auch wenn im Unterricht gerade die schriftliche Subtraktion durchgenommen wird. Dabei sollte möglichst wenig Langeweile aufkommen.

• Diesen Trick kann man auch gut bei Lernwörtern anwenden. Wörter am Computer schreiben, die schwierigen Stellen in Rot und Plättchen drauflegen.

•	1	2	3	4
1	1	2	3	4
2	2	4	6	8
3	3	6	●	12
4	4	8	12	16

Schwarze Zahlen scheinen durch, rote nicht.

◁ **Spielereien mit der Einmaleinstafel**
Wenn Sie sich die Mühe gemacht haben, eine Einmaleinstafel am Computer zu erstellen, dann können Sie mithilfe eines roten, transparenten Plättchens einzelne Ergebnisse „verschwinden" lassen, wenn Sie die Zahlen in einem hellen Rot ausgedruckt haben.

▷ **Hände-Einmaleins**
Kinder legen auf ein DIN-A4-Papier im Querformat ihre Hände und zeichnen sie ab (durch Umfahren ihrer jeweiligen Hand). Anschließend werden die Zahlen 1–10 über den Händen auf das Blatt geschrieben. Am besten kopiert man sich dann diese Vorlage. In einem zweiten Schritt werden zu einem bestimmten Einmaleins die Ergebniszahlen in die „Fingerkuppen" geschrieben. Nun legen die Kinder ihre Hände wieder genau auf ihre Vorlage. Wenn sie wie in diesem Beispiel das Einmaleins mit 3 üben wollen, können sie ihr Ergebnis leicht überprüfen, indem sie den entsprechenden Finger anheben (z. B. bei 5 • 3 – hier hebt das Kind den linken Daumen an und sollte die 15 finden).

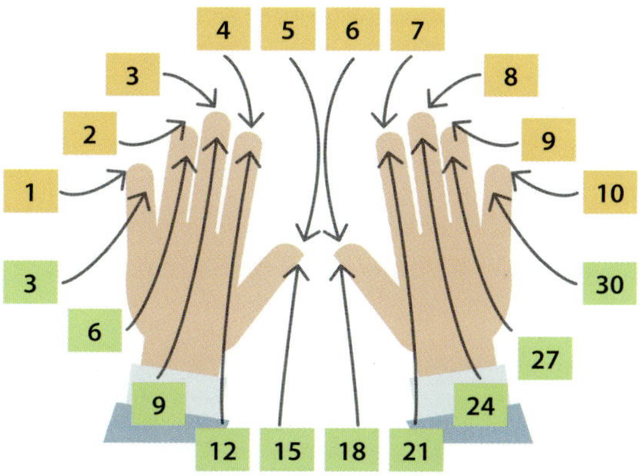

Die schriftliche Multiplikation

SIEHE AUCH
❮ 156–159 Das Stellenwertsystem
❮ 176–177 Das Einmaleins

Mit der schriftlichen Multiplikation lassen sich alle Aufgaben, die nicht im Kopf gerechnet werden können, auf einfache Weise lösen.

Das Beherrschen der Einmaleinsreihen bis 10 ist die Grundvoraussetzung, damit Kinder diese Form der Multiplikation rechnen können.

Mathematische Begriffe zur Multiplikation

Wie bei allen mathematischen Grundrechenarten gibt es auch hier Begrifflichkeiten, die die Kinder kennen sollten. Es gibt zahlreiche Aufgabenstellungen, in denen es z. B. heißt: „Berechne das Produkt der Zahlen 567 und 342". Kennt ein Kind diesen Fachbegriff nicht, kann es die Aufgabe nicht lösen, obwohl es mit der Rechnung vielleicht keine Schwierigkeiten hätte.

▷ **Faktoren und Produkt**
Für die beiden Zahlen, die multipliziert werden, gibt es verschiedene Bezeichnungen. Die erste Zahl wird auch als Multiplikand, d. h. Vervielfachter, und die zweite Zahl als Multiplikator, d. h. Vervielfacher, bezeichnet. Jedoch werden diese Begriffe in der Grundschule nicht verwendet.

345 • 234 = 80730

345: FAKTOR, MULTIPLIKAND
234: FAKTOR, MULTIPLIKATOR
80730: PRODUKT

Das Problem der halbschriftlichen Multiplikation

In vielen Schulbüchern wird zur Einführung der schriftlichen Multiplikation den Kindern zuerst die sogenannte halbschriftliche Form erklärt. Dabei wird eine Zahl in ihre einzelnen Stellenwerte unterteilt, jeder einzelne Wert wird berechnet und anschließend werden die Ergebnisse addiert.

▷ **Stolperfallen**
Auch wenn es auf den ersten Blick einfacher erscheinen mag, so treten bei der 1. Version zwei Probleme auf:

1. Es wird in der „falschen" Richtung gerechnet. Es werden erst die Hunderter mit einem Faktor multipliziert, dann die Zehner und zuletzt die Einer. Bei der schriftlichen Multiplikation beginnt man dagegen bei der kleinsten Zahl.

2. Beim Übertragen des Ergebnisses der Addition auf den oberen Strich unterlaufen den Kindern häufig Fehler. In der Version 2 wird zwar in der richtigen Richtung gerechnet, es wird also bei den Einern begonnen, die Gefahr von Übertragungsfehlern bleibt jedoch bestehen.

VERSION 1 (Rechenrichtung →)

524 • 3 =

500 • 3 = 1500
20 • 3 = 60
4 • 3 = 12

1572

Zuerst H, dann Z, dann E.

Das Ergebnis der Addition wird anschließend hier oben eingetragen.

VERSION 2 (Rechenrichtung ←)

524 • 3 =

4 • 3 = 12
20 • 3 = 60
500 • 3 = 1500

1572

Zuerst E, dann Z, dann H.

Auch hier muss das Ergebnis übertragen werden.

Schriftliche Multiplikation

Bei der schriftlichen Multiplikation ist es sehr wichtig, dass die Kinder stellengetreu nach bestimmten Regeln multiplizieren.

▷ Darauf sollten Eltern achten
Jede Zahl muss in ein eigenes Kästchen geschrieben werden. Beim eigentlichen Multiplizieren müssen sowohl die Rechenrichtung als auch das stellenwertgetreue Aufschreiben beachtet werden. Schreibt ein Kind die Rechnungen sehr unordentlich, also nicht in die entsprechenden Kästchen, werden spätestens bei der Multiplikation mit mehrstelligen Zahlen eigenartige Ergebnisse herauskommen.

So sollten die Rechnungen aussehen!

```
465•7          465•73          465•734
-----          ------          -------
 3255           3255             3255
              + 1395           + 1395
                 1             +  1860
              ------              1 2 1
               33945           -------
                                341310
```

1-stelliger Faktor | 2-stelliger Faktor | 3-stelliger Faktor

Multiplikation mit einstelligem Faktor

Die einfachste Form der schriftlichen Multiplikation mit einer einstelligen Zahl ist sicherlich die, bei der es zu keinem Übertrag, also keiner Zahl im Ergebnis der einzelnen Stellenwerte kommt, die größer als 9 ist. Doch die meisten Aufgaben, die Kinder lösen müssen, beinhalten einen Übertrag.

▷ Sinnvoller Einstieg
Gerade beim Erlernen der schriftlichen Multiplikation sollen die Kinder die Stellenwertbezeichnungen zu den Aufgaben dazuschreiben. Das mag am Anfang etwas mühsam sein, festigt jedoch den „Ort", an den die Ergebniszahlen geschrieben werden sollen. Später lässt man diese Beschriftung natürlich weg.

```
Aufgabe        Stellenwerte notieren     rechnen

H Z E          H Z E                     H Z E
465•7          465•7                     465•7
-----          -----                     -----
                T H Z E                   T H Z E
                                          3 2 5 5
```

▷ So wird gerechnet
Zuerst werden die Einer multipliziert. In unserem Beispiel: 7 · 5. Das Ergebnis ist 35. Da nicht 2 Ziffern gleichzeitig in ein Kästchen geschrieben werden dürfen, werden nur die 5 Einer aufgeschrieben. Die noch verbleibenden 3 Zehner muss man sich merken. Weiter geht es mit der nächsten Zahl: den Zehnern. 7 · 6 = 42. Zu diesem Ergebnis müssen nun die 3 gemerkten Zehner dazugezählt werden. Also 42 + 3 = 45. Die 5 wird wieder notiert und die 4 (eigentlich sind es ja 4 Hunderter) wird gemerkt. Als letzte Zahl in unserem Beispiel multipliziert man die 7 mit den verbleibenden 4 Hundertern. Das ist 28. Da danach keine Zahl mehr kommt, müssen nun zu den 28 die gemerkten 4 dazugezählt werden und das Ergebnis – 32 – wird notiert. Auf diese Weise erhält man das Gesamtergebnis: 3255.

```
H Z E          H Z E          H Z E
465•7          465•7          465•7
-----          -----          -----
 T H Z E        T H Z E        T H Z E
       5            5 5        3 2 5 5
```

7 mal 5 E = 35 E
5 E an, 3 Z gemerkt

7 mal 6 Z = 42 Z
42 Z + 3 (gemerkte) Z = 45 Z
5 Z an, 4 H gemerkt

7 mal 4 H = 28 H
28 H + 4 (gemerkte) H = 32 H
2 H an und 3 T an

Bevor es die Kinder verwirrt, lässt man die Stellenwertbezeichnung H, Z, E am besten weg.

Um sich diese Zahlen auch wirklich zu merken, ist es durchaus legitim, die Finger dafür zu verwenden. Ist die gemerkte Zahl größer als 5, hat sich bewährt, die Hand einfach auf den Tisch zu legen und den entsprechenden Finger etwas zu heben. D. h. „7 gemerkt" – Hand auf den Tisch und den Zeigefinger anheben.

Schriftliche Multiplikation mit der Null

Gelegentlich verwirrt es Kinder, wenn in der ersten Zahl, die multipliziert werden soll, eine Null vorkommt. Aus den verschiedensten Gründen wird diese Null dann manchmal übersprungen oder ganz anders gerechnet, was natürlich zu einem falschen Ergebnis führt.

Die Null und ihre Tücken
Gerade bei diesem 3. Schritt unterlaufen den Kindern die meisten Fehler. Eine Zahl, die mit Null multipliziert wird, ist immer Null! Aber dennoch muss die gemerkte Zahl addiert werden. 0 + 4 = 4

T H Z E
4065 • 7
ZT T H Z E
5

7 mal 5 = 35
5 an, 3 gemerkt

T H Z E
4065 • 7
ZT T H Z E
55

7 mal 6 = 42
42 + 3 (gemerkte) = 45
5 an, 4 gemerkt

T H Z E
4065 • 7
ZT T H Z E
455

7 mal 0 = 0 (!)
0 + 4 (gemerkte) = 4
4 an

Achtung!

T H Z E
4065 • 7
ZT T H Z E
28455

7 mal 4 = 28
28 an

Schriftliche Multiplikation mit Kommazahlen

Sobald die Kinder mit verschiedenen Größen wie zum Beispiel Längen oder Geldbeträgen rechnen sollen, müssen sie häufig auch Kommazahlen schriftlich multiplizieren. Dabei gibt es zwei Möglichkeiten: Entweder die Kommazahl wird in eine Nicht-Kommazahl umgewandelt, oder man lässt sich vom Komma gar nicht irritieren. Das ist die einfachere Form, da keine Fehler bei der Umwandlung eintreten können.

Wenn mit Einheiten, z. B. €, gerechnet wird, muss auch im Ergebnis wieder € geschrieben werden!

▷ **Richtige Kommasetzung**
Es gibt bei der schriftlichen Multiplikation mit Kommazahlen nur eine Regel, die beachtet werden muss. Das Komma wird am Ende im gleichen Abstand von rechts, d. h. an der gleichen Stelle gesetzt wie bei der Zahl, die multipliziert werden soll. Zum Beispiel: 2,<u>375</u> ·5 = 11,<u>875</u>.

H Z E
5,65 € • 23
ZT T H Z E
1130
+ 1695
129,95 €

Das Komma steht 2 Stellen von rechts.
Hier rechnet man ohne Komma.
Das Komma wird 2 Stellen von rechts gesetzt.

Fehlerquellen

Da bei der schriftlichen Multiplikation Malnehmen und Addition kombiniert werden, können sich zahlreiche Fehler einschleichen. Die Mehrzahl dieser Fehler beruht jedoch nicht auf mangelnden mathematischen Kenntnissen, sondern auf mangelnder Konzentration.

Korrekte Rechnung

37,09 • 89
29672
+ 33381
1 1 1 1
3301,01

Wichtig: diese Stelle muss frei bleiben oder es wird eine 0 hingeschrieben.

▷ **Kleine Fehler – große Wirkung**
Werden Aufgaben falsch untereinander geschrieben, also nicht stellengerecht nach T, H, Z und E, Additionen nicht korrekt ausgeführt oder mit der Null falsch gerechnet, ist das Rechenergebnis falsch. Dies alles sind jedoch vermeidbare Fehler.

Fehlerquelle 1

37,09 • 89
29672
33381
1 1 1 1
3301,01

Das Rechenzeichen und der Summenstrich wurden vergessen. Auch das würde einen Punkteabzug zur Folge haben.

Fehlerquelle 2

37,09 • 89
29672
33381
1 1 1
630,53

Die Rechnungen wurden falsch untereinandergeschrieben.

Fehlerquelle 3

37,09 • 89
29672
+ 33381
2290,01

Beim Addieren wurde der Übertrag vergessen.

Fehlerquelle 4

37,09 • 89
29752
+ 33471
1 1
3309,91

Hier wurde 8 • 0 = 8 gerechnet!

Napiersche Streifen

Um Abwechslung in die Rechenübungen zu bringen, können Sie Ihrem Kind auch einmal eine völlig andere Art vorstellen, wie schriftliche Multiplikationen gerechnet werden können. Die Methode der Napierschen Streifen geht auf das 16. Jh. zurück und wurde von dem schottischen Mathematiker John Napier (1550–1617) entdeckt. Davor wurde sie sogar schon im 10. Jahrhundert in Indien dokumentiert.

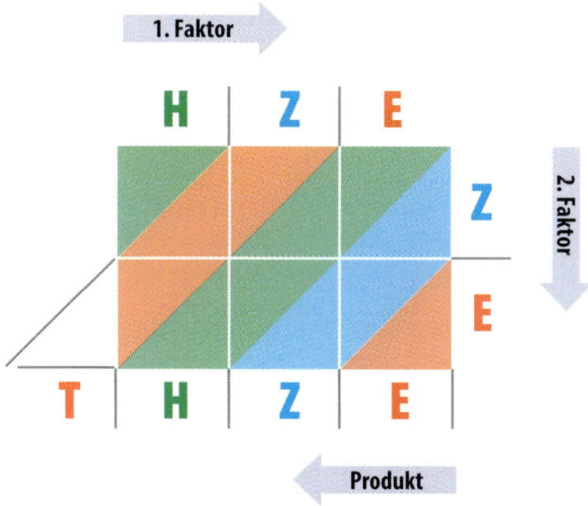

▷ **Eine Vorlage zeichnen**
Je nachdem, wie viele Stellen die Zahlen haben, die man multiplizieren möchte, zeichnet man sich eine Tabelle und zieht durch alle Felder eine Diagonale. Zur besseren Übersicht wurden hier die einzelnen Felder eingefärbt. In diesem Beispiel soll eine dreistellige mit einer zweistelligen Zahl multipliziert werden. Den ersten Faktor schreibt man über diese Tabelle und den zweiten Faktor rechts daneben.

Das Besondere an den Malstreifen

Der Vorteil dieser Malstreifen liegt darin, dass man sich den Übertrag nicht mehr merken muss, sondern ihn einfach in die Dreiecke hineinschreiben kann. Auf diese Wiese werden Fehler beim Merken vermieden.

Zuerst multipliziert man 2 mit 6. Das Ergebnis ist 12. Die Einerzahl schreibt man in die rechte / untere Hälfte, die Zehnerzahl in die linke / obere.

Nun multipliziert man die zweite Zahl: 2 · 2 = 4. Die Einerzahl 4 schreibt man in die rechte / untere Hälfte und da es keine Zehnerzahl gibt, die 0 in die linke /obere.

▷ **So rechnet man nach Napier**
In welcher Reihenfolge gerechnet wird, ist hier nicht wichtig. Entscheidend ist nur, dass jede Ziffer mit jeder anderen multipliziert wird. Ist ein einzelnes Produkt größer als 9, so werden die Einer in die rechte untere Ecke und die Zehner in die linke obere Ecke geschrieben. Das Besondere an dieser Maltabelle ist, dass hier nicht die Zahlen, die untereinander stehen, addiert werden, sondern die, die diagonal übereinander stehen.

So füllt man alle Felder aus: Die Einerzahlen schreibt man in die rechte / untere Hälfte und die Zehnerzahlen in die linke / obere.

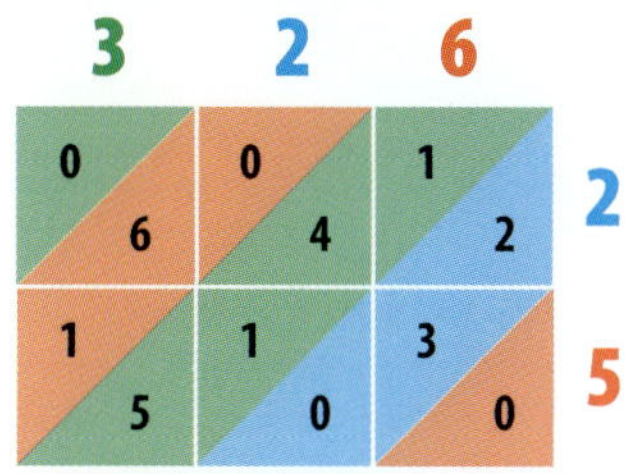

Im letzten Schritt werden alle Zahlen, die in einem diagonalen Feld stehen, addiert. Das Ergebnis lautet: 8150.

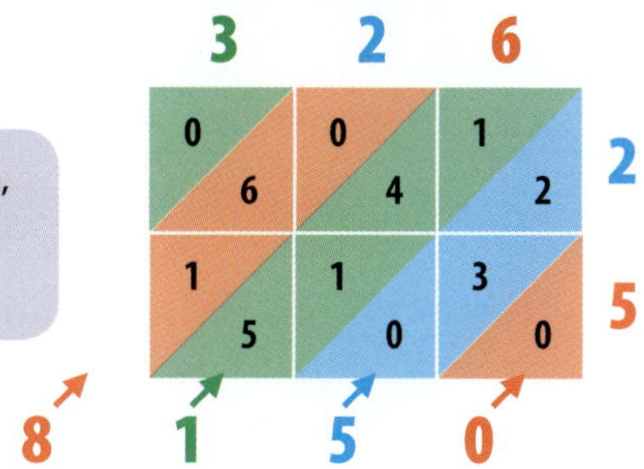

Um herauszufinden, welchen **Fehler** Ihr Kind macht, **lassen Sie sich die Aufgabe Schritt für Schritt vorrechnen**.

Die schriftliche Division

SIEHE AUCH
❮ 156–159 Das Stellenwertsystem
❮ 176–177 Das Einmaleins

Die schriftliche Division verbindet die Rechenarten Division und Subtraktion miteinander. Sie ist die Umkehraufgabe zur schriftlichen Multiplikation.

In einigen Ländern, darunter in Australien, wurde die schriftliche Division bereits abgeschafft, da diese Rechenart dort als nicht mehr zeitgemäß empfunden wird. In den Lehrplänen vieler deutscher Bundesländer wird jedoch weiterhin gefordert, dass Kinder dieses schriftliche Rechenverfahren automatisiert anwenden können.

Mathematische Begriffe zur Division

Auch die Namen der Bestandteile der Division gehören zum mathematischen Grundwissen. Mit diesen Begriffen werden die Kinder auch in späteren Schuljahren immer wieder konfrontiert.

▷ **Dividend, Divisor und Quotient**
Wenn es in einer Aufgabenstellung heißt: Bilde den Quotienten aus der Zahl 3752 und dem Divisor 4, sollten die Kinder wissen, dass sie eine schriftliche Division durchführen sollen. Auch für Eltern ist es wichtig, diese mathematischen Begriffe zu kennen, um ihren Kindern bei bestimmten Aufgabenstellungen zu helfen. Denn nicht alle Aufgaben zur Division werden in Form von Zahlen gestellt. Manchmal müssen die Kinder auch aus einem Text die nötige Rechnung herausfinden.

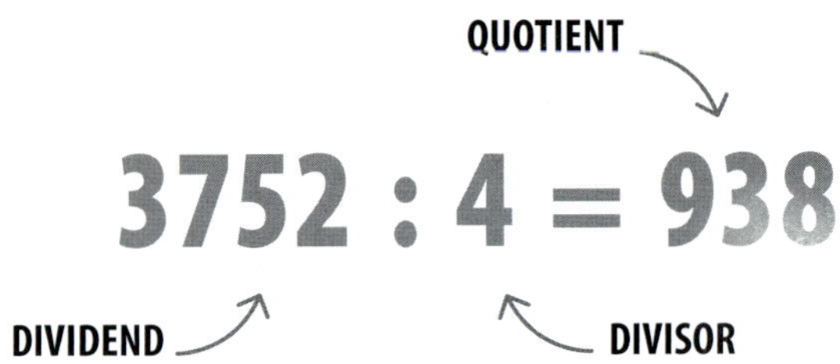

Die schriftliche Division mit einstelligen Zahlen

Aufgrund ihrer Schreibweise wird die schriftliche Division häufig auch „Treppenrechnung“ genannt. Eine Grundvoraussetzung ist auch hier, wie bei der schriftlichen Multiplikation, dass die Kinder die Einmaleinsreihen und deren Umkehrungen kennen. Vor allem die Ergebniszahlen des Einmaleins sind entscheidend. Zum Beispiel sollten Kinder, ohne nachrechnen zu müssen, sofort sagen können, dass 63 zum 9er- und 7er-Einmaleins gehört.

▷ **Worauf sollten Eltern achten?**
Auch bei der schriftlichen Division kommt es darauf an, stellengerecht und genau zu schreiben. Werden die Zahlen nicht ordentlich und richtig untereinandergeschrieben, wird kein Ergebnis zustande kommen. Zur schriftlichen Division gehören auch der Strich und das Minuszeichen bei jeder Subtraktion. Da hier außerdem einzelne Zahlen „heruntergezogen“ werden müssen, sollte dabei unbedingt die richtige Reihenfolge eingehalten werden.

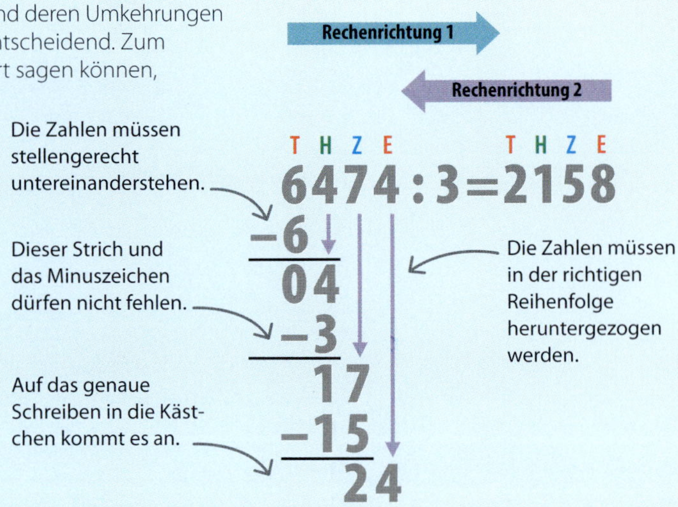

Wie dividiert man schriftlich?

Das Besondere an der schriftlichen Division ist die Schreibweise in Treppenstufen, die sich aus der Art der Rechnungen ergibt. Es werden immer nacheinander einzelne Zahlen dividiert. Außerdem sind einige Rechenschritte notwendig, ehe man zu einem Ergebnis kommt. Zusätzlich ändert sich die Richtung, in der man rechnen muss, ständig.

```
T H Z E
4186:7=
```

4 : 7 geht nicht.

```
T H Z E
4186:7= 5
```

Die nächste Zahl muss hinzugezogen werden. In 41 passt die 7 5-mal. 5 an

```
T H Z E
4186:7=5
-35
  6
```

5 · 7 = 35
35 wird unter 41 geschrieben.
41 – 35 = 6

```
T H Z E
4186:7=5
-35
 68
```

Die 8 wird heruntergezogen.

```
T H Z E
4186:7=59
-35
 68
```

In die 68 passt die 7 9-mal. 9 an

```
T H Z E
4186:7=59
-35
 68
-63
  5
```

9 · 7 = 63
63 wird unter 68 geschrieben.
68 – 63 = 5

```
T H Z E
4186:7=59
-35
 68
-63
 56
```

Die 6 wird heruntergezogen.

```
T H Z E
4186:7=598
-35
 68
-63
 56
```

In die 56 passt 7 8-mal. 8 an.

```
T H Z E
4186:7=598
-35
 68
-63
 56
-56
  0
```

8 · 7 = 56
56 – 56 = 0

△ **Die Umkehrung zur Multiplikation**
Da die Kinder hier wissen müssen, wie oft der Divisor, also die Zahl, durch die geteilt wird, in den Dividenden, die Zahl, die geteilt werden soll, passt, müssen die Ergebniszahlen des Einmaleins parat sein. Dies stellt viele Kinder vor Probleme. Deshalb ist die schriftliche Division die schwierigste der vier Grundrechenarten.

Die Probe

Um zu überprüfen, ob bei der schriftlichen Division richtig gerechnet wurde, wird in der Schule in Aufgabenstellungen häufig gefordert, die Probe zu machen. Das bedeutet, dass die Umkehraufgabe gerechnet werden soll.

▷ **Die Umkehrung zur schriftlichen Division**
Die Umkehraufgabe zu jeder Division ist die Multiplikation. Da die Division viel Platz in einem Heft benötigt, empfiehlt es sich, die Probe möglichst nah in das Feld der Division zu schreiben. Jedoch mit genügend Abstand, sodass die beiden Rechnungen noch gut voneinander zu unterscheiden sind. Sind das Produkt, also das Ergebnis der Multiplikation, und der Dividend, also die Zahl, durch die geteilt wird, identisch, wurde bei der Division richtig gerechnet.

```
4186:7=598
-35
 68
-63
 56
-56
  0
```

Aus „•7" wird „:7"

Probe
598 • 7
4186

Stimmen der Dividend und das Produkt überein, wurde bei der Division richtig gerechnet.

Eine **Probe hat** nur dann einen **Sinn, wenn sie auch gerechnet** und nicht nur einfach hingeschrieben wird!

Division mit Rest

Bei vielen Aufgaben zur schriftlichen Division bleibt ein Rest übrig, der nicht mehr geteilt werden kann. Gerade diese Aufgaben bereiten Kindern oft Schwierigkeiten. Gerechnet wird dabei so wie bereits bekannt, nur mit dem Unterschied, dass eine Zahl übrigbleibt.

▷ **Häufige Fehler**

Bei Divisionsaufgaben kommen zwei Fehler besonders häufig vor. Entweder wird der Rest nicht zum Ergebnis dazugeschrieben. Damit ist die Rechnung aber falsch, denn rechts und links vom Gleichheitszeichen muss der gleiche Wert stehen. Oder der sogenannte Rest ist größer als der Divisor und kann doch noch geteilt werden. Zum Beispiel: Rest 7 – der Divisor ist 6! In diesem Fall wäre die Divisionsaufgabe nicht vollständig gerechnet.

```
3757:7=536R5
-35
 25
-21
  47
 -42
   5
```

Diese Zahl 5 kann nicht durch 7 geteilt werden, daher wird sie als Rest 5 zum Ergebnis dazugeschrieben.

Die Probe zur Division mit Rest

Auch zu Divisionsaufgaben mit Rest müssen Schüler in der Lage sein, die passende Umkehraufgabe, die Probe, zu rechnen. Dabei ist es wichtig, dass sie die Umkehraufgabe in zwei aufeinanderfolgenden Schritten rechnen.

RICHTIG

```
3757:7=536R5
-35
 25
-21
  47
 -42
   5
```

Hier sind **2 Rechnungen** notwendig.

Probe 1: $536 \cdot 7 = 3752$ – Der Quotient **ohne Rest** wird multipliziert.

Probe 2: $3752 + 5 = 3757$ – Zum Produkt wird in einer eigenen Rechnung der Rest addiert.

FALSCH

```
3757:7=536R5
-35
 25
-21
  47
 -42
   5
```

Probe: $536 \cdot 7 = 3752 + 5 = 3757$

Obwohl hier das gleiche Ergebnis herauskommt, ist es dennoch falsch!

Diese Striche sind einem =, einem Gleichheitszeichen, gleichzusetzen.

Hier würde das bedeuten:
$536 \cdot 7 = 3757$
$(3752 \neq 3757)$!

Diese beiden Werte müssen übereinstimmen!

△ **Zwei Rechnung sind notwendig**

Bleibt bei der Division ein nicht teilbarer Rest übrig, müssen bei der Probe zwei Rechnungen durchgeführt werden. Es ist sehr wichtig, dass Eltern ihre Kinder darauf hinweisen, dass hier Bequemlichkeit automatisch zu einem Fehler führt.

Rechts und links vom Gleichheitszeichen **muss auch der gleiche Wert stehen**!

INTERESSANT

Schriftliche Division mit zweistelligen Zahlen

Vor einigen Jahren mussten die Kinder in der Grundschule auch noch die Division mit mehrstelligen Zahlen beherrschen. Das war schwierig, da auch zur damaligen Zeit nur das kleine Einmaleins im Unterricht besprochen wurde. In den neuen Lehrplänen wird diesem Umstand Rechnung getragen und die schriftliche Division nur noch bis einschließlich zur Zahl 10 gefordert.

Teilbarkeitsregeln

In manchen Fällen sollen Kinder vorab entscheiden, ob die Divisionsaufgabe mit oder ohne Rest teilbar ist. Dafür gibt es einige Regeln, nach denen dies schnell herausgefunden werden kann. Auch für den Alltag kann die Kenntnis der Teilbarkeitsregeln durchaus praktisch sein. Will man beispielsweise einen bestimmten Geldbetrag gerecht auf 3 Kinder aufteilen, hilft die Teilbarkeitsregel „durch 3" zuverlässig.

▷ **Wie merkt sich mein Kind das?**
Durch bloßes Durchlesen werden die Teilbarkeitsregeln nicht den Weg in das Langzeitgedächtnis finden, sondern am besten durch häufige Anwendung. Zur Vorbereitung hat sich bewährt, dass die Kinder dazu ein selbstgestaltetes „Merkblatt" in Form einer Mindmap erstellen oder die Regeln einmal auf Karteikarten notieren und auf der jeweiligen Rückseite ein paar Zahlenbeispiele.

Teilbarkeitsregeln

Eine Zahl ist teilbar durch	wenn ...	Beispiele
2	ihre letzte Ziffer gerade ist.	12, 134, 5000
3	ihre Quersumme (Summe ihrer Ziffern) durch 3 teilbar ist.	18 1 + 8 = 9
4	die Zahl, die durch die letzten beiden Stellen gebildet wird, durch 4 teilbar ist.	732 32 : 4 = 8
5	sie auf 5 oder 0 endet.	25, 90, 835
6	die letzte Ziffer gerade ist und die Quersumme durch 3 teilbar ist.	3426 3 + 4 + 2 + 6 = 15
7	– Keine einfache Teilbarkeitsregel –	
8	die Zahl, die durch die letzten drei Ziffern gebildet wird, durch 8 teilbar ist.	7536 536 : 8 = 67
9	ihre Quersumme durch 9 teilbar ist.	6831 6 + 8 + 3 + 1 = 18
10	sie auf 0 endet.	30, 150, 4270

Quersumme

Um die Teilbarkeitsregeln anwenden zu können, muss in einigen Fällen die Quersumme gebildet werden. Das ist die Addition aller Ziffern einer Zahl. Zum Beispiel: 4317 – Die Quersumme ist: 4 + 3 + 1 + 7 = 15.

Division mit Null im Dividenden

Mit der Zahl Null haben Kinder gerade bei größeren Zahlen häufig Schwierigkeiten. Sobald bei einer Divisionsaufgabe im Dividenden eine Null vorkommt, steigt die Fehlerzahl deutlich an. Hier können Eltern durch einzelne Beispielrechnungen mit ihren Kindern sehr schnell für einen sicheren Umgang mit dieser vermeintlich schwierigen Zahl sorgen.

Beispiel 1

```
 40104:9=4456
-36
  41
 -36
   50
  -45
    54
   -54
     0
```

Kommt im Dividend eine Null vor, wird genauso wie bei jeder anderen schriftlichen Division gerechnet.

Beispiel 2

```
 41400:9=4600
-36
  54
 -54
   00
  -00
    00
   -00
     0
```

Findige Rechner erkennen schnell, dass sie ab hier nicht mehr weiterrechnen müssen, sondern gleich die beiden Nuller an das Ergebnis anhängen können. Ob das Aufschreiben der Rechnung an dieser Stelle abgebrochen werden kann, sollte jedoch vorher mit der Lehrkraft abgeklärt sein.

△ **Die Null ist auch nur eine Zahl**
Mit der Zahl Null wird bei der schriftlichen Division genauso verfahren wie mit allen anderen Zahlen, die der Reihe nach heruntergezogen werden müssen. Der häufigste Fehler der Kinder besteht darin, dass sie entweder gleich mit dem Rechnen aufhören, da in der Subtraktion ja „Null" herauskommt, oder für sie ist fälschlicherweise 0 : 9 = 9.

Sachaufgaben

Sachaufgaben sind in Texte verpackte Aufgaben mit einer Fragestellung, die die Kinder lösen müssen. Sie schulen die Fähigkeit zum problemlösenden Denken.

SIEHE AUCH
❮ 112–113 Texte lesen – Texte verstehen
❮ 166–167 Die schriftliche Addition
❮ 168–171 Die schriftliche Subtraktion
❮ 178–181 Die schriftliche Multiplikation
❮ 182–185 Die schriftliche Division
Größen 188–193 ❯

Dabei sind je nach Schwierigkeitsgrad ein, zwei oder mehr Rechenschritte erforderlich, die erkannt und richtig gerechnet werden müssen.

Angst vor Sachaufgaben

Sachaufgaben zählen im Fach Mathematik zu den mit Abstand unbeliebtesten Aufgaben. Da hier verschiedene Strategien angewandt werden müssen, um zu einer Lösung zu kommen, haben gerade schwächere Schüler Problem damit.

▷ **Resignation**
Viele Kinder resignieren bereits beim Anblick von Sachaufgaben. Bevor die Aufgaben gelesen werden, läuft bereits der „Ich-kann-das-sowieso-nicht-Motor" auf Hochtouren. Doch auch diesen Kindern kann geholfen werden. Hier sind Lehrkräfte im besonderen Maße gefordert, den Kindern geeignete Lösungshilfen und Strategien zu vermitteln. Doch auch Eltern können einen wichtigen Beitrag leisten.

Was muss mein Kind können?

Um Sachaufgaben lösen zu können, bedarf es bestimmter Grundlagen, die bereits ab der ersten Klasse gelegt werden. Es hat wenig Sinn, mit Kindern erst in der 4. Klasse intensiv Sachaufgaben zu üben, wenn grundlegende mathematischen Fertigkeiten wie die schriftlichen Rechenverfahren oder das Einmaleins nicht beherrscht werden.

▷ **Problemlösendes Denken**
Bei Sachaufgaben soll ein „Problem" gelöst werden. Doch wenn das Problem nicht verstanden wird, kann es auch nicht gelöst werden. D. h. das Kind muss in der Lage sein, Texte genau zu lesen und zu verstehen. Das Beherrschen der Grundrechenarten und eine Vorstellung von Größen (Längen, Gewichte, Zeiten, etc.) wird ebenfalls vorausgesetzt.

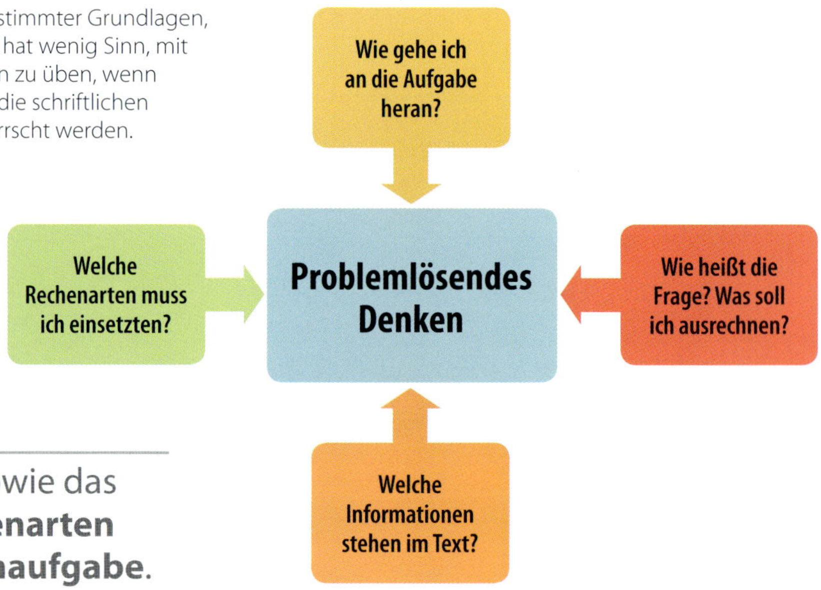

Texte lesen und verstehen sowie das **Beherrschen der Grundrechenarten** sind die **Grundlage** jeder **Sachaufgabe**.

Tipps zum Lösen von Sachaufgaben

Den Fahrplan zum Lösen von Sachaufgaben gibt es nicht. Aber es gibt ein paar Tipps, die die Kinder beachten sollten. Sie helfen in jedem Fall, wenigstens einen Einstieg in die Sachaufgaben zu finden und auch die Scheu vor dieser Art von Aufgabe zu verlieren.

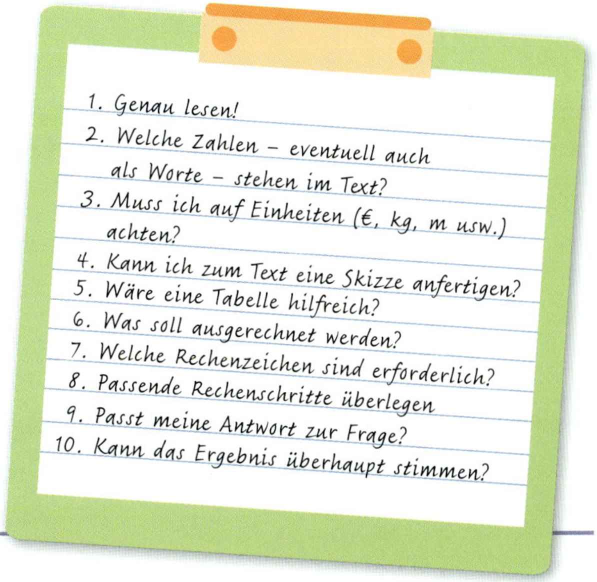

▷ **Hilfreiche Tipps**
Der erste Schritt bei jeder Sachaufgabe muss sein, die Aufgabe genau – und mehrmals – zu lesen. Gerne verbergen sich „kleine" Worte wie z. B. „je" im Text, die erhebliche Auswirkung auf die gesamte Sachaufgabe haben. Es ist ein Unterschied, ob es heißt: „Paul, Eva und Markus haben 20 € in ihrem Sparschwein". Oder: „Paul, Eva und Markus haben je 20 € in ihrem Sparschwein". Es schadet auch nicht, das Gelesene in eigenen Worten wiederzugeben. Vielleicht kann Ihr Kind diese Tipps sogar als kleines Plakat im Kinderzimmer aufhängen?

Konkrete Hilfestellung durch die Eltern

Auch wenn Kinder ihre Hausaufgaben in der Regel selbstständig erledigen sollen, so sollte man bei denjenigen, die ohnedies Schwierigkeiten in Mathematik haben, gerade beim Lösen von Sachaufgaben eine Ausnahme machen. Denn diese Aufgaben erzeugen mit Abstand die meisten Misserfolge bei Kindern.

◁ **Erlaubt ist, was hilft!**
Manche Eltern haben eine Scheu davor, ihrem Kind bei der Lösung von Sachaufgaben zu helfen, weil sie wissen, dass es das alleine können muss. Doch da die Frustration bei Kindern mit jeder nicht gelösten Sachaufgabe mehr und mehr steigt und sich das sogar auf das gesamte Fach Mathematik auswirken kann, sind hier Hilfen wie „vorrechnen" durchaus erlaubt. Natürlich nicht, wenn Ihr Kind grundsätzlich die Sachaufgaben versteht, aber im Moment keine Lust hat.

Sonderfall Zahlenrätsel

Zahlenrätsel stellen im Rahmen der Sachaufgaben einen Sonderfall dar, da es sich hier nicht um eine konkrete Situation handelt, zu der eine Zeichnung angefertigt werden kann, sondern um die Beschreibung einer Rechenoperation.

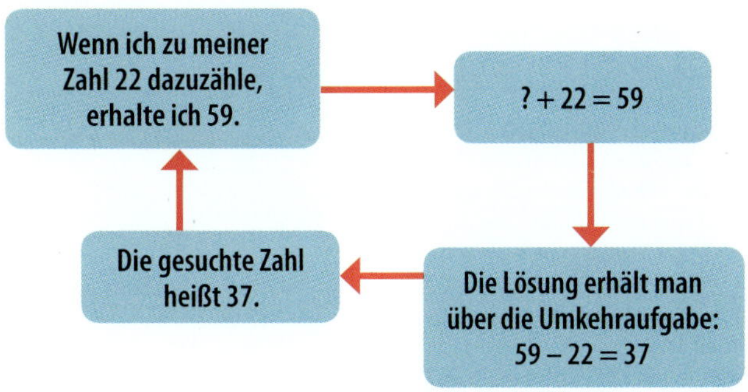

▷ **Vorgehensweise**
Hier müssen die Kinder in der Lage sein, einen Text in eine Rechnung „umzuschreiben". Beschreibungen wie „ist halb so groß"(bedeutet: :2), „um … größer als" (bedeutet: +) oder „ist um … kleiner" (bedeutet: –) usw. sollten die Kinder in Rechenoperationen „übersetzen" können. Auch hier hat sich ein „Merkzettel", auf dem bestimmte Beschreibungen und die passenden Rechenoperationen vermerkt sind, bewährt.

Größen

Zu den Größen, die in der Grundschule behandelt werden, gehören Längen, Gewichte, Hohlmaße, Geld und Zeiten.

SIEHE AUCH
❮ **30–31** Warum vergessen wir Gelerntes?
❮ **146–147** Arbeitsmaterialien und ihr richtiger Gebrauch
❮ **156–159** Das Stellenwertsystem

Dabei sollen die Kinder eine Grundvorstellung von Größen erlangen, entsprechende Messungen durchführen, Einheiten umwandeln, verschiedene Schreibweisen miteinander vergleichen und Größen in Sachaufgaben anwenden können.

Längen

Mit dem Thema Längen beschäftigen sich Kinder bereits ab der 1. Klasse. Das Lineal als gängiges Messinstrument und seine richtige Nutzung sollte ihnen geläufig sein. Um eine Grundvorstellung von Längen, also km, m, cm und mm, zu erhalten, werden diese mit Gegenständen aus dem Alltag der Kinder in Verbindung gesetzt.

1 mm
Die Höhe einer Münze

1 cm
Die Breite eines Fingers

1 m
Die Länge eines Schrittes

100 m
Die Länge eines Fußballfeldes

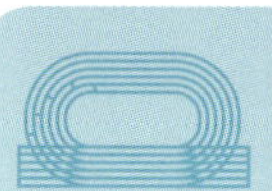

1 km
2,5 Stadionrunden auf der Laufbahn

▷ **Vergleichslängen**
In der Schule wird Kindern häufig die Aufgabe gestellt, Gegenstände bestimmten Längen zuzuordnen. Es schadet jedoch nicht, wenn auch Eltern ihre Kinder immer wieder dazu animieren, die Länge bestimmter Gegenstände zuerst zu schätzen und anschließend wenn möglich nachzumessen. Beispiele wären hier: das eigene Bett, das Lieblingsbuch des Kindes, der eigene Schreibtisch, die Länge des Kinderzimmers usw.

Lineal

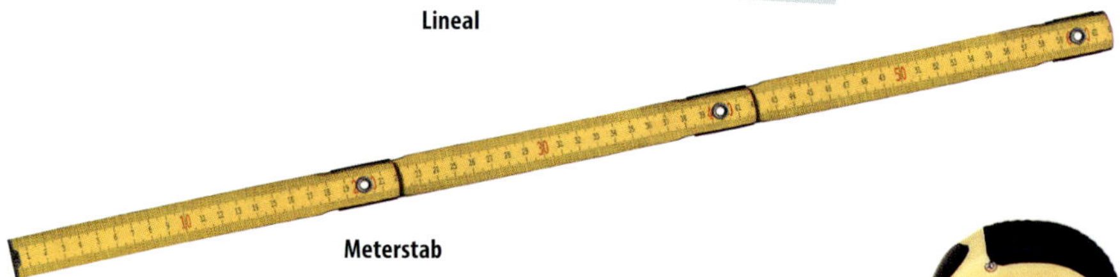

Meterstab

Maßband

▷ **Geeignete Messinstrumente**
Um Gegenstände sinnvoll messen zu können, sollten Kinder den richtigen Umgang mit den jeweiligen Messinstrumenten beherrschen. Gerade bei der Verwendung des Meterstabes oder des Maßbandes ergeben sich sehr unterschiedliche Längen, wenn nicht darauf geachtet wird, sie an einer geraden Linie auszurichten.

Rechnen mit Längen

Während das Messen den Kindern viel Freude bereitet, erlischt diese meistens, wenn es darum geht, mit den bekannten Längen auch zu rechnen. Vor allem die Kommaschreibweise bereitet vielen Kindern Schwierigkeiten.

▽ Längen und Kommaschreibweise

So erstaunlich es sein mag, aber der Stellenwerttafel begegnet man auch bei den Längen. In dieser Tabelle ist alles Wissenswerte zu den Längeneinheiten vereint. Dass 10 mm gleich 1 cm sind, 100 cm gleich 1 m oder 1000 m gleich 1 km, ist ebenso ersichtlich wie die Stellen, an denen das Komma gesetzt werden kann. Wenn Sie sich eine solche Tabelle am Computer erstellen und Sie es Ihrem Kind erklären, kann es sich damit alle geforderten Umwandlungen schnell erschließen. Vorausgesetzt natürlich, Ihr Kind hat das Prinzip der Stellenwerttafel verstanden.

Längen im Stellenwertsystem aus Sicht der kleinsten Einheit mm

·10

km	m			cm		mm
M	**HT**	**ZT**	**T**	**H**	**Z**	**E**
km	m	m	m	cm	cm	mm
1 000 000 mm	100 000 mm	10 000 mm	1000 mm	100 mm	10 mm ↓ =	1 mm
100 000 cm	10 000 cm	1000 cm	100 cm ↓ =	10 cm	1 cm	
1000 m ↓ =	100 m	10 m	1 m			
1 km						

Wird das Komma zwischen km und m gesetzt, bleiben nach dem Komma m, cm und mm.

Wird das Komma zwischen m und cm gesetzt, bleiben nach dem Komma cm und mm.

Wird das Komma zwischen cm und mm gesetzt, bleibt nach dem Komma mm.

Beispiele zur Verdeutlichung

Damit Ihr Kind besser versteht, wie es mit dieser Tabelle umgehen kann, sollten auch Sie mit ihm zusammen einige Beispiele „rechnen".

▷ Leichte Umwandlungshilfe

Diese „Längentabelle" funktioniert natürlich auch, wenn Sie dem Kind eine Kommazahl vorgeben und es diese Länge in einzelne Längeneinheiten umrechnen soll. Z. B.: 1,65 km = 1 km 650 m.

Zur Erinnerung: Das hier sind 50 m.

Aufgabe Schreibe in Kommaschreibweise.	**M**	**HT**	**ZT**	**T**	**H**	**Z**	**E**	**Ergebnis**
	km	m	m	m	cm	cm	mm	
1 km 50 m	1	0	5	0	0	0	0	1,05 km
3 m 6 cm 1 mm				3	0	6	1	3,061 m
650 mm					6	5	0	65,0 cm

Die Null vor dem Komma und zwischen den Zahlen darf man nicht weglassen!

Die Null am Ende einer Zahl kann man weglassen!

Hohlmaße

Hohlmaße heißen so, weil man mit ihnen die Menge an Flüssigkeit misst, die in ein hohles Gefäß passt. Die Größen, mit denen in der Grundschule gemessen und gerechnet wird, sind Liter (l) und Milliliter (ml).

10 ml Esslöffel

100 ml Teetasse

250 ml Trinkglas

1 l Milchtüte

100 l Badewanne

▷ Vergleichsgrößen

Viele Kinder helfen gerne beim Backen oder Kochen mit. In diesem Fall bietet es sich an, auf diese Vergleichsgrößen immer wieder einmal einzugehen.

▷ **Geeignetes Messinstrument**
Wenn Kinder selbstständig Flüssigkeiten mithilfe eines Messbechers abmessen dürfen, werden sie schnell eine Vorstellung davon erhalten, dass ¼ l weniger ist als ½ l.

Mit Hohlmaßen rechnen

Auch hier gilt: Solange das Kind einfach Flüssigkeiten abmessen kann, hat es an dieser Tätigkeit meist Spaß. Sobald das Rechnen inklusive Umrechnungen und Kommaschreibweise dazukommt, ist die anfängliche Begeisterung schnell verflogen. Doch auch hier gibt es geeignete Anschauungsmöglichkeiten, die Ihrem Kind das Rechnen mit Hohlmaßen erleichtern.

▷ **Hohlmaße und Kommaschreibweise**
Nach dem gleichen Prinzip wie bei den Längen können in einer Stellenwert Tabelle Hohlmaße auch in Kommaschreibweise anschaulich dargestellt werden. Im Gegensatz zu den Längen gibt es hier nur zwei Größen: Liter und Milliliter. Milliliter kann übersetzt werden mit „Tausendstel Liter".

Hohlmaße im Stellenwertsystem aus Sicht der kleinsten Einheit ml

·10

l	ml		
T	H	Z	E
l	ml	ml	ml
1 000 ml = 1 l	100 ml	10 ml	1 ml

Das Komma wird zwischen Liter und Milliliter gesetzt.

Aufgabe Wandle in Liter um.	T	H	Z	E	Ergebnis
	l	ml	ml	ml	
2500 ml	2	5	0	0	2,5 l
4006 ml	4	0	0	6	4,006 l
Aufgabe Schreibe in gemischter Schreibweise.					
1,5 l	1	5	0	0	1 l 500 ml
2,025 l	2	0	2	5	2 l 25 ml

Beispielumwandlungen

Erklären Sie Ihrem Kind kurz, wie diese Tabelle funktioniert. Bei den Hohlmaßen wird das Komma lediglich zwischen Liter und Milliliter gesetzt.

◁ **Hilfe zur Umwandlung von Hohlmaßen**
Da 1 l 1000ml sind, benötigt diese Tabelle nur 4 Spalten. Alle Zahlen, die links vom Komma stehen, bedeuten immer ganze Liter, die Zahlen rechts vom Komma sind immer weniger als ein Liter, also Milliliter.

Angaben in Brüchen

Hohlmaße werden häufig auch in Brüchen angegeben: ⅛ l, ¼ l, ½ l. Auch diese können natürlich in die Stellenwerttabelle eingetragen werden. Doch dazu müssen die Kinder wissen, dass ⅛ l gleichbedeutend mit 125 ml usw. ist.

		Musik		Hohlmaße		
●	1 ganzer Kreis	𝅝	1 ganze Note	1 l	1 „ganzer" Liter	1000 ml
◗	1 halber Kreis	𝅗𝅥	1 halbe Note	½ l	1 halber Liter	500 ml
◢	1 Viertelkreis	♩	1 Viertelnote	¼ l	1 Viertelliter	250 ml
▸	1 Achtelkreis	♪	1 Achtelnote	⅛ l	1 Achtelliter	125 ml

△ **Hohlmaße und Musik**
Kinder haben oft Schwierigkeiten, wenn es heißt: „Rechne ⅛ l in ml um. Hier kann die Verbindung zur Musik helfen. Denn die Notenwerte sind ebenso in ganze Noten, halbe Noten, Viertel- und Achtelnoten usw. unterteilt. Mithilfe dieses Vergleiches können sich die Kinder die Brüche bei den Hohlmaßen viel leichter vorstellen.

Zeiten

Im Unterschied zu allen anderen Größen, hilft hier das Stellenwertsystem nicht weiter, da hier der Faktor 10 keine Rolle spielt. Es geht um Jahr, Monat, Tag, Stunde und Minute und jedes Mal müssen die Kinder mit unterschiedlichen Einheiten umgehen.

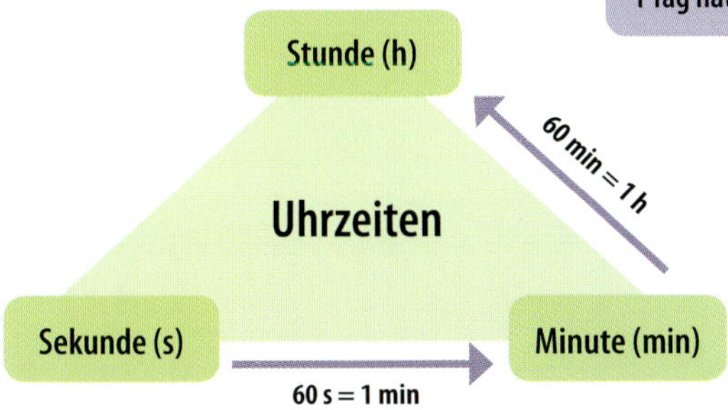

◁ **Kalender und Uhr**
Während die Uhrzeiten wenigstens noch mit einer Faktorgröße (· 60) in Beziehung zueinander stehen, gibt es beim Kalender aufgrund von unterschiedlichen Monatslängen und Schaltjahren sogar innerhalb der bekannten Größen noch Abweichungen.

Digitaluhr und Uhr mit Zeigern

Die Uhrzeit an einer Digitaluhr abzulesen fällt Kindern erheblich leichter als an einer Uhr mit Zeigern. Anhand der Zahlen können sie nicht nur die Uhrzeit leicht ablesen, daraus ist auch die Tageszeit erkennbar. Bei einer Uhr mit Zeigern fällt das Kindern bereits erheblich schwerer. Zumal die Tageszeit aus der Stellung der Zeiger nicht ersichtlich ist.

◁ **Uhrzeiten lesen**
Neben der unterschiedlichen Sprechweise der Uhrzeiten fällt Kindern die Unterscheidung zwischen dem kleineren Minutenzeiger und dem etwas größeren Stundenzeiger oft schwer. Kompliziert wird es vor allem dann, wenn es sich nicht um volle Stunden handelt. Als kleinen Tipp kann man Kindern immer mitgeben: Sobald der Minutenzeiger nicht mehr auf der Zahl 12 steht, hat bereits eine neue Stunde angefangen.

Zeitdauer ausrechnen

Ein Problem, das viele Kinder leider auch noch in der vierten Klasse haben, ist, dass sie die Uhr nicht richtig lesen können. Dann sind Fehler vorprogrammiert, wenn ausgerechnet werden soll, wie lange etwas dauert. Daher sollten die Kinder schon in den ersten beiden Klassenstufen lernen, sicher die Uhrzeit abzulesen.

▷ **Häufiger Fehler**
Kinder verfallen beim Berechnen von Fahrzeiten gerne in das ihnen bekannte Dezimalsystem (mal 10) zurück. Damit die Kinder mehr Sicherheit im Umgang mit Stunden und Minuten bekommen, sollte häufig, z. B. an Fahrplänen, geübt werden.

Fahrplanauszug

Abfahrt	Ankunft
12:45	13:30

Berechne die Fahrzeit.

Richtiges Ergebnis	Falsches Ergebnis
45 min	85 min

12: 45 + 15 min + 30 min = 13:30

12: 45 + 55 min + 30 min = 13:30

Gewichte

In der Grundschule lernen die Kinder auch Gewichte kennen: Gramm (g), Kilogramm (kg) und Tonne (t). Auch hier sollten die Kinder einzelne Gewichte Alltagsgegenständen richtig zuordnen können.

1 g
Büroklammer

100 g
Tafel Schokolade

1 kg
1 Packung Mehl

10 kg
Mit Wasser gefüllter Putzeimer

1 t
Auto

▷ **Gängige Vergleichsgrößen**
Da Kinder in der Regel gerne verschiedene Dinge abwiegen, können sie sich auch selbst eine „Wiegetabelle" erstellen. Dort tragen sie selbst das Gewicht von Gegenständen oder auch Tieren ein. Dabei kommt es natürlich nicht auf jedes Gramm an, aber so ungefähr sollte diese Tabelle schon stimmen. Hier können Eltern sehr gut beratend zur Seite stehen.

Mit Gewichten rechnen

Um mit Gewichten rechnen zu können, ist es wie bei allen Größen notwendig, dass die Kinder die einzelnen Gewichte miteinander in Beziehung setzen und umrechnen können.

▷ **Umwandlungshilfe bei Gewichten**
Da Gewichte in das System der Stellenwerte, also des Faktors 10, passen, kommt hier wieder die Umrechnungs-Tabelle zum Einsatz. Mit ihr können Eltern ihren Kindern das Umrechnen von Gewichten gut erklären

Gewichte im Stellenwertsystem aus Sicht der kleinsten Einheit g

·10 (←)

t	kg			g		
M	**HT**	**ZT**	**T**	**H**	**Z**	**E**
t	kg	kg	kg	g	g	g
			1000 g	100 g	10 g	1 g
1000 kg	100 kg	10 kg	↓ = 1 kg			
↓ = 1 t						

Wird das Komma zwischen t und kg gesetzt, bleiben nach dem Komma kg und g.

Wird das Komma zwischen kg und g gesetzt, bleibt nach dem Komma g.

Arbeiten mit der Tabelle

Sobald die Kinder das Prinzip der Umrechnungstabelle verstanden haben, unterlaufen ihnen bei Umrechnungen erheblich weniger Fehler. Dies gilt für alle Größenumrechnungen, die mit einer solchen Umwandlungshilfe dargestellt werden können.

▷ **Einsatz bei den Hausaufgaben**
Gerade bei Hausaufgaben zum Thema Umrechnen von Gewichten empfiehlt es sich für Kinder, die dabei Schwierigkeiten haben, die Zahlen einfach in diese Tabelle einzutragen. Auf diese Weise kann das Ergebnis sofort abgelesen werden.

Da hier nach Kilogramm und nicht nach Gramm gefragt ist, bleiben die Felder für Gramm leer.

Aufgabe Wandle in kg um.	**M**	**HT**	**ZT**	**T**	**H**	**Z**	**E**	**Ergebnis**
	t	kg	kg	kg	g	g	g	
1,5 t	1	5	0	0				1500 kg
300 g					3	0	0	0,3 kg

Schreibt man die Grammzahl in diese Tabelle, ist sofort erkennbar, dass bei kg keine Zahl steht. Also: 0 kg.

Aufgabe Wandle in g um.	**M**	**HT**	**ZT**	**T**	**H**	**Z**	**E**	**Ergebnis**
	t	kg	kg	kg	g	g	g	
50 kg			5	0	0	0	0	50 000 g

Geld

Geld ist für Kinder die gängigste Größe, mit der sie im Alltag konfrontiert werden. Bis zur 4. Klasse wissen die Kinder nicht nur, dass 100 Cent einem Euro entsprechen, sondern können auch recht gut einschätzen, was bestimmte Gegenstände etwa kosten.

▷ **Passende Vergleichsgrößen**
Diese Vergleiche zwischen Geldbeträgen und Gegenständen haben natürlich ungefähren Charakter. Dennoch sollten wenigstens diese Größenordnungen gesichert sein, da in Tests bisweilen darauf Bezug genommen wird.

1 €
Eis

10 €
Taschenbuch

100 €
Schultasche

1000 €
Computer

10 000 €
Auto

Ratenzahlung

Das Rechnen mit Geldbeträgen wird vor allem in der 4. Klasse häufig in Sachaufgaben eingebettet. Besonders beliebt ist dabei das Thema Ratenzahlung. Dabei soll den Kindern neben dem Rechenvorgang auch die Erkenntnis vermittelt werden, dass Ratenzahlung immer teurer ist als die Bezahlung in einem Betrag.

Ratenzahlung
Anzahlung 199 €
5 Raten zu je 65 €

Wie groß ist der Unterschied zwischen Bar- und Ratenzahlung?

▷ **Notwendige Rechenschritte**
Hier müssen die Kinder erkennen, dass sie diese Aufgabe in mehreren Schritten rechnen müssen. Dabei sind die Multiplikation, die Addition und die Subtraktion in einer einzigen Aufgabenstellung erforderlich. Derartige Aufgaben beinhalten zwei Fehlerquellen. Zum einen wird die Bezeichnung € gerne vergessen. Das ist umso ärgerlicher, als es dafür Punktabzüge in Tests gibt. Zum anderen wird der 3. Rechenschritt häufig vergessen. Selbst wenn die Kinder zu einer richtigen Antwort kommen, wenn sie den letzten Schritt im Kopf rechnen, so verschenken sie unnötig Punkte. Denn nur was dasteht, wird auch beurteilt!

1

$$\begin{array}{r} 65\,€ \cdot 5 \\ \hline 325\,€ \end{array}$$

2

$$\begin{array}{r} 325\,€ \\ +199\,€ \\ {\scriptstyle 1\ 1\ \ } \\ \hline 524\,€ \end{array}$$

3

$$\begin{array}{r} 524\,€ \\ {\scriptstyle 1\ 1\ \ \ } \\ -499\,€ \\ \hline 025\,€ \end{array}$$

Wenn Sie mit Ihrem Kind einzelne Größen üben, **dann bleiben Sie bitte über einen längeren Zeitraum bei einer Größe.**

Geometrie

Der Lernbereich Geometrie gehört bei vielen Kindern zu den beliebtesten Inhalten im Fach Mathematik.

SIEHE AUCH
❮ 56–57 Heftführung
❮ 146–147 Arbeitsmaterialien und ihr richtiger Gebrauch

Hier können auch Kinder, die in anderen Teilbereichen des Faches Schwierigkeiten haben, zu guten Ergebnissen und damit zu Erfolgserlebnissen gelangen.

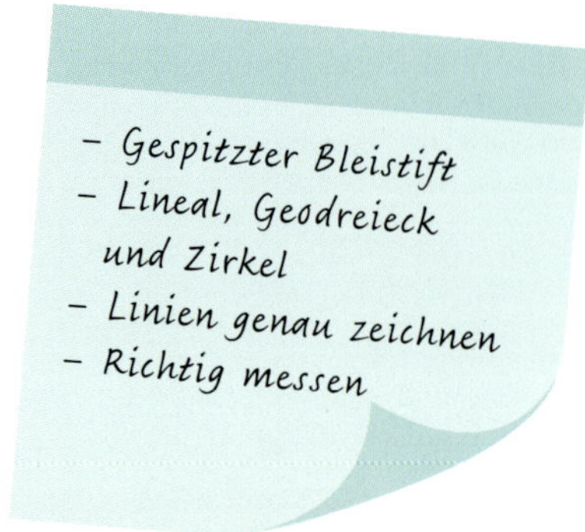

Grundvoraussetzungen

In der Geometrie geht es zwar nicht um Rechenoperationen, dafür kommt es darauf an, sehr sorgfältig und genau zu arbeiten. Hier können Eltern einen wichtigen Beitrag leisten, indem sie ihr Kind zu einer exakter Arbeitsweise anhalten.

▷ **Leicht zu erfüllen und doch so schwer**
Als Grundsatz im Lernbereich Geometrie gilt: Arbeite genau! Doch wie sollen exakte Striche gezogen werden, wenn der Bleistift seit Tagen nicht mehr gespitzt wurde? Wenn Linien mit dem Lineal gezogen werden müssen, behelfen sich Kinder gerne damit, dies mit anderen „geraden" Gegenständen zu versuchen, da sie das Lineal nicht in der Schultasche haben. Doch genau diese einfachen Dinge machen den Großteil des erfolgreichen Arbeitens in der Geometrie aus!

Geometrische Flächen und Körper

In der Schule ist häufig die Rede von geometrischen Flächen und Körpern. Der Unterschied liegt darin, dass Flächen zweidimensional sind und Körper dreidimensional, also eine räumliche Ausdehnung haben. Kinder müssen in der Lage sein, diese unterschiedlichen Bezeichnungen voneinander zu unterscheiden. Dies gehört zum Grundwissen.

△ **Quadrat**
Ein Quadrat ist ein Viereck, bei dem alle 4 Seiten gleich lang sind.

△ **Rechteck**
Ein Rechteck ist ebenfalls ein Viereck, bei dem immer die beiden gegenüberliegenden Seiten die gleiche Länge haben. Alle 4 Seiten stehen im rechten Winkel zueinander.

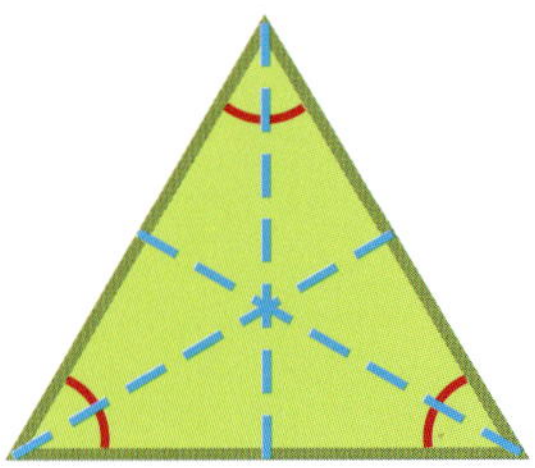

△ **Dreieck**
Ein Dreieck ist eine Fläche mit drei Ecken, bei der die einzelnen Seiten unterschiedlich lang sein können. Alle Winkel in einem Dreieck zusammen ergeben 180 °.

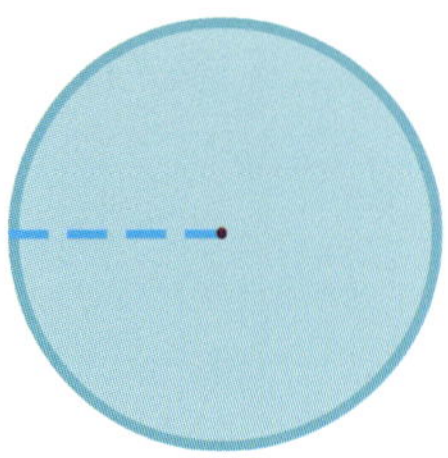

△ **Kreis**
Ein Kreis hat einen Mittelpunkt, einen Radius, einen Durchmesser und einen Umfang. Der Radius ist die Strecke vom Mittelpunkt zu einem beliebigen Punkt auf der Außenseite des Kreises.

△ **Parallelogramm**
Ein Parallelogramm ist ein Viereck, bei dem immer zwei Seiten zueinander parallel verlaufen und diese gleich lang sind.

△ **Würfel**
Ein Würfel hat 6 gleich große Flächen, 12 Kanten und 8 Ecken.

△ **Pyramide**
Die Pyramide hat eine quadratische Grundfläche und 4 weitere dreieckige Flächen, insgesamt 8 Kanten und 5 Ecken.

△ **Kegel**
Ein Kegel hat 2 Flächen, wobei die Grundfläche ein Kreis ist, 1 Kante und 1 Ecke bzw. Spitze.

△ **Kugel**
Eine Kugel hat nur eine Fläche. Jeder Punkt der Oberfläche hat den gleichen Abstand vom Mittelpunkt.

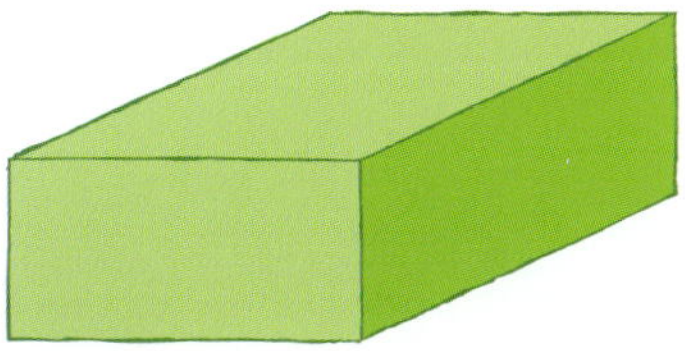

△ **Quader**
Der Quader hat genauso viele Flächen und Kanten wie der Würfel. Gegenüberliegende Flächen sind gleich groß.

△ **Prisma**
Das Prisma hat 5 Flächen, 9 Kanten und 6 Ecken.

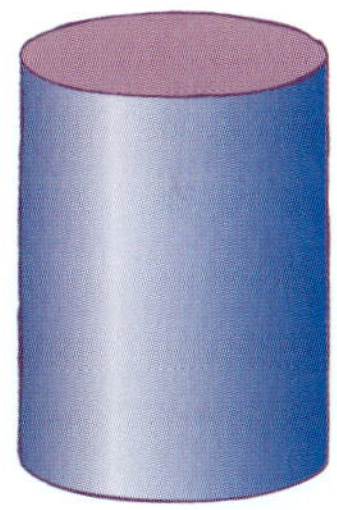

△ **Zylinder**
Der Zylinder hat 3 Flächen, wobei seine Grund- und Deckenfläche identisch und kreisförmig sind.

Geoburgen

Beim Thema geometrische Körper dürfen die Kinder sogenannte Geoburgen bauen. Das kennen sie bereits aus ihrer frühesten Kindheit. Kaum ein Kind hat nicht mit Bauklötzen gespielt.

▷ **Geoburgen beschreiben**
Es gibt einige Aufgabenstellungen, in denen bei bereits vorhandenen Geoburgen alle verwendeten Körper benannt werden sollen. Daher sind die einzelnen Bezeichnungen der Körper wichtig.

▷ **Geometrische Körper in Alltagsgegenständen**
Geometrische Körper sollen keine abstrakten Dinge für die Kinder bleiben, sondern mit Gegenständen aus ihrem Alltag in Verbindung gebracht werden. So ähnelt eine Eiswaffel einem Kegel, ein Zelt einer Pyramide, ein Fußball einer Kugel, ein Ziegelstein einem Quader usw.

»

Quader zeichnen

Ein einfaches Rechteck können die Kinder ohne Probleme zeichnen. Bei einer dreidimensionalen Figur benötigen sie einerseits eine gewisse Vorstellungskraft und andererseits müssen sie mit Lineal und Bleistift gut umgehen können.

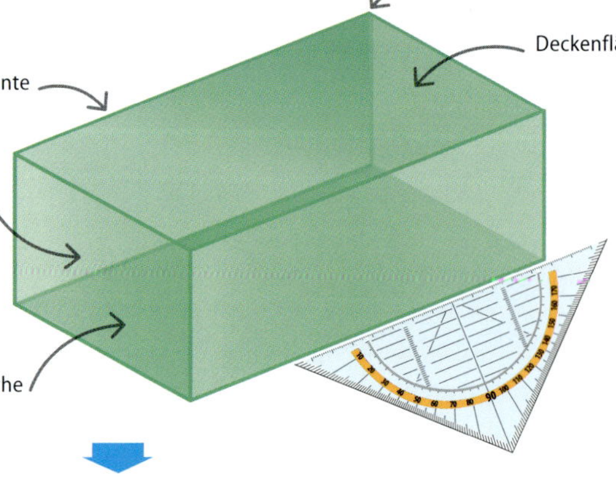

▷ **Genaue Linien zeichnen**
Bei einem Quader, der mehrdimensional dargestellt werden soll, müssen alle Ecken, Kanten, Boden- und Seitenflächen genau zusammenstoßen.

Quadernetze

Quadernetze sind Darstellungen, bei denen geometrische Körper praktisch auseinandergeklappt werden. Die Umrisse bilden dann das Quadernetz.

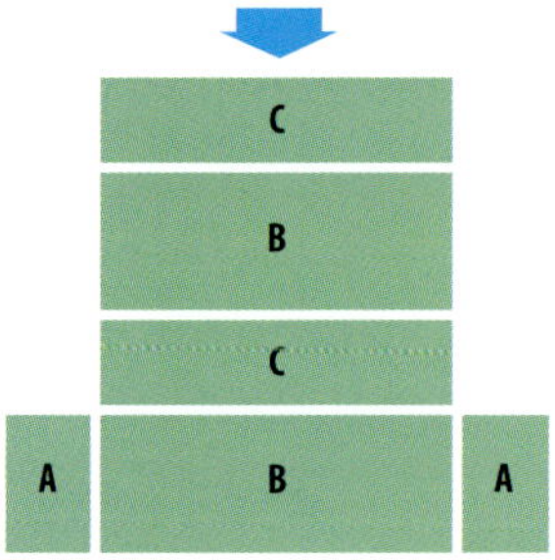

▷ **So baut man ein Quadernetz zusammen**
Alle Kanten werden ordentlich geknickt und hochgeklappt. So wird aus einem Quadernetz ein Quader.

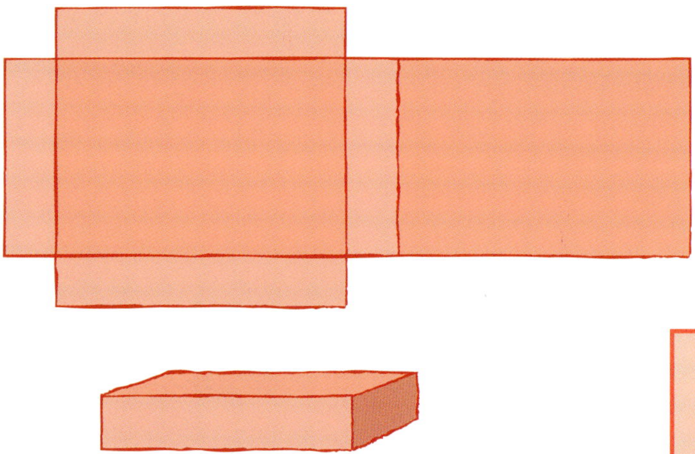

◁ **Quadernetze erkennen**
Es gibt auch Möglichkeiten, ein Quadernetz so zu zeichnen, dass es auf den ersten Blick nicht gleich ersichtlich ist, ob man daraus wirklich einen Quader bauen kann. Die einfachste, wenn auch etwas aufwendige Überprüfung besteht darin, dass man das Netz abzeichnet und ausschneidet. Wenn man die Kanten so umbiegen kann, dass daraus ein Quader wird, hat man ein echtes Quadernetz vor sich. Doch die meisten Kinder haben genug Vorstellungskraft, um sozusagen im Geiste ein Quadernetz zusammenzubauen.

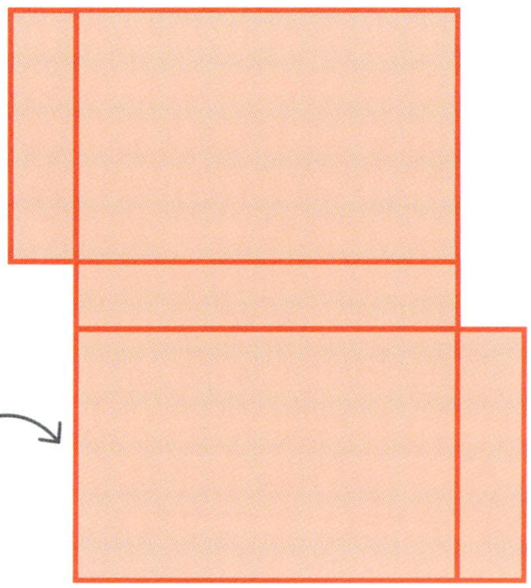

Aus diesem Quadernetz kann man keinen Quader bauen, weil eine Seitenfläche fehlt.

Der Kreis

Einen richtigen Kreis kann man nicht mit der Hand zeichnen, dazu muss man einen Zirkel verwenden. In der Grundschule lernen Kinder einen Kreis nach bestimmten Vorgaben zu zeichnen. Dazu ist es wichtig, die entsprechenden Fachbegriffe zu kennen.

▷ **Richtige Bezeichnungen**
Die Bezeichnungen Radius, Durchmesser und Mittelpunkt gehören zum Grundwissen jedes Schülers. Da der Radius genau die Hälfte des Durchmessers ist, sollten Kinder bei der Aufgabenstellung: „Zeichne einen Kreis mit dem Durchmesser 6 cm" sofort erkennen, dass sie diese 6 cm durch 2 teilen müssen, um den Kreis richtig zu zeichnen.

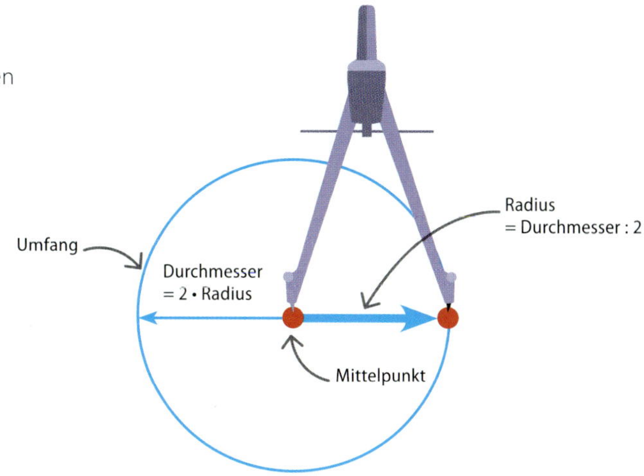

Kunst mit dem Zirkel

Komplizierte Konstruktionen mit dem Zirkel werden in der Grundschule noch nicht gefordert. Doch das richtige Hantieren mit dem Zirkel ist wichtiger Bestandteil des Geometrieunterrichts. Zu Beginn ist es oft nicht einfach, den Zirkel so zu handhaben, dass wirklich runde Kreise entstehen. Doch wenn man die Technik nach einiger Zeit gut beherrscht, lassen sich erstaunliche Muster oder sogar Tiere mit dem Zirkel zeichnen.

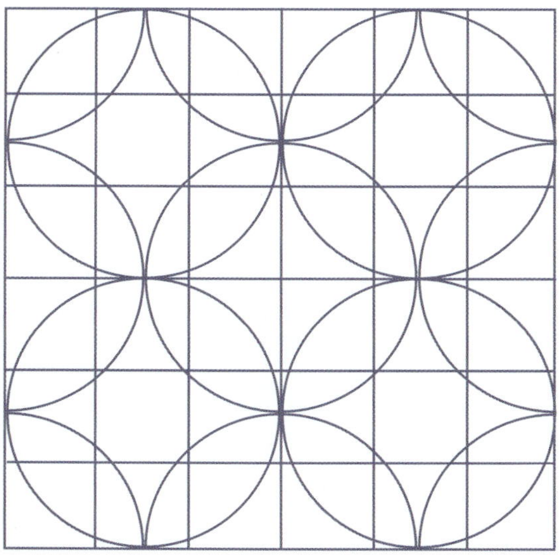

◁ **Zeichnen mit dem Zirkel**
Mit dem Zirkel ist viel möglich, wenn man ihn richtig verwenden kann. Der Einstichpunkt darf beim Drehen des Zirkels nicht mehr verrutschen. Außerdem ist es wichtig, den Zirkel nur an der oberen Krone festzuhalten, denn sobald man an die Seitenschenkel des Zirkels drückt, verändert sich der Radius und es wird kein Kreis mehr (siehe auch S. 147).

Das Geodreieck

Das Geodreieck ist ein vielseitig einsetzbares Lineal. Für den Geometrieunterricht ist es wichtig, dass es alle Ecken hat und man die Skalierung gut erkennen kann. In der Grundschule findet das Geodreieck seinen besonderen Einsatz beim Zeichnen von parallelen Linien und rechten Winkeln.

▷ Parallele Linien und der rechte Winkel
Parallele Linien sind Geraden, die immer den gleichen Abstand zueinander haben und sich auch bei der Verlängerung der Linien nie berühren. Beim rechten Winkel stehen zwei Linien senkrecht aufeinander. Sie bilden einen Winkel von 90 °. Um diese beiden Zeichnungen richtig durchführen zu können, ist es sehr wichtig, das Geodreieck genau anzulegen. Schon 2 mm Abweichung bewirken hier, dass die Zeichnung falsch ist.

Parallele Linien

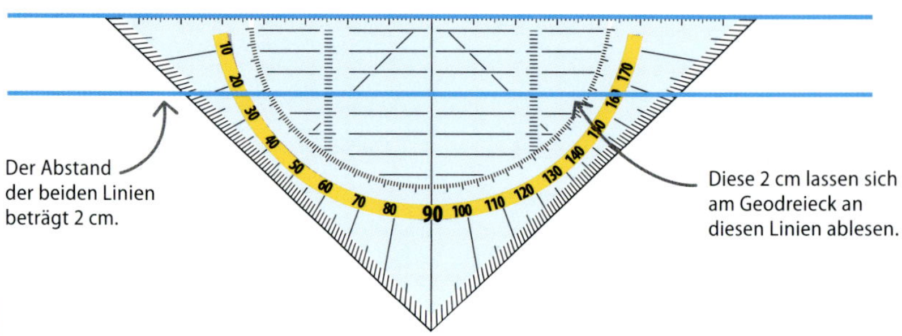

Der rechte Winkel

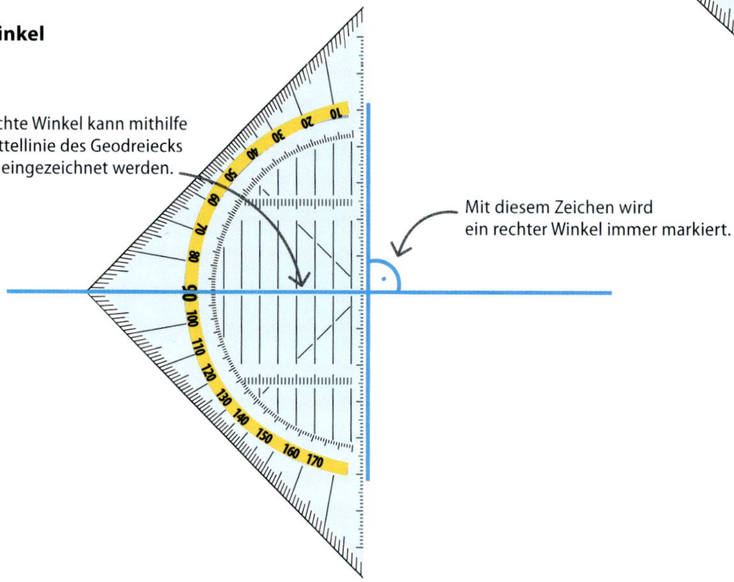

Ein kleiner Tipp zum rechten Winkel

Um ohne Geodreieck festzustellen, ob es sich um einen rechten Winkel handelt, reicht auch ein beliebiges Stück Papier.

▷ Rechter Winkel ohne Lineal
Wenn man ein Stück Papier genau faltet und anschließend die Faltkanten exakt aufeinanderlegt, entsteht ein rechter Winkel.

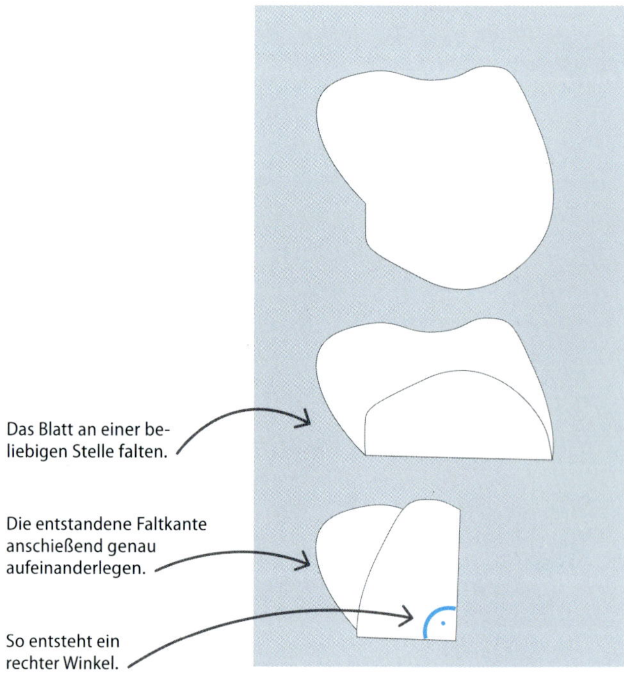

Sichtbare und unsichtbare Würfel

In den folgenden Würfelgebilden sind nicht alle Würfel zu sehen. Die Aufgabe besteht darin, durch Überlegen herauszufinden, wie viele Würfel verwendet wurden.

▽ **Logisches Denken und Kombinieren ist gefragt!**
Da nicht alle Würfel zu sehen sind, muss überlegt werden, wie viele Würfel nicht gesehen, aber verbaut wurden. Das mag auf den ersten Blick sehr einfach erscheinen, aber wenn man keinen Plan hat, wie man vorgeht, werden schnell einmal Würfel vergessen oder doppelt gezählt.

Hier wurden jeweils 27 Würfel verbaut.

Hier wurden 24 Würfel verbaut.

Achsensymmetrie

Schon die kleinsten Kinder sind von ihrem Spiegelbild fasziniert. Diese Begeisterung zeigt sich auch, wenn im Unterricht das Thema Symmetrie behandelt wird. So haben die meisten Kinder viel Spaß daran, mithilfe von Wasserfarben und einem Blatt Papier „Klecksbilder" zu erzeugen.

▷ **Grunderfahrungen zur Symmetrie**
Neben diesen Klecksbildern lassen sich auch in der Natur Erfahrungen zur Symmetrie sammeln. Kein Schmetterling könnte fliegen, wenn sein Körperbau nicht symmetrisch wäre. Wir Menschen sind übrigens nur auf den ersten Blick symmetrisch. Das ist für Kinder immer eine spannende Entdeckung. Spätestens wenn Kinder ihr Klecksbild und einen Faltschnitt nebeneinanderlegen, erkennen sie den entscheidenden Unterschied.

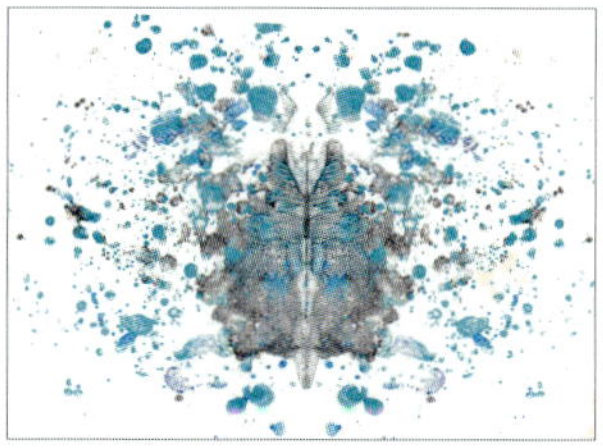

Dieses Bild wirkt nur symmetrisch.

Dieses Bild ist symmetrisch.

Was bedeutet symmetrisch?

Durch die spielerische Herangehensweise und die damit gewonnenen Erfahrungen, erkennen die Kinder schnell, dass symmetrisch bedeutet: ganz genau gleich, oder in der Sprache der Mathematik: deckungsgleich.

▷ **Korrekte mathematische Begriffe**
Im Zusammenhang mit der Symmetrie müssen sich die Kinder in der Grundschule zunächst nur die beiden Begriffe: „Symmetrieachse" und „deckungsgleich" merken, aber auch verstehen! Das Thema Drehsymmetrie, also die Symmetrie von einem Punkt aus, kommt in den meisten Lehrplänen nicht mehr vor.

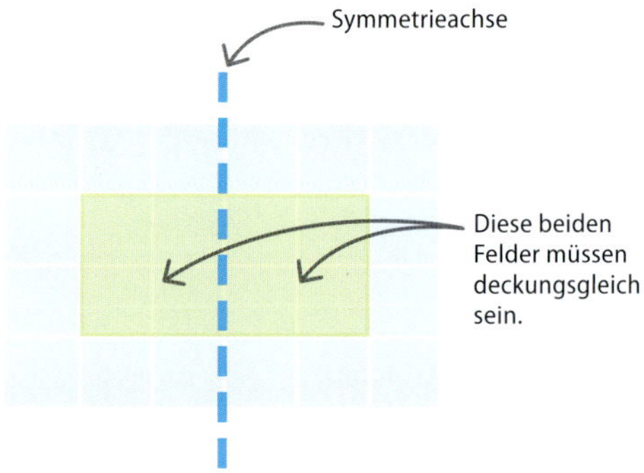

Die Symmetrieachse

Eine der Aufgaben zur Symmetrie ist, dass Kinder in Abbildungen, Flächen oder Körpern Symmetrieachsen erkennen und einzeichnen sollen. Dabei kommt es zu falschen Ergebnissen, wenn sich Kinder die entsprechende „Spiegelung" nicht vorstellen können. Zur Steigerung der Vorstellungskraft gibt es einen kleinen, aber effektiven Trick: Einen Taschenspiegel genau auf die Symmetrieachse legen und damit überprüfen, ob sich die Figur im Spiegel tatsächlich ergänzt.

▷ **Symmetrieachsen einzeichnen**
Die Aufgabe besteht meistens darin, nicht nur eine Symmetrieachse zu finden, sondern möglichst alle. Das verleitet Kinder manchmal dazu, zu viele Achsen einzuzeichnen. Das beste Beispiel ist hier das Rechteck. Während das Quadrat 4 Symmetrieachsen hat, gibt es beim Rechteck nur 2.

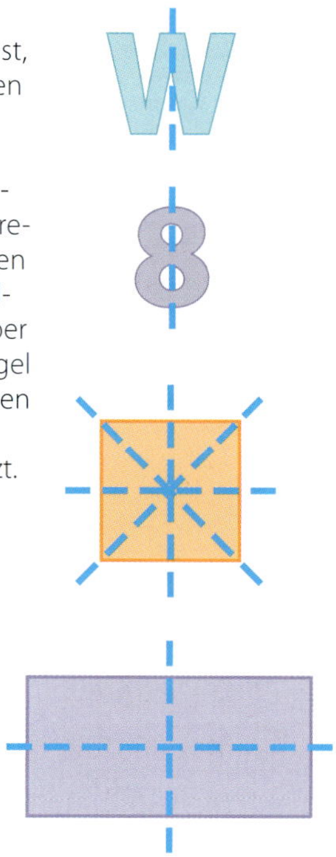

Spiegelbilder ergänzen

Sehr beliebt bei Kindern ist auch das Ergänzen von Spiegelbildern. Hier kommt es darauf an, dass alle Punkte und Striche auf beiden Seiten der Spiegelachse den gleichen Abstand zu dieser haben.

▷ **Anspruchsvolle Spiegelbilder**
Es gibt zahlreiche Möglichkeiten, sich selbst Spiegelbilder – auch in der anspruchsvolleren Form – zu überlegen. Sie brauchen dazu ein kariertes Blatt Papier, einen Bleistift und ein Lineal. Zuerst zeichnen Sie sich mit Bleistift eine symmetrische Figur auf. Achtung: Die Spiegelachse nicht vergessen! Anschließend radieren Sie ein paar Striche weg. Dabei bitte darauf achten, dass rechts und links der Spiegelachse immer mindestens 1 Strich übrigbleibt.

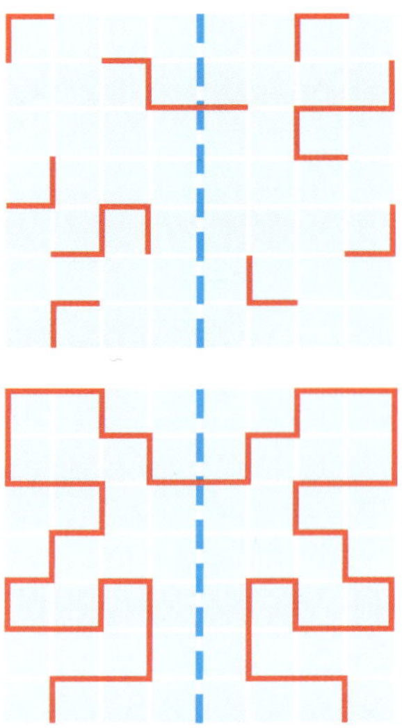

Der Maßstab

Der Maßstab beschreibt, in welchem Verhältnis etwas verkleinert oder vergrößert wird. Das bekannteste Beispiel ist die Landkarte. Dass sie verkleinert dargestellt werden muss, ist auch für Kinder leicht verständlich. Um ein Zimmer mit neuen Möbeln einzurichten, empfiehlt es sich, vorab einen Plan anzufertigen, um keine böse Überraschung zu erleben. Auch hier ist es wichtig, maßstabsgetreu zu zeichnen.

▷ **Was bedeutet der Maßstab 1 : 10000?**
1cm auf der Karte entsprechen10 000 cm in der Wirklichkeit. In beiden Fällen muss die Einheit – hier cm – natürlich gleich sein. Und da 10 000 cm gleich 100 m sind, kann man sich die tatsächliche Entfernung leicht ausrechnen.

Maßstabsgetreues Zeichnen in der Grundschule

Für Kinder ist wichtig zu verstehen, dass sie alle Teile einer Zeichnung um den Faktor 2 vergrößern müssen, wenn der Maßstab mit 1 : 2 angegeben wird. In diesem Fall muss also alles doppelt so groß gezeichnet werden. Wäre der Maßstab 1 : 10, müsste alles 10 Mal so groß gezeichnet werden.

▷ **Jeder Strich wird vergrößert!**
Bei einfachen Figuren wie diesem Haus ist es noch einfach. Werden die Pläne jedoch umfangreicher, mit vielen Einzellinien, wird es viel schwerer, an alle einzelnen Linien, die vergrößert werden sollen, zu denken.

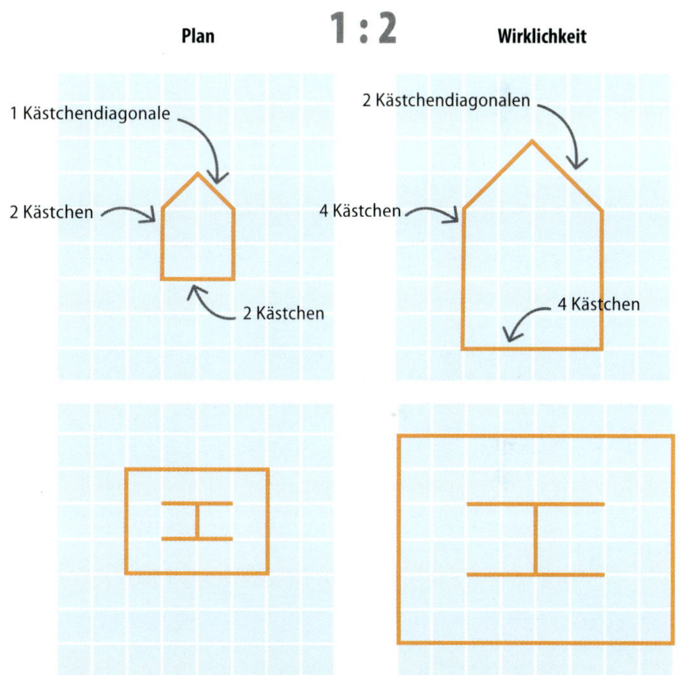

Umrechnen von Maßstäben

Um zu wissen, wie weit man von einem Ort zum anderen gehen muss, wenn auf der Karte zum Beispiel der Maßstab 1 : 100 000 angegeben wird, sollte der zweite Wert umgerechnet werden. Denn kaum einer kann sich unter 100 000 cm etwas vorstellen.

▷ **Hilfstabelle einsetzen**
Manche Kinder können diese Größeneinheiten problemlos umrechnen. Doch bei einigen Kindern treten dabei Probleme auf. Dann ist auch hier die Hilfstabelle nützlich, die bereits zum Thema Längen vorgestellt wurde.

Größe	M	HT	ZT	T	H	Z	E	Umrechnung
	km	m	m	m	cm	cm	mm	
100 000 cm	1	0	0	0	0	0		1 km
10 000 cm		1	0	0	0	0		100 m
1 000 cm			1	0	0	0		10 m
100 cm				1	0	0		1 m

Diagramme

Anhand von Diagrammen oder auch Schaubildern können Daten bildlich dargestellt werden.

SIEHE AUCH
❮ 146–147 Arbeitsmaterialien und ihr richtiger Gebrauch
❮ 162–163 Zahlen vergleichen

In der Grundschule sollen Kinder in der Lage sein, aus Säulen- und Balkendiagrammen Informationen zu entnehmen oder umgekehrt zu Informationen entsprechende Diagramme zu zeichnen.

Säulendiagramm

In einem Säulendiagramm steht die Höhe der Säule für die Häufigkeit, mit der bestimmte Daten auftreten. An der horizontalen Achse wird aufgeführt, worum es geht, an der vertikalen Achse kann man die tatsächliche Häufigkeit feststellen.

▷ **Welche Informationen sind enthalten?**
Aus diesem Säulendiagramm lässt sich nicht nur ablesen, wie viele Kinder morgens mit dem Fahrrad, dem Auto, dem Roller oder auch zu Fuß zur Schule kommen, es enthält auch noch einige weitere Informationen, die Kinder erkennen sollten. Dabei sind auch die Vergleiche zwischen den einzelnen Säulen interessant.

Die Kinder einer Klasse wurden befragt, wie sie morgens zur Schule kommen.

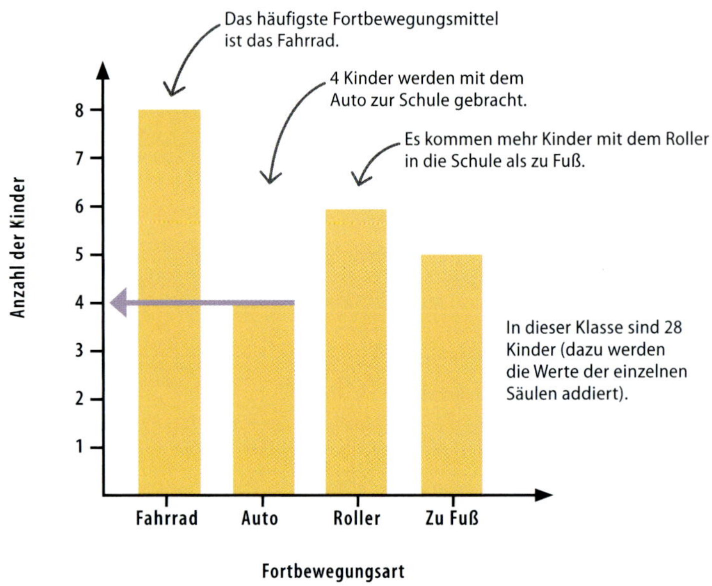

Balkendiagramm

Beim Balkendiagramm werden im Gegensatz zum Säulendiagramm die vertikale und die horizontale Achse einfach vertauscht. Die Aussagen, die in diesem Diagramm stecken, sind die gleichen wie im Säulendiagramm.

▷ **So werden Balkendiagramme gelesen**
Die Länge der einzelnen Balken wird entsprechend der jeweiligen Anzahl oder auch Häufigkeit an der horizontalen Linie (der Querlinie) abgelesen.

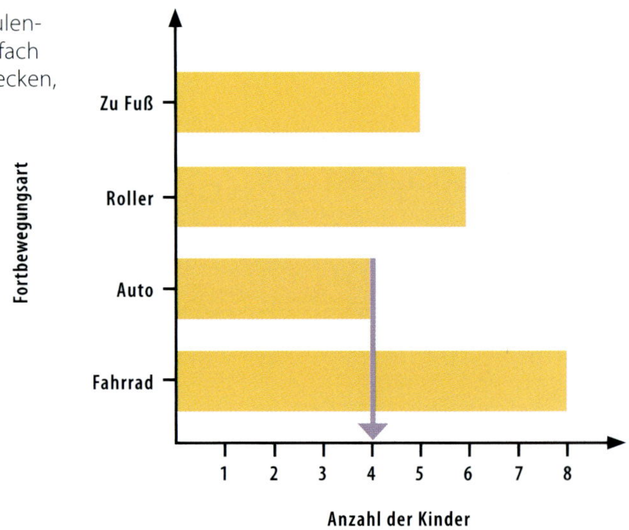

Zu Informationen Diagramme zeichnen

Je nach Aufgabenstellung sollten Kinder auch in der Lage sein, aus Texten Daten zu entnehmen und diese dann in Form eines Diagramms darzustellen.

▷ **Worauf kommt es an?**
Um ein Säulendiagramm richtig zeichnen zu können, ist eine der Grundvoraussetzungen natürlich, dass der Text genau gelesen wird. Dabei sollte erkannt werden, worum es geht, wie viele Säulen gebraucht werden und welche Einheit an der vertikalen (der senkrechten) Achse gewählt werden muss.

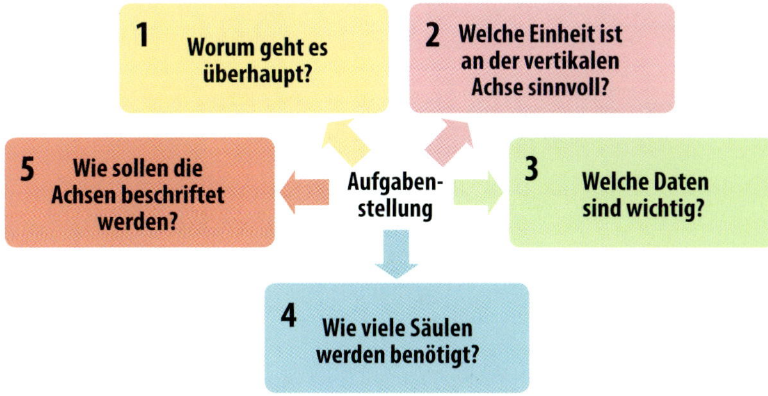

Eine Befragung an einer Grundschule

Anhand des folgenden Beispiels sollen wichtige Punkte nochmals dargestellt werden.

An einer Grundschule in München fand über einen Zeitraum vom insgesamt 10 Schultagen ein Projekt zum Thema Verkehrssicherheit statt. Dabei wollten 28 Kinder einer 4. Klasse wissen, wie alle Schülerinnen und Schüler eigentlich in die Schule kommen. Sie führten eine Umfrage durch und stellten fest, dass 75 Kinder mit dem Fahrrad und 95 Kinder mit dem Roller in die Schule fahren. 25 Kinder werden mit dem Auto gebracht, 30 Kinder kommen mit dem Schulbus und 60 Kinder zu Fuß zur Schule. Einige Kinder waren am Tag der Umfrage krank. Die Schule hat insgesamt 290 Schüler.

Aufgabe:
Zeichne ein passendes Säulendiagramm, in dem auch die kranken Kinder berücksichtigt werden.

Hier müssen die Kinder in der Lage sein, wichtige von unwichtigen Informationen zu unterscheiden.

Aus dem Text muss erschlossen werden, dass eine Rechnung notwendig ist, um die Anzahl der kranken Kinder zu ermitteln.

1 Es geht um die Art und Weise, wie die Kinder dieser Grundschule zur Schule kommen bzw. auch nicht (kranke Kinder).

2 Da die größte Anzahl 95 ist, muss die Einheit 1cm = 10 Schüler gewählt werden.

3 **Wichtige Daten**
75 Kinder fahren mit dem Rad. 95 Kinder fahren mit dem Roller. 25 Kinder werden mit dem Auto gebracht. 30 Kinder fahren mit dem Schulbus. 60 Kinder kommen zu Fuß. Die Schule hat 290 Schüler.

Berechnung
$290 - 75 - 95 - 25 - 30 - 60 = 5$

Unwichtige Daten
10 Tage Schulprojekt, 28 Kinder der 4. Klasse

4 6 Säulen werden benötigt: Fahrrad, Roller, Auto, Bus, zu Fuß, krank.

5 An der horizontalen Achse stehen: Fahrrad, Roller, Auto, Bus, zu Fuß, krank.
An der vertikalen Achse stehen die Zahlen von 0–100 in sinnvoller Einteilung.

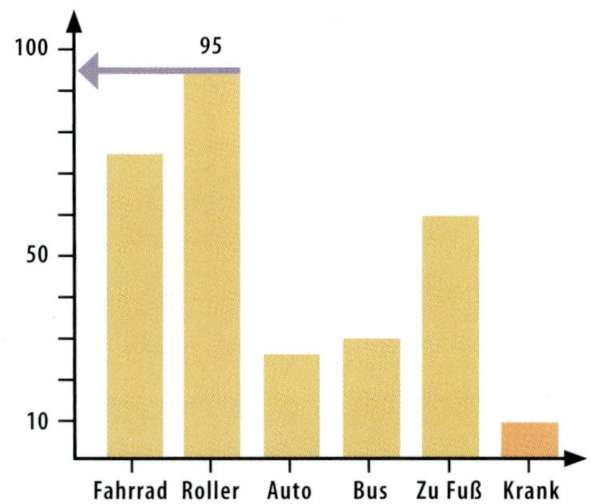

△ **Genaues Zeichnen ist wichtig**
Diagramme sollten immer mit Lineal und Bleistift gezeichnet werden. Zeichnet man mit dem Füller, verwischen die einzelnen Linien unweigerlich. Außerdem kommt es auf einen gleichmäßigen Abstand zwischen den einzelnen Säulen an und natürlich darauf, dass die Höhe der Säulen richtig eingezeichnet wird.

Wahrscheinlichkeit und Kombinatorik

SIEHE AUCH
❮ 112–113 Texte lesen – Texte verstehen

Die Wahrscheinlichkeit im Fach Mathematik stellt in der Grundschule die Frage „Ist es möglich?“, während die Kombinatorik der Frage „Wie viele Möglichkeiten gibt es?“ nachgeht.

Beide Bereiche wurden seit der Kultusministerkonferenz 2004 neu in den Lehrplan der Bundesländer aufgenommen. Den Eltern der Grundschulkinder begegneten diese Themen erst in den weiterführenden Schulen.

Bauchgefühl kontra Wahrscheinlichkeit

Wenn es um Wahrscheinlichkeiten geht, führt uns unser Bauchgefühl oft in die Irre. Daher sollten Eltern sich darüber einige Gedanken machen, bevor sie mit ihren Kindern über Wahrscheinlichkeiten sprechen.

Wichtige Einsichten zur Wahrscheinlichkeit

Vorausgegangene Ereignisse beeinflussen nicht die zukünftigen.	Wahrscheinlichkeiten lassen keine exakten Aussagen über die Zukunft zu.	Zufällige Verteilungen haben keine größere Wahrscheinlichkeit als regelmäßige.

Fehlerhaftes Bauchgefühl

„Wenn ich dreimal hintereinander eine 6 gewürfelt habe, kommt jetzt sicher keine 6 mehr.“	„Laut Wetterbericht scheint in drei Wochen sicher die Sonne in unserer Stadt.“	„Wenn ich die Zahlen unregelmäßig auf dem Lottoschein verteile, steigen meine Gewinnchancen.“

Erklärungen

Der Würfel „weiß“ nicht, dass zuvor schon dreimal eine 6 gewürfelt wurde. Damit ist die Wahrscheinlichkeit immer gleich groß, diese Zahl zu würfeln.	Wetterberichte heißen in der Regel nicht umsonst „Wettervorhersagen“, da die Berechnungen der Meteorologen auf so lange Sicht nur mit einer bestimmten Wahrscheinlichkeit gelten. Eine absolut sichere Aussage über das konkrete Wetter ist nicht möglich.	Die Wahrscheinlichkeit für jede Zahl auf dem Lottoschein ist immer gleich groß. Dabei ist es unerheblich, ob sie in einer Reihe stehen oder über das gesamte Feld verteilt sind.

◁ **Falsche Vorstellungen erkennen**
Es gibt sicherlich noch mehr Grundsätze, die man beim Thema Wahrscheinlichkeiten beachten sollte, doch die hier genannten sind auch den Kindern leicht zu vermitteln.

Wahrscheinlichkeiten in der Grundschule

In der Grundschule werden keine Berechnungen bezüglich der Wahrscheinlichkeit durchgeführt. Das ist den weiterführenden Schulen vorbehalten. Kinder sollen hier lediglich ein Gefühl dafür entwickeln, dass sich bestimmte Aufgaben zwar nicht berechnen lassen, aber man eine Aussage dazu treffen kann.

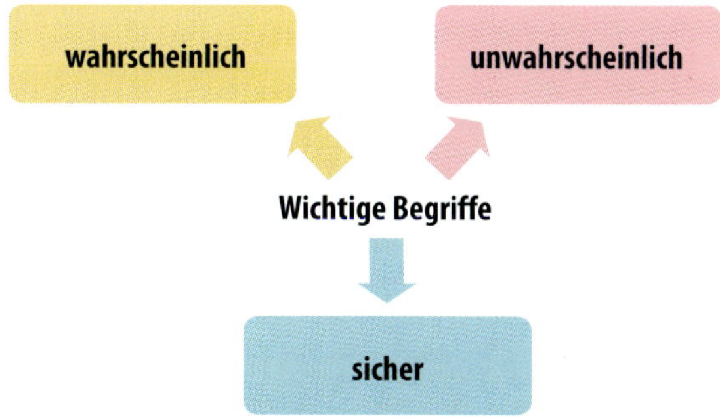

▷ **Argumentieren steht im Vordergrund**
Wurde zum Beispiel dreimal hintereinander eine schwarze Kugel gezogen, so kann es durchaus sein, dass sogar bei einem erneuten Zug wieder eine schwarze Kugel aus dem Säckchen gezogen wird. Diese Aufgaben lassen sich leicht zu Hause nachspielen. Interessant wird es, wenn die Kugeln nach jedem Zug wieder zurückgelegt werden. Hier sollen die Kinder jeweils argumentieren, für wie sicher, wahrscheinlich bzw. unwahrscheinlich sie es halten, eine bestimmte Farbe zu ziehen.

Kombinatorik

Aufgaben zur Kombinatorik werden in der Grundschule nicht berechnet, sondern entweder ausprobiert oder anhand von verschiedenen Darstellungsformen notiert. Diese Aufgaben erfreuen sich großer Beliebtheit, da selbst Kinder, die normalerweise Probleme mit dem Fach Mathematik haben, hier zu Erfolgserlebnissen kommen.

▷ **Das Baumdiagramm**
Mithilfe des Baumdiagramms lässt sich am einfachsten die Anzahl aller möglichen Kombinationen darstellen. Dabei kommt der „ersten Abzweigung" immer eine besondere Bedeutung zu. Je systematischer man vorgeht, desto geringer ist die Gefahr, eine Möglichkeit zu übersehen.

Es gibt 12 Möglichkeiten, Plättchenpaare zu bilden.

Mathematik in der Grundschule bietet eine große Palette verschiedenster Themen an. Es gilt, die **Kinder für diese Vielfalt zu begeistern**!

4

Anhang

Wichtige Aspekte in der Grundschule

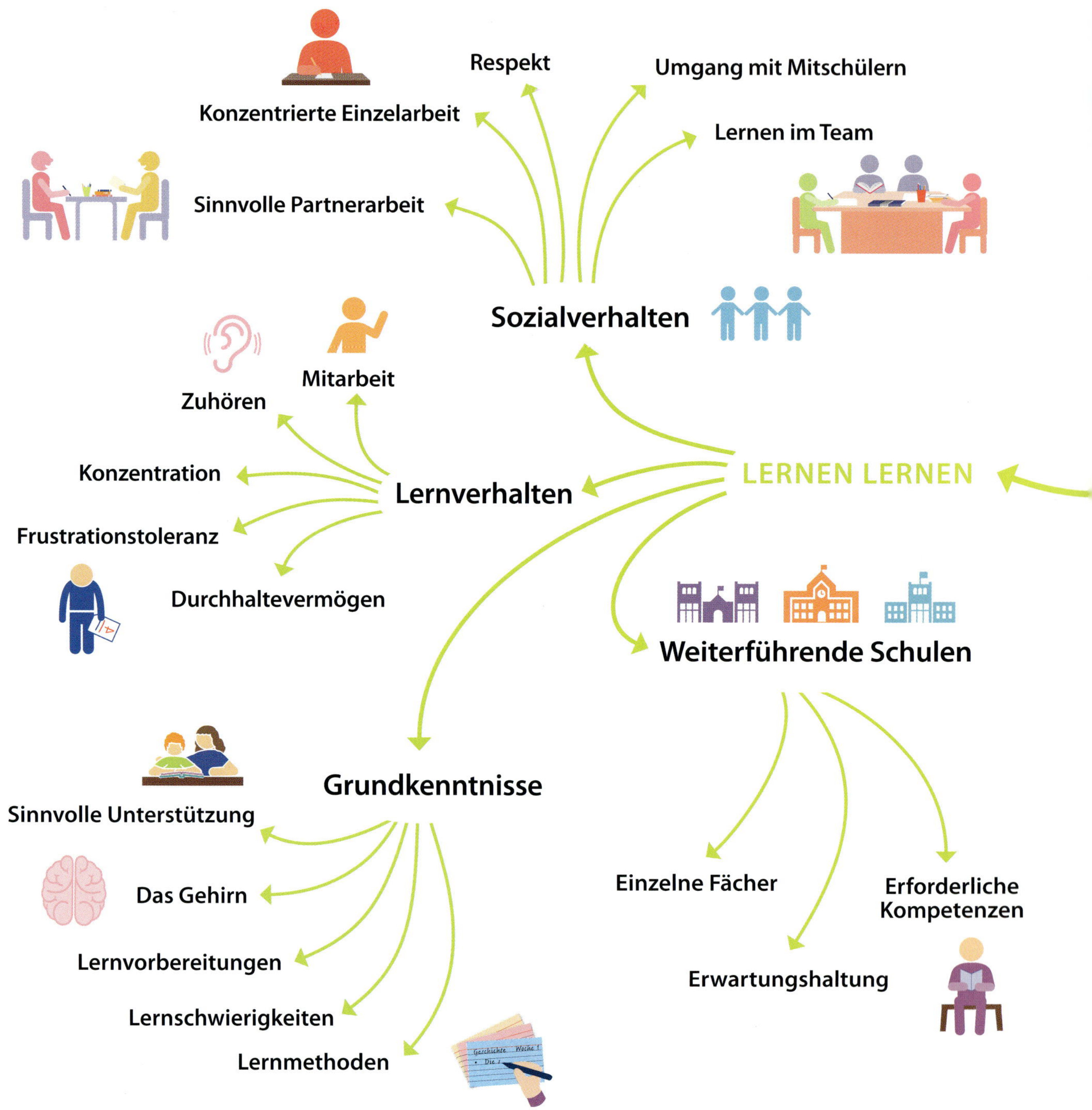

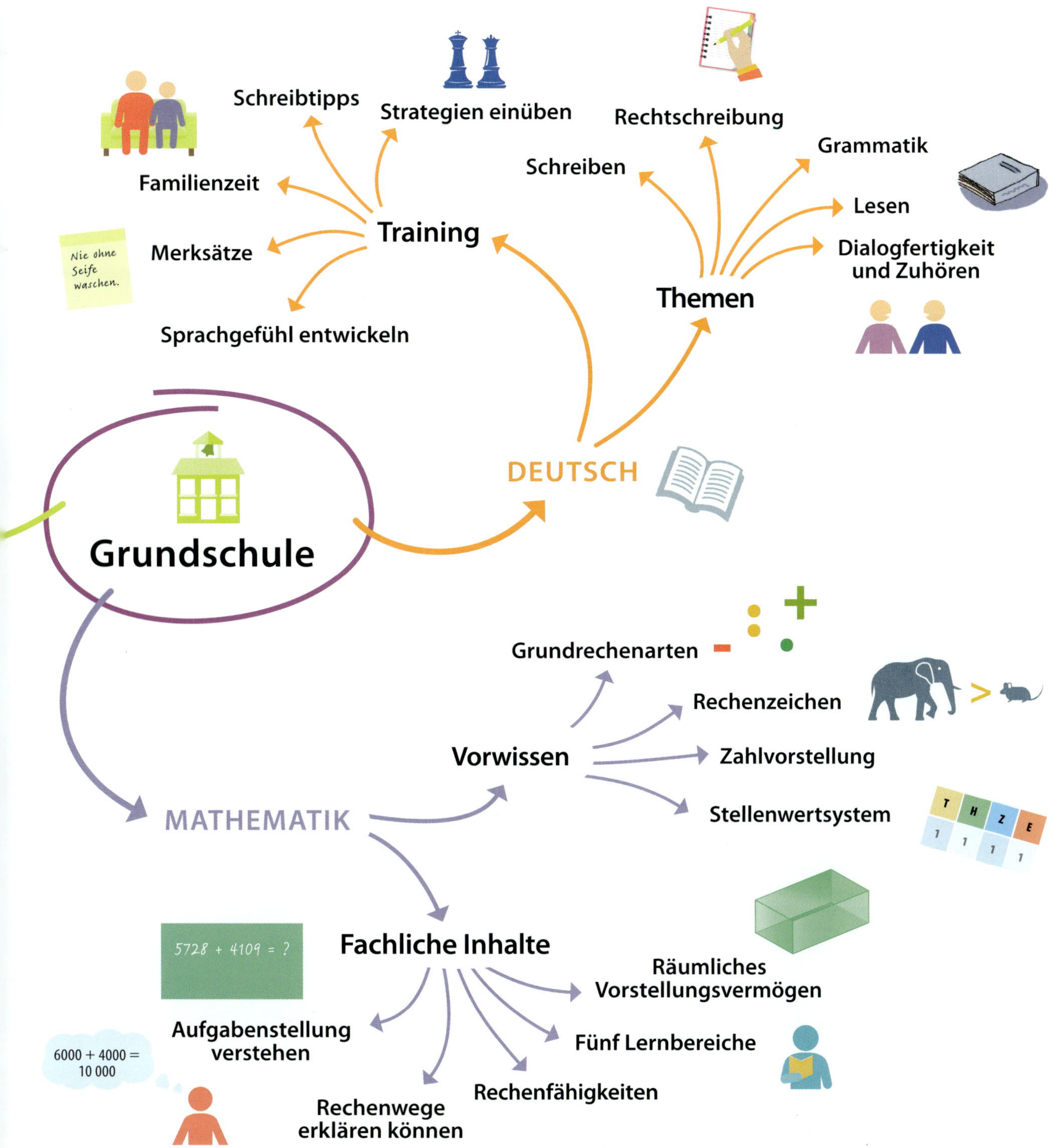
Grundschule
DEUTSCH
Training
Schreibtipps
Strategien einüben
Familienzeit
Merksätze
Nie ohne Seife waschen.
Sprachgefühl entwickeln
Themen
Schreiben
Rechtschreibung
Grammatik
Lesen
Dialogfertigkeit und Zuhören
MATHEMATIK
Vorwissen
Grundrechenarten
Rechenzeichen
Zahlvorstellung
Stellenwertsystem
T H Z E
1 1 1 1
Fachliche Inhalte
5728 + 4109 = ?
Aufgabenstellung verstehen
6000 + 4000 = 10 000
Rechenwege erklären können
Rechenfähigkeiten
Fünf Lernbereiche
Räumliches Vorstellungsvermögen

Lösungen zu Kapitel 2 – Deutsch

Seite 91:
Familientraining
Na, wie heißen die Wortarten?
a. Artikel, Nomen, Verb, Adverb, Zahlenwort, Präposition, Artikel, Nomen
b. Nomen, Verb, Präposition, Pronomen, Adjektiv, Nomen, Präposition, Artikel, Nomen
c. Pronomen, Adjektiv, Nomen, Verb, Adverb, Adjektiv
d. Zahlenwort, Präposition, Artikel, Nomen, Verb, Pronomen, Verb
e. Pronomen, Nomen, Konjunktion, Pronomen, Nomen, Verb, Pronomen, Adjektiv

Seite 92:
Training für den Supermarkt
Unterstreiche die Nomen:
WIR BRAUCHEN AUS DEM <u>SUPERMARKT</u>: ZWEI <u>PAKETE NUDELN</u>, EIN PAAR <u>TOMATEN</u>, EINEN <u>SACK</u> <u>KARTOFFELN</u>, ETWAS <u>KÄSE</u>, EINE <u>ROLLE</u> <u>HAUSHALTSPAPIER</u>, <u>SCHOKOLADE</u>, VIER <u>ÄPFEL</u> UND DREI <u>FLASCHEN</u> <u>ORANGENSAFT</u>

Seite 93:
Familienquiz – Singular oder Plural?
Für welches Nomen gibt es keine Mehrzahlform?
das **Obst**, die **Musik**, das **Wetter**, die **Wut**
Für welches Nomen gibt es keine Einzahlform?
die **Leute**, die **Eltern**, die **Alpen**, die **Geschwister**, die **Ferien**

Die vier Fälle – Training mit dem Haustier

1. Fall (Nominativ)	***Der*** Hamster schläft. ***Er*** …
	Das Pferd steht im Stall. ***Es*** …
2. Fall (Genitiv)	Das Häuschen ***des Hamsters*** ist leer. ***Es*** …
	Die Box ***des Pferdes*** ist leer. ***Sie*** …
3. Fall (Dativ)	Anna gibt ***dem Hamster*** ein Stück Karotte. ***Sie*** …
	Ben gibt ***dem Pferd*** einen Apfel. ***Er*** …
4. Fall (Akkusativ)	Max füttert ***den Hamster***. ***Er*** …
	Lisa putzt ***das Pferd***. ***Sie*** …

Hier müssen Experten ran! Ein Oberbegriff: Welche Nomen passen dazu?
Mögliche Beispiele:
Instrumente: Geige, Klavier, Flöte, Cello, Trompete, Triangel, Pauke, Klarinette
Tiere der Nacht: Eule, Dachs, Fuchs, Luchs, Uhu, Fledermaus, Marder, Biber, Wildschwein

Kniffelfrage: Aus welchen Wortarten sind diese Nomen zusammengesetzt?
Leseratte: Verb + Nomen, Wildbiene: Adjektiv + Nomen, Waldameise: Nomen + Nomen, Buchtitel: Nomen + Nomen, Ladekabel: Verb + Nomen, Blaubeeren: Adjektiv + Nomen, Suchmaschine: Verb + Nomen, Feldhamster: Nomen + Nomen

Seite 94:
Kurztrip übers Wochenende
Wo sind die Verben?
packen, kaufen putzen, abfahren, rennen

Meistertraining – Die Personalformen von Verben
Ich klatsche, fresse, lebe, du klatschst, frisst, lebst, er / sie / es klatscht, frisst, lebt,
wir klatschen, fressen, leben, ihr klatscht, fresst, lebt, sie klatschen, fressen, leben

Seite 95:
Teamralley – Die vier Zeitstufen
Gegenwart: er bastelt, wir rennen, sie will
1. Vergangenheit: es schneite, sie kletterte
2. Vergangenheit: ich habe geturnt, sie haben gelesen, du bist gekommen
Futur: sie wird schaukeln, sie werden verreisen, er wird ausziehen

Schreibtraining in drei Zeitformen
1. Vergangenheit: Die Musiker nahmen ihre Plätze ein und stimmten ihre Instrumente.
2. Vergangenheit: Die Musiker haben ihre Plätze eingenommen und (haben) ihre Instrumente gestimmt.
3. Zukunft: Die Musiker werden ihre Plätze einnehmen und (werden) ihre Instrumente stimmen.

Seite 96:
Training für Unterwegs – Was siehst du?
als, wie, wie, als

Schnellcheck für Zwischendurch – Die Bildung von Adjektiven
regnerisch, sommerlich, sportlich, ordentlich, ruhig, launisch, neidisch, geizig, fleißig, freundlich, herzlich, glücklich

Fragerunde: Wie heißt die richtige Endung der Adjektive?
gefährliche, freundliche, laute, warmes, kalte, angriffslustige, scheues, stachelige, mutiger, schneller

Seite 97:
Umfrage: Gibt es Adjektive, die man nicht steigern kann?
blau, blind, nackt, leer, stumm, rosa, fertig

Zusammengesetzte Adjektive
Zu welcher Wortart gehört der erste Teil?
streitsüchtig – Verb, dunkelblau – Adjektiv, butterweich – Nomen, hellwach – Adjektiv, felsenfest – Nomen, schneeweiß – Nomen, hartherzig – Adjektiv, steinreich – Nomen, blutjung – Nomen, blitzsauber – Nomen, zuckersüß – Nomen, feuerrot – Nomen

Welche Adjektive passen?
Lesen Sie gemeinsam.
lustige, tolle, rauflustiger / hungriger, dunklen, weichen, aufregend, schön

Seite 99

Wo verstecken sich die Präpositionen?

Lesen Sie gemeinsam.

in, am, aus, hinter, über, gegenüber, zwischen

Familienkonferenz zum Thema Mülltrennung

Welche Präpositionen gehören in die Lücken?

in (den), in (den), in (der), im, auch

Auch in Gedichten verstecken sich Präpositionen.

im, auf, in, für, aus, auf

Seite 101:

Wortstamm „Regen“ und „Sonne“

Regentag, regnerisch, Platzregen, Nieselregen Dauerregen, Regenspiel, Regenschirm, regnen

sonnig, Sonnenschirm, Sonnencreme, Sonnentag, sonnen, Sonnenhut, Sonnenallergie

Puzzle-Training

Was passt zusammen? Um welche Wortarten handelt es sich?

durchschlafen, das Gartenhaus, eiskalt, das Gegentor, weiterspielen, die Spielkonsole, hundemüde, bärenstark, kinderleicht, die Monatskarte

Finde 6 Wörter mit dem Wortstamm „lesen“

Lesen, lesen, belesen, anlesen, auslesen, Leseprobe

Welche Wörter gehören zur Wortfamilie „gehen“?

Gehweg, Straße, Gehsteig, Gehhilfe, Gang

Synonyme zum Wortfeld „sagen“

reden, sprechen, ausdrücken, benennen, aussprechen, mitteilen

Seite 103:

Schauen Sie sich gemeinsam an, was die Kinder sagen.

Welche Satzarten kommen vor?

Ich gehe jetzt auf den Sportplatz**.** – Aussagesatz

„Hm, ist das lecker**!**“ – Ausrufesatz

„Kommst du**?**“– Fragesatz

Der Schiri ist heute krank**.** – Aussagesatz

Selbst „Fritzchen“ spricht in ganzen Sätzen!

Sagt der Hase zum Schneemann: „Möhre her oder ich föhn dich.“:
Subjekt, Prädikat, Dativ-Objekt, Akkusativ-Objekt, Subjekt, Prädikat.

Welchen Spruch hört der Hai am liebsten? „Mann über Bord!“:
Akkusativ-Objekt, Prädikat, Subjekt, Adverbiale Ergänzung, Subjekt, Präposition, Akkusativ-Objekt.

Warum summen Bienen? Weil sie den Text vergessen haben.:
Fragepronomen, Prädikat, Subjekt, Konjunktion, Subjekt, Akkusativ-Objekt, Prädikat.

„Ab ins Brettchen!“, ruft die Holzwurmmutter.:
Präposition, Akkusativ-Objekt, Prädikat, Subjekt.

Seite 107:

Teamtraining Konjunktionen

obwohl, und, und, wie, weil

Teamtraining Relativsatz

Dort stehen Schulkinder, die auf den Bücherbus warten.

Ein Junge sitzt im Baumhaus und kommt nicht runter.

Das Mädchen, das in meine Klasse geht, reitet gern.

Seite 109:

Trainingstipp: Verben und Adjektive als Nomen verwenden

Das Verschenken, die Kleinen, das Frechste, das Stärkste

Seite 111:

Aus 2 mach 1: Einsatz für die Bindewörter

Sie spielten Federball, während ich lernte.

Opa glaubt, dass Oma Spinat mag.

Er geht auf den Sportplatz, obwohl ich es ihm verboten habe.

Lea feiert später, weil sie in den Sommerferien Geburtstag hat.

Teambesprechung

Wo kommt was hin? Doppelpunkt und Anführungszeichen

Die kleine Hexe verspricht: „Ich fliege jeden Tag dreimal um den Blocksberg.“

Das Monster fragt: „Darf ich auch mitspielen?“

Der Gast beschwert sich: „Ihre Portionen sind viel zu klein!“

Der Trainer sagt: „Heute stellst du dich ins Tor.“

Alle lachen: „Du siehst vielleicht komisch aus!“

Tandem-Fitness

Aufzählungen: Wo fehlt ein Komma, wo nicht?

Der kleine, quirlige Kater klettert gerne in hohe Bäume. Unter dem Baum wartet ein weißes, süßes und winziges Katzenmädchen. Plötzlich ist das Geschrei groß, weil der unvorsichtige kleine Kater oben im Baum Angst bekommt. Die Feuerwehr holt den kleinen Abenteurer später vom Baum herunter.

Die Satzanfänge und Satzschlusszeichen fehlen!

Gestern feierte Prinzessin Lisette ihren einundzwanzigsten Geburtstag. Sie durfte zweiundvierzig Gäste einladen. Ihre Schwestern und Brüder führten ein lustiges Theaterstück auf. Die Geschwister waren ziemlich aufgeregt. Zum Glück gab es keine Pannen. Am Ende haben alle gelacht und geklatscht.

Familienquiz – Vogel-V oder Feder-F?

Klavier, Fabrik, Vase, Elefant, Vampir

Seite 116:

Wo sind die Wortgrenzen?

IM / FRÜHLING / BRAUCHEN / BLUMEN / FRISCHE / ERDE

AM / BADESEE / IST / IM / SOMMER / VIEL / LOS

IN / GANZ / DEUTSCHLAND / SCHEINT / HEUTE / DIE / SONNE

SCHOKOEIS / SCHMECKT / LECKER

LEO / LIEST / COMICS / LIEBER / ALS / BÜCHER

Wortversteck – 15 Nomen

Straßen / Bahn / Fahrer

Blumen / Topf / Erde

Tannen / Zapfen / Honig

Schüler / Lotse

Test / Pilot

Register

A

ABC-Listen 78
Ableitung 101
Abrunden 174, 175
Abschluss des Tages 19
Abziehverfahren 54, 150, 168, 170
Achsensymmetrie 200
Adjektiv *siehe auch* Eigenschaftswort *und* Wie-Wort 90, 96, 97, 101, 108, 109, 131
Adverbien 90
Ähnlichkeitshemmung 31
Akkusativ 93, 98, 102
Akkusativ-Objekt 102
Analysieren 34, 90, 100
Anforderungen 38, 41, 45, 84
Anführungszeichen 110, 111
Anleitung 112, 116, 129
Anrede 108, 131, 134
Anstrengungsbereitschaft 45, 47, 60
Anzahl 20, 66, 145, 202, 203, 205
Arbeitsalltag 15
Arbeitsmaterialien 146
Arbeitsplan 37, 49
Arbeitsumgebung 50
Arbeitsunterlagen 19, 51
argumentativ 84, 86
Argumentative Fähigkeiten 84, 86
Argumentieren 126, 143, 205
Artikelwort *siehe auch* Begleiter 90, 91, 92
Auditive Wahrnehmung 64
Aufforderungssatz 102, 104, 106, 110
Aufrunden 174
Aufsatz 49, 85, 126
Aufstehen 18
Aufzählung 110, 111
Ausdrucksweise 84, 96
Ausrufesatz 102, 104, 106
Ausrufezeichen 104, 110
Aussagesatz 102, 104, 106, 110

B

Balkendiagramm 202
Baumdiagramm 205
Befehlsform 104, 129
Begleiter 91, 105
Bericht 11, 85, 116, 126, 129
Beschreibung 85, 112, 116, 121, 122, 126, 129, 137, 187
Bestimmungswort 100
Betonung 104, 122
Beugen (Verb) 94
Bewegung 20, 24, 25, 27, 35, 52
Bewegungsdrang 24
Bewegungsübungen 25
Bibliothek 69, 88, 114, 122
Bildergeschichte 126
Bindewort 91,106, 107, 111
Brief 85, 112, 116, 126, 134
Buchbesprechung *siehe auch* Rezension 137
Buchstabe 28, 56, 62, 73, 79, 90, 92, 94, 100, 116, 117, 160
Buchtitel 93, 122

C

Cluster 72, 81

D

Darstellungen 72, 143, 196
Daten und Zufall 140, 141
Dativ 93, 98, 102
Demotivation 34, 53
Diagramme 112, 113, 141, 202, 203
Dialogfertigkeit 88
Differenz 168
Distress 33
Dividend 172, 182, 183, 185
Division mit Rest 184
Divisor 182, 183, 184
Doppelkonsonant 109
Doppellaut 109
Dreieck 181, 194, 195
Durchhaltevermögen 45, 47, 112, 127

E

Eigenname 92
Eigenschaftswort *siehe auch* Adjektiv 90
Einleitung 121, 126, 130, 131, 134, 135
Einmaleins 38, 39, 75, 141, 145, 151, 163, 172, 176, 177, 178, 182, 183, 184
Einmaleinstafel 176, 177
Einzahl *siehe auch* Singular 92, 93, 94
Eltern – Erwartungen 40, 41, 43
E-Mail 85, 134
Entscheidungsfragen 105
Entschuldigung schreiben 108
Entspannungstechniken 26
Entspannungsübungen 26, 27
Ergänzungsverfahren 150, 168, 169
Erholung 26,37
Erlebniserzählung 121
Ernährung 18, 19, 22, 24, 60, 68
Ersatzwörter 133
Erzählform 120, 126, 127
Erzählkern 126, 127
Erzählperspektive 130
Erzählweise, lebendig 84, 86, 131
Erzählzeit 121, 127, 130, 135
Erziehung 45, 61, 66, 67
Eselsbrücken 79
Eustress 33
Extrinsische Motivation 52

F

Fabel 112, 124, 125
Faden, rot *siehe auch* Handlungsgerüst 131
Faktor 157, 172, 178, 179, 181, 191, 192, 201
Fall *siehe auch* Kasus 93, 97, 98, 102
Familienkonferenz 99, 105
Familienquiz 93, 111
Fantasiegeschichte 130
Federmäppchen 51, 56
Fernsehsender, Kinder 89
Fibonacci-Folge 165
Figuren (Personen im Text) 112, 120, 121, 126, 127, 129, 130, 133
Fragefürwörter 105
Fragesatz 86, 102, 104, 106
Frageumstandswörter 105
Fragezeichen 104, 110
Frühstück 18, 22
Frustrationstoleranz 45, 46
Fürwort *siehe auch* Pronomen 91, 105
Futur *siehe auch* Zukunft 94, 95

G

Gattung 130
Gebrauchsanweisung 126
Gebrauchstexte 112, 116
Gedicht 31, 35, 80, 99, 112, 113

Geduld 14, 17, 113
Gegenwart *siehe auch* Präsens 94, 95, 129
Gehirn 18, 19, 20, 21, 22, 23, 24, 25, 26, 27, 28, 29, 30, 31, 32, 34, 37, 38, 39, 50, 53, 55, 57, 60, 61, 62, 63, 64, 72, 73, 80
Gehirn – Informationsfluss 20
Gehirn – Speicherung 28, 29, 37
Gehirnhälften 21, 25, 27
Geld 141, 142, 163, 188, 193
Genitiv 93, 98, 102, 103
Genitiv-Objekt 103
Genus 97
Geoburgen 195
Geodreieck 141, 146, 194, 198
Geometrie 140, 194, 195, 196, 197, 198
Geometrische Flächen 141, 194, 195, 196, 200
Geometrische Körper 141, 194, 195, 196
Geschichten *siehe auch* Texte 112, 120, 126, 130, 132, 133, 134
Geschlecht *siehe auch* Genus 97
Gesprächsbeginn 87
Gewichte 141, 163, 174, 186, 188, 192
Gliederung 77, 121, 131
Größen 140, 141, 163, 186, 188, 189, 190, 191, 192, 193
Größen und Messen 140, 141, 188, 189, 190
Großschreibung 92, 131
Grundrechenarten 141, 151, 165, 178, 183, 186
Grundwort 100

H

Handlungsgerüst 131
Hauptsatz 106, 107
Hauptteil, Text 121, 126, 130, 131, 134, 135
Hausaufgaben 19, 36, 37, 47, 49, 50, 51, 52, 58, 59
Heftführung 56, 57
Hemisphären 21
Hilfsverb 95
Höhepunkt 130
Hohlmaße 163, 188, 189, 190
Hörbuchkonferenz 89
Hör-CD 88

I

Ideenfindung 81
Imperativ *siehe auch* Befehlsform 104
Infinitiv 94, 102, 104
Inhaltswörter 90, 91
Interesse 14, 15, 16, 17, 45, 53, 54
Interpretation 63
interpretieren (Lösungen) 143
Interview 126
intrinsische Motivation 53

J

journalistische Texte *siehe* Zeitungsartikel

K

Karteikarten 71, 74, 75, 77, 80, 81, 159, 161, 162, 185
Kasus *siehe auch* Fall 92, 97, 98
Kegel 195
Kindernachrichten 88, 89
Kleinschreibung 85, 108
Kombinatorik 204, 205
Komma 106, 110, 111, 180, 189, 190, 192
Kommasetzung 110, 180
Kommazahlen 180
Kommunikation 65
Kommunizieren 20, 86, 143
Komparativ (1. Vergleichsstufe Steigerung) 97
Kompetenzen 44, 45, 46, 143
Kompetenzerwartungen 44
Konjugieren 90, 94
Konjunktion *siehe auch* Bindewort 79, 91, 106, 107
Konkreta *siehe auch* Eigenname, Sammelname 92
Konsonant *siehe auch* Mitlaut 85, 108, 109
Konzentration 16, 19, 22, 23, 25, 27, 36, 37, 45, 47, 59, 60, 61, 62, 63, 68, 70, 144, 163, 180
Konzentrationsprobleme 60
Konzentrationsübungen 61
Konzentrationsvermögen 16, 23, 45, 47, 60, 144
Kreatives Schreiben 136
Kreis 147, 156, 190, 194, 195, 197
Kritik 14, 76, 126
Kugel 195, 205
Kurzzeitgedächtnis 29, 61

L

Längen 141, 163, 180, 186, 188, 189, 190, 201
Langzeitgedächtnis 29, 31, 32, 38, 39, 177, 185
Laut 64, 85, 109
Lehrergespräch 85
Lehrplaninhalte 141
Leistung 11, 42, 45, 52, 71
Leistungsfähigkeit 19, 36
Lernen im Team 80
Lernen mit allen Sinnen 34
Lernen ohne Pausen 31
Lernfaktoren 38
Lernkategorien 68
Lernkontrolle 39
Lernmethoden 28, 35, 38, 40, 53, 68, 69, 78
Lernmotivation 14, 20, 34, 41, 52
Lernplateaus 31, 39
Lernschwierigkeiten 32, 68
Lernspiele herstellen 81
Lernstrategien 35, 68, 78
Lerntechniken 34, 45, 68
Lerntipp-ABC 70
Lerntypen 34, 35
Lernvorbereitung 50
Lernzeit 24, 31, 36, 37, 39, 50, 55, 57, 71, 151
Lesefertigkeiten 122
Lesen, gründliches 113
Lesen, kursorisches 113
Lesen, selektives 113, 115
Lesen, überfliegendes 113, 115
Lesen, vollständiges 113
Leseprofi 113, 114, 122
Lesetechniken 113
Lesetraining 115
limbisches Gehirn 30
Lineal 51, 55, 113, 141, 146, 154, 188, 194, 196, 198, 200, 203
Lösungsstrategien 155, 165
Lyrik *siehe auch* Gedicht 112

M

Märchen 109, 112, 126, 134, 135
Maßstab 141, 201
Maßstab – Umrechnungen 201
Mathematik im Alltag 161, 174, 185, 188, 193, 195
Mathematikbücher 141
Mehrzahl *siehe auch* Plural 92, 93, 94
Meinungsbildung 88
Mindmap 35, 72, 73, 77, 81, 128, 185
Minuend 168, 170, 172, 173
Misserfolg 32, 53, 61, 69, 187
Mitarbeit 54, 55
Mitlaut *siehe auch* Konsonant 109
Mittagessen 19
Modellieren 143
Motivation 26, 52, 53, 60, 68, 69, 71
Multiplikand 178
Multiplikator 178

N

Nacherzählung 126
Nachfragen 15, 58, 64, 85, 86, 87
Nachmittag 19, 33, 36, 37, 55, 58, 80
Nachricht 88, 89, 99
Nachsilbe *siehe auch* Suffix 100
Napiersche Streifen 181
Nebensatz *siehe auch* Relativsatz 102, 106, 107, 110
Negative Gefühle 32, 60
Nomen 90, 91, 92, 93, 96, 97, 98, 100, 101, 102, 108, 109, 115, 116, 131
Nominativ 93, 102
Note (Musik) 190
Noten (Schule) 11, 14, 15, 19, 34, 40, 41, 42, 44, 45, 48, 49, 66
Notenvergleiche 41, 43
Numerale *siehe auch* Zahlenwort 91
Numerus *siehe auch* Anzahl 97, 102

O

Oberbegriff 128
Objekt 102, 103

P

Parallelogramm 194
Pausen 23, 31, 37, 50, 52, 58, 71
Pausenbrot 18, 23
Perfekt *siehe auch* Vergangenheit 94, 95, 130
Personalform, Verben 94
Platzhalteraufgaben 172, 173
Plural *siehe auch* Mehrzahl 92, 93, 94, 109
Positiv, Grundstufe Steigerung 97
Postkarte 134
Power-Zettel 79
Prädikat *siehe auch* Satzaussage 94, 102, 106
Präfix *siehe auch* Vorsilbe 100, 101
Präposition *siehe auch* Verhältniswort 90, 91, 98, 99
Präposition, kausal (Grund) 98
Präposition, lokal (Ort/Richtung) 98
Präposition, modal (Art- und Weise) 98
Präposition, temporal (Zeit) 98
Präsens *siehe auch* Gegenwart 94, 95, 129, 130
Präteritum *siehe auch* 1. Vergangenheit 94, 95, 121
Prestigeobjekt 42
Prisma 194
Probe (mathematisch) 183, 184
Problemlösen 186
Problemlösendes Denken 186
Produkt (mathematisch) 178, 181, 183, 184
Pronomen *siehe auch* Fürwort 90, 91, 92, 98, 102
prozessbezogene Kompetenzen 143
Pyramide 195

Q

Quader 195, 196
Quadernetze 196
Quadrat 194, 200
Quotient 182, 184

R

Radiosendungen, Kinder 88
Ratenzahlung 193
Raum und Form 140, 141
Rechenzeichen (<,=,>) 145, 151, 162, 163, 165
Recherche 89, 118, 128
Rechteck 194, 196, 200
Rechter Winkel 141, 198
Rechtschreibung (Regeln) 85, 108, 110, 131
Rede (wörtliche) 110, 130
Referate 73, 76, 77
Reizüberflutung 60, 61
Reizwortgeschichte 134, 135
Relativpronomen 79, 107
Relativsatz 107
römische Zahlen 156, 160, 161
Rundungsregeln 175

S

Sach- und Gebrauchstexte 112, 116
Sachaufgaben 140, 141, 145, 151, 186, 187, 188, 193
Sachverhalte lesen und verstehen 116
Sammelname 92
Satzanfang 108, 111, 127, 129, 130, 131, 135
Satzarten 85, 102, 103, 104, 105
Satzaussage *siehe auch* Prädikat 94, 102
Satzbildung 102, 104, 106
Satzgefüge 106
Satzgegenstand *siehe auch* Subjekt 102
Satzglieder 85, 90, 102, 103, 106, 133
Satzklammer 102
Satzschlusszeichen 111
Satzzeichen 103, 104, 108, 110, 131
Säulendiagramm 202, 203
Schlaf 21, 26, 27, 33, 36, 43, 52, 60, 80
Schluss, Text 89, 121, 126, 130, 131, 134, 135
Schlüsselwörter 77, 115, 117, 118, 119, 121
Schreibgeräte 56
Schreibplan, 6 Arbeitsschritte 126
Schreibtisch 50, 58
Schreibtraining 95, 99, 109, 134, 135
Schriftbild 56
Schriftliche Addition 148, 166, 167
Schriftliche Division 182, 183, 184, 185
Schriftliche Multiplikation 176, 178, 179, 180, 182, 183
Schriftliche Multiplikation mit Kommazahlen 180
Schriftliche Subtraktion 150, 151, 166, 167, 168, 169, 170, 171

Schulweg 10, 18, 45
Signalwörter erkennen 122
Silbe 100, 101, 116
Silbenbögen 116
Singular *siehe auch* Einzahl 92, 93, 94
Sinnvolle Ziele 48, 49
Sinnvolles Lernen 33, 34, 52
Spiegelbilder 200
Sprache 21, 64, 90, 100, 112
Sprechtraining 87, 98, 105
Stadtbücherei *siehe* Bibliothek
Steckbriefe 128
Steigerungsstufen, Adjektiv 97
Stellenwertsystem 140, 141, 156, 158, 160, 161, 167, 168, 189, 190, 191, 192
Stellenwerttafel 156, 157, 158, 159, 167, 170, 175, 189
Stoffnamen 92
Stress 21, 22, 25, 26, 27, 32, 33, 37, 41, 59, 60
Strukturiertes Lernen 38
Subjekt 102, 106
Substantiv 90, 97, 98, 102
Subtrahend 168, 172, 173
Subtraktion mit Null 170
Suchmaschinen (kindgerechte) 89
Suffix 100, 101
Summand 166, 167, 172
Summe 166, 167
Superlativ (2. Vergleichsstufe Steigerung) 97
Symmetrieachse 200
Synonym 100, 101, 133

T

Tabellen 85, 112, 113, 116, 128, 141, 143
Tagesablauf 18, 52
Tandem-Lesen 114
Tatsachentexte 112
Tauschaufgaben 140, 172, 173, 177
Teilbarkeitsregeln 185
Textart 120, 126, 136
Texte lesen 85, 112, 115
Texte schreiben 126, 127, 128, 129, 130, 131, 134, 135
Texte überarbeiten 127
Texte verstehen 85, 112, 116, 120, 124, 186
Texte, erfundene 112
Texte, erzählende 120
Texte, literarische 112, 136
Textinhalt 113, 115, 127
Textmerkmale 134
Textverständnis 89, 136
Textwerkstatt *siehe auch* Schreibtraining 126
Thema 57, 72, 77, 78, 80, 81, 89, 112, 115, 116, 117, 127, 128, 131, 132
Themenfindung 126, 132
Traumgeschichte 132

U

Überschrift 57, 108, 115, 117, 118, 119, 121, 126, 127, 130, 131, 132, 135, 136
Uhrzeiten 174, 191
Ultrakurzzeitgedächtnis 29
Umkehraufgaben 140, 141, 172, 173, 176
Umlaut 109
Umstellprobe 103
Unterbegriff 72, 128

V

Verb 90, 94, 95, 97, 100, 101, 102, 104, 106, 108, 109, 130, 131
Verb, konjugiert 94, 104, 106
Vergangenheit 75, 94, 95, 129
Vergangenheit, 1. 75, 94, 95, 129, 135
Vergangenheit, 2. 94, 95
Vergessen 30, 31, 32, 38
Vergessenskurve 30
Vergleich 71, 96, 97, 110, 141, 153, 162, 163, 174, 175, 188, 189, 190, 192, 193, 202
Verhältniswort 91
Vermeidbare Fehler 26, 147, 148, 163, 180
Visuelle Wahrnehmung 62, 63, 64
Vokal, kurz 108, 109
Vokal, lang 108, 109
Vokalverdoppelung 108
Vorbild 14, 16, 17, 33, 45, 60, 65, 67, 150
Vorgangsbeschreibung 112, 126
Vorsilbe 101
Vortrag 76, 77
Vorwissen 63, 140, 144, 151, 166, 167, 176

W

Wahrnehmung 27, 28, 62, 63, 64
Wahrscheinlichkeit 140, 141, 204, 205
Wasser 22, 23
Werbetexte 116
W-Fragen 105, 126, 128, 129
Wiederholungen 29, 39, 58
Wortarten 75, 85, 90, 92, 93, 94, 100, 101
Wortbildung 100, 101
Wörter, sinnverwandt 100, 101
Wörter, zusammengesetzt 92, 93, 97, 101
Wortfamilie 100, 101, 130
Wortgrenzen 116
Wortgruppen 79, 91, 95, 102
Wortkürzungen 100
Wortschlange 116
Wortstamm 100, 101
Würfel 81, 141, 142, 158, 159, 195, 199, 204

Z

Zahlen runden 141, 174, 175
Zahlen und Operationen 187
Zahlen und Ziffern 148, 149, 156
Zahlen vergleichen 162, 163, 164, 174, 175
Zahlenfeld 152, 153
Zahlenfolgen 164, 165
Zahlenrätsel 187
Zahlenschreiben 148, 149
Zahlenstrahl 154, 155
Zahlentafel 153
Zahlenwort 91
Zeichensetzung 85, 108, 110
Zeiteinteilung 36
Zeitformen 95
Zeitstufen 95
Zeitungsartikel 112, 126, 128
Zielsetzung 48
Zirkel 141, 147, 194, 197
Zitat 117
Zucker 18, 23
Zuhören 15, 54, 55, 84, 86, 87, 122
Zukunft 94, 95
Zusammenfassung 77
Zusammenhänge im Gehirn 21
Zylinder 195